Zukünftige Wettbewerbsstrategien deutscher Privatbankiers

Europäische Hochschulschriften
Publications Universitaires Européennes
European University Studies

Reihe V
Volks- und Betriebswirtschaft

Série V Series V
Sciences économiques, gestion d'entreprise
Economics and Management

Bd./Vol. 2978

PETER LANG
Frankfurt am Main · Berlin · Bern · Bruxelles · New York · Oxford · Wien

Marcus Lingel

Zukünftige Wettbewerbsstrategien deutscher Privatbankiers

PETER LANG
Europäischer Verlag der Wissenschaften

Bibliografische Information Der Deutschen Bibliothek
Die Deutsche Bibliothek verzeichnet diese Publikation in der Deutschen Nationalbibliografie; detaillierte bibliografische Daten sind im Internet über <http://dnb.ddb.de> abrufbar.

Zugl.: Regensburg, Univ., Diss., 2003

D 355
ISSN 0531-7339
ISBN 3-631-51185-X

www.peterlang.de

Vorwort

Obwohl die Privatbankiers den ältesten Banktypus repräsentieren stellen sie heute im Finanzdienstleistungsmarkt nur noch eine kleine Gruppe dar. In den letzten Jahren hat die Anzahl der Privatbankiers sukzessive abgenommen. Mit der Frage ob Privatbankiers zukünftig eine Existenzberechtigung haben und mit welchen Strategien sie ihre Wettbewerbsfähigkeit sichern können ist diese Arbeit entstanden.

Abgesehen von vereinzelten Festschriften sowie gelegentlichen Abhandlungen in den Wirtschaftsmedien ist der Privatbankier ein Stiefkind von Wissenschaft uns Praxis. Dank schulden wir daher meinen geschätzten akademischen Lehrern Professor Dr. Kurt Bohr und Professor Dr. Dr. h.c. Jochen Drukarczyk, die diese Arbeit unterstützt haben.

Die Entstehung dieser Arbeit wurde begleitet von zahlreichen Anregungen und Diskussionsbeiträgen. Besonders danken möchte ich Herrn Professor Dr. Dr. Ekbert Hering der mir stets als fachkundiger und kritischer Berater zur Verfügung stand und mich auch in schwierigen Zeiten begleitet hat. Danken möchte ich ferner meinen Sekretärinnen, Frau Ursula Bröcker, Frau Alexandra Thoma, Frau Sylvia Pleithner und Frau Ingeborg Ried für die redaktionelle Unterstützung.

Für die finanzielle Unterstützung danke ich meinen Eltern. Mein herzlicher Dank gilt meiner Frau Michaela und meinen Kindern Maximilian und Anna die mir immer Kraft gaben und auf viel verzichten mussten.

München, im März 2003 Marcus Lingel

Inhaltsverzeichnis

Abbildungsverzeichnis

Tabellenverzeichnis

Abkürzungsverzeichnis

Abs.	Absatz
AG	Aktiengesellschaft
bzw.	beziehungsweise
ca.	circa
d.h.	das heißt
EB	Elektronik Banking
EStG	Einkommenssteuergesetz
etc.	et cetera
evtl.	eventuell
f.	folgende
GAA	Geldausgabeautomat
ges.	gesamt
ggf.	gegebenenfalls
i.d.R.	in der Regel
insg.	insgesamt
Jg.	Jahrgang
KG	Kommanditgesellschaft
KGaA	Kommanditgesellschaft auf Aktien
KWG	Kreditwesengesetz
lt.	laut
max.	maximal
Nr.	Nummer
OHG	Offene Handelsgesellschaft
u.a.	unter anderem
usw.	und so weiter
v.H.	von Hundert
vgl.	vergleiche
z.B.	zum Beispiel
Zgst.	Zweigstelle
ZV	Zahlungsverkehr

1. Privatbankier

1.1. Definition und Abgrenzung

Die Begriffe „Bankier“, „Privatbankier“, „private Banking“ und „Privatbank“ werden in der Umgangssprache als Synonyme verwendet. Es ist deshalb dringend geboten, diese Begriffe zu definieren und ihre Unterschiede aufzuzeigen. Zunächst muss man unterscheiden zwischen der Person des Privatbankiers und der Institution Privatbankier.

1.1.1. Privatbankier als Person

Oft wird mit dem Begriff des „Privatbankier“ sowohl die Person als auch die Institution bezeichnet. Letztendlich wird zwar meist die Bedeutung des Begriffes im Zusammenhang erkennbar. Um Missverständnisse zu vermeiden, soll jedoch in dieser Arbeit der Begriff „Privatbankier“ ausschließlich für die Institution verwendet werden. Für die Person des Privatbankiers wird der Begriff „Bankier“ herangezogen.

Egal, ob es sich bei dem Kreditinstitut um einen Privatbankier handelt, werden in der Umgangssprache Bankführungskräfte oft mit dem Wort Bankier gleichgesetzt. Selbst zwischen Eigentümern bzw. Geschäftsführern muss man unterscheiden, ob der Bankier:

a) Miteigentümer an dem Kreditinstitut ist,
b) aktiv in der Geschäftsführung mitwirkt, oder bzw. und
c) mit seinem persönlichen Vermögen voll für die Verbindlichkeiten der Gesellschaft haftet.

Wie aus Tabelle 1 ersichtlich, können nur diejenigen Personen, die alle drei Merkmale aufweisen, als Bankiers im engeren Sinne bezeichnet werden.

	mit Geschäftsanteilen		ohne Geschäftsanteile	
	mit persönlicher Haftung	ohne persönliche Haftung	mit persönlicher Haftung	ohne persönliche Haftung
mit aktiver Geschäftsführung	Bankier im eigentlichen Sinne	Bankier im wirtschaftlichen Sinne	Bankier im weiten Sinne	Banker Bankmanager
ohne aktive Geschäftsführung	atypischer Bankier	Kommanditist		

Tabelle 1: Begriff des Bankier

Unter Bankiers im wirtschaftlichen Sinne sind Personen zu verstehen, die eine maßgebliche Beteiligung an einer Aktiengesellschaft oder einer Gesellschaft mit beschränkter Haftung haben und die eines der unter § 1 KWG[1] fallender Geschäfte betreiben. Zwar gibt es in der Bundesrepublik Deutschland Kreditinstitute, bei denen der Bankier keine persönliche Haftung übernimmt und somit als Bankier im wirtschaftlichen Sinne agiert[2], jedoch zählen diese in wissenschaftlichen Arbeiten nicht zu den Privatbankiers. Verschiedene Autoren vertreten aber die Auffassung, dass die Übernahme der persönlichen Haftung kein charakteristisches Merkmal des Bankiers mehr ist. Vielmehr dient die Vollhafterstellung als Marketinginstrument. Man ist der Meinung, dass gegenüber Kunden die Funktion einer Gläubigerbefriedigung im Falle eines Konkurses in den Hintergrund tritt und dies kein maßgebendes Unterscheidungskriterium mehr ist. Auch sieht man durch die Übernahme der Haftungsrisiken keine Unterschiede im geschäftlichen Gebaren. Nach Abwägung unterschiedlicher Meinungen setzt sich die Auffassung durch, dass die Haftungsübernahme gegenüber Kunden zwar noch ein Differenzierungskriterium ist und als Marketinginstrument benutzt werden kann, aber im Hinblick auf die Geschäftsprozesse keine Unterschiede entstehen.

Als atypische Bankiers werden Personen bezeichnet, die zwar die volle Haftung übernehmen, aber nicht an der Geschäftsführung teilnehmen. Atypisch

[1] Gem. §1 Kreditwesengesetz fallen hierunter das Einlagengeschäft, Kreditgeschäft, Diskontgeschäft, Effektengeschäft, Depotgeschäft, Investmentgeschäft, Schuldscheingeschäft, Garantie- und Girogeschäft.

[2] als Beispiel kann die Erste Rosenheimer Privatbank AG genannt werden.

deshalb, weil es verwunderlich ist, die volle Haftung für das Wirken anderer zu übernehmen. Trotzdem gibt es in Deutschland mindestens ein Beispiel zu dieser Konstellation.[3]

Zur Abgrenzung des Bankierbegriffs werden die „reinen" Kommanditisten eines Privatbankiers aufgeführt. Diese Personen haben jedoch weder Geschäftsführungsbefugnisse noch eine persönliche Haftung zu übernehmen und können deshalb nicht als Bankier bezeichnet werden.

Als Bankier im weiteren Sinne werden die Personen bezeichnet, die zwar persönlich haften und auch an der Geschäftsführung teilhaben, jedoch keinen bzw. nur einen symbolischen Geschäftsanteil halten. Unter diese Rubrik können beispielsweise persönlich haftende Geschäftsführer von unabhängigen Privatbankierhäusern[4] sowie persönliche haftende Geschäftsführer von den Töchtern der deutschen Großbanken fallen.[5] Es entstehen hier jedoch gewisse Abgrenzungsprobleme. Geht man beispielsweise davon aus, dass im Konkursfall die Mutter, d.h. die Großbank für die Verbindlichkeiten aufkommt, besteht im engeren Sinne keine persönliche Haftung, so dass aus dieser Sicht der Geschäftsführer vielmehr dem Typ des „Bankmanager" zuzuordnen ist.

Andere Autoren[6], die sich auch mit dem Begriff des Privatbankiers auseinandergesetzt haben, konzentrieren sich auf die ökonomische Komponente. Die rein formaljuristische Auslegung spielt in diesem Fall nur eine zweitrangige Rolle. Meeder beispielsweise versteht als Privatbankier alle Einzelunternehmer, geschäftsführende Gesellschafter und Vorstandsmitglieder, die unter Einsatz eigenen Kapitals und Selbständigkeit in der Geschäftsführung aktiv Bankgeschäfte im Sinne des § 1 KWG betreiben und mindestens eine der drei Grundfunktionen einer Bank (Zahlungsverkehr, Finanzierungen, Kapitalanlagen) erfüllen.[7] Neumann, der sich ebenfalls mit der Definition des deutschen Privatbankiers beschäftigt, hat folgende Auffassung: „Privatbankiers sind alle geschäftsführenden Gesellschafter und Einzelunternehmer des privaten Bankgewerbes, die unter Einsatz eigenen Kapitals, unbeschränkter Haftung ihres Gesamtvermögens (Betriebs- und sonstiges Vermögen), alleinige Entscheidungsbefugnis, unter Wahrung traditioneller Geschäftsprinzipien und Hervorhebung des persönlichen Moments bei engster Zusammenarbeit mit jeglicher

---

[3] als Beispiel kann die Fürst Fugger-Babenhausen Bank KG genannt werden.
[4] als Beispiel kann die Sal. Oppenheimer genannt werden.
[5] als Beispiel kann die Scheuermann Bank KG aufgeführt werden.
[6] Es sind Meeder und Neumann zu nennen.
[7] vgl. Meeder (1989), Seite 14.

Art privater Kunden und Betriebswirtschaften bereit sind, verschiedene Bankgeschäfte im Sinne des § 1 KWG zu betreiben."[8]

Zwar beziehen sich beide Definitionen auf die Person des Bankiers, jedoch bringen sie auch zum Ausdruck, dass der Begriff ebenfalls für das Bankinstitut an sich verwendet werden kann. Obwohl der Begriff „Privatbankier" umgangssprachlich als Synonym verwendet wird, soll, vorausgesetzt eine präzise Trennung ist erforderlich, in dieser Arbeit der Begriff „Bankier" für die Person verwendet werden und das Institut als „Privatbankier" bzw. nur „Bankhaus" bezeichnet werden.

1.1.2. Privatbankier als Institution

Zur Charakterisierung des Privatbankiers wird in Theorie und Praxis fast ausschließlich auf die Rechtsform zurückgegriffen. Ob der Begriff vollkommen beleuchtet wird bzw. diese Definition aussagekräftig ist, bleibt unberücksichtigt.[9] Von offizieller Seite werden sowohl von der Deutschen Bundesbank als auch vom Bundesverband der Deutschen Banken „Privatbankiers" als eigenständige Gruppe gesehen, jedoch unterscheidet sich die Zusammensetzung dieser Gruppe sehr stark.

Die Deutsche Bundesbank führt in ihren Statistiken alle in der Rechtsform der Personengesellschaft organisierter Bankhäuser als Privatbankiers.[10] Kriterium der Bundesbank ist also die Rechtsform, so dass nur Kreditinstitute, die als Einzelfirma, Offene Handelsgesellschaft oder als Kommanditgesellschaft firmieren, erfasst werden.[11] Andere Kriterien, wie beispielsweise persönliche Haftung natürlicher Personen, der Geschäftszweig oder etwaige Beteiligungsverhältnisse bleiben unberücksichtigt. Aus diesem Grund werden in der Bundesbankstatistik als Privatbankiers auch eine Reihe von Tochtergesellschaften ausländischer Banken geführt, die aus steuerlichen Gründen in der Rechtsform der OHG betrieben werden.[12] Auch sind hier Tochtergesellschaften deutscher Großbanken eingeordnet, welche die Rechtsform der KG haben. Dagegen führt die Deutsche Bundesbank, die in der Rechtsform der KGaA organisierten Bankhäuser, wie beispielsweise Metzeler seel. Sohn & Co.KGaA oder Sal. Oppenheimer jr. & Cie.KGaA nicht als Privatbankiers, sondern in der Gruppe „Regionalbanken oder Sonstige Kreditbanken".

---

8 vgl. Neumann (1965), Seite 18.

9 vgl. Hahn(1991), Seite 185.

10 Seit 1999 werden die Privatbankiers in den Statistiken der Deutschen Bundesbank nicht mehr getrennt ausgewiesen.

11 vgl. Deutsche Bundesbank (Oktober 1998), Seite 111.

12 als Beispiel sei die Merk, Fink & Co erwähnt.

Für die Zugehörigkeitsbestimmung zu den einzelnen Bankengruppen ist zwar für den Bundesverband deutscher Banken die Gliederung der Deutschen Bundesbank maßgebend, jedoch mit der Ausnahme, dass Kommanditgesellschaften auf Aktien zu der Gruppe der Privatbankiers gehören, sofern:

1. Die persönlich haftenden Gesellschafter natürliche Personen sind,

2. keine Börsennotiz der Aktie erfolgt,

3. die Übertragung der Aktie an die Zustimmung der persönlich haftenden Gesellschafter gebunden ist.[13]

Trotzdem gibt es hinsichtlich der Berücksichtigung dieser Rechtsform unterschiedliche Standpunkte. Einerseits wird argumentiert, dass die Bankhäuser, die in der Rechtsform der KGaA firmieren, nicht unter Privatbanken fallen können, da die Hauptversammlung und der Aufsichtsrat der Geschäftsleitung übergeordnet sind und diese abhängig sind. Dies wird auch nicht dadurch aufgehoben, dass die Komplementäre in diesem Fall die gleiche rechtliche Stellung haben wie in einer „reinen" KG.[14] Aus der anderen Sichtweise wird dahingehend argumentiert, dass die Komplementäre eine Doppelstellung innehaben, was eine Symbiose von Geschäftsführung und Eigentum bedeutet.[15] Zum einen sind sie über die Aktionärsrechte an einer Kapitalgesellschaft beteiligt und zum anderen sind sie über die Stellung des Komplementärs für die geschäftlichen Belange maßgeblich verantwortlich.

Es ist ersichtlich, dass es keine einheitliche offizielle Abgrenzung der Privatbankiers gibt. Alle aufgeführten Statistiken weisen erhebliche Mängel auf, da sie allein auf Klassifikationen nach der Rechtsform beruhen. Wendet man diese Kriterien konsequent an, entstehen Zuordnungen, die nicht befriedigen können. So werden beispielsweise GmbH & Co. KG's erfasst, obwohl bei diesen keine persönliche Haftung bestehen muss. Auch ergeben sich daraus Probleme, dass Tochtergesellschaften ausländischer Banken und Finanzierungs- und Teilzahlungsinstitute unter die Gruppe der Privatbankiers fallen können, wenn sie in der entsprechenden Rechtsform firmieren. Ein weiteres Zuordnungsproblem entsteht dadurch, dass eine Vielzahl der Bankhäuser, die als Personengesellschaft agieren, Tochtergesellschaften der deutschen Großbanken bzw. Regionalbanken sind, die wiederum keine Personengesellschaft

---

13 vgl. Meeder (1997), Seite 24.

14 vgl. Hagenmüller (1987), Spalte 4.448.

15 vgl. Schütz (1980), S. 354 f.

sind.[16] Eine eindeutige Einordnung dieser Tochtergesellschaften ist in den meisten Fällen nicht möglich, da hier zwar dem Anschein nach die persönlich haftenden natürlichen Personen für die Verbindlichkeiten des Privatbankhauses einstehen müssen, de facto diese Funktion aber von der Muttergesellschaft übernommen werden dürfte. Auch ist nicht verständlich, dass für Bankhäuser der Status des Privatbankiers nicht mehr gelten soll, wenn sie ursprünglich als KG firmiert und in die Rechtsform einer KGaA bzw. Aktiengesellschaft umgewandelt haben. Der Mehrheitsgesellschafter bzw. Mehrheitsaktionär bleibt meist gleich und der „personal appeal" geht durch die Umwandlung nicht verloren.[17]

Zwar haben sich die bisherigen Ausführungen fast ausschließlich auf die Rechtsform und die damit verbundenen Haftungsmodalitäten beschränkt, jedoch lässt sich die Gruppe der Privatbankiers auch nach anderen Kriterien unterteilen. In der Tabelle 2 sind verschiedene Klassifikationskriterien aufgeführt, die im folgenden abgehandelt werden.

Bei Kapitalgesellschaften wird die Unternehmerfunktion gewöhnlich auf verschiedene Personenkreise aufgeteilt und die Entscheidung von nicht kapitalmäßig beteiligten Managern getroffen. In diesem Fall kann man von einer reinen Managementunternehmung sprechen.[18] Die Eigentümerunternehmen zeichnen sich dagegen durch eine Eigentumsstruktur aus, bei der eine Person bzw. kleinere Personengruppen mindestens einen Großteil, wenn nicht alle Unternehmensteile halten.[19] In der Regel fallen bei Personengesellschaften die Kapital- und Dispositionsfunktion zusammen. Soweit diese Duplizität gewährleistet ist, kann von einem Bankier als Unternehmer im Sinne Gutenbergs gesprochen werden.[20] Für den Status des Unternehmers ist es maßgeblich, dass er für die Risiken und deren Folgen eintritt.[21] Um dem typischen Charakteristikum des Privatbankiers Ausdruck verleihen zu können, ist also entscheidendes Faktum dieses Ansatzes, dass sich der Großteil des Eigenkapitals in den Händen der Unternehmensführung befindet und die Geschäftsführung selbständig und unabhängig von Dritten ist.

---

16 als Beispiels seien Heydt-Kersten & Söhne, Reuschel & Co. oder Bankhaus Gebr. Bethmann genannt.

17 vgl. Sterio (1975), Seite 20.

18 vgl. Gutenberg (1983), Seite 487 f.

19 vgl. Adams (1987), Seite 72.

20 vgl. Gutenberg (1983), Seite 487 f.

21 vgl. Rieger(1984), Seite 16.

Klassifikationskriterien	
Rechtsform	Größe
Abhängigkeit	Standort
Geschäftsschwerpunkt	

Tabelle 2: Klassifikationskriterien

Inwieweit eine völlige Unabhängigkeit besteht, bzw. die Frage nach der Abhängigkeit ist relativ schwer zu beantworten. Dabei spielt vor allem die Frage, wann eine Abhängigkeit von Dritten besteht, für die traditionellen Privatbankiers eine immer größere Rolle, da immer häufiger Privatbankiers zur Verbesserung ihrer Eigenkapitalverhältnisse Beteiligungen durch Dritte eingehen bzw. suchen. Dabei versuchen vor allem die deutschen Großbanken und auch die großen Regionalbanken sich an Privatbankiers beteiligen zu können, um dadurch Imagevorteile zu generieren.[22] Gerade bei diesem Typus ist die Problematik des Unabhängigkeitskriteriums ersichtlich, da nicht klar ist, wo die Grenze zur Abhängigkeit beginnt und wo sie aufhört. Der Grad der Unabhängigkeit ist beispielsweise schwer zu definieren, wenn die Tochter (Privatbankier) im dispositiven und mittelfristigen Planungsbereich frei agieren kann und evtl. sogar gegenüber der Mutter in Konkurrenz steht, jedoch lediglich im unternehmenspolitischen Bereich auf die Kooperation angewiesen ist.

Ein anderes Kriterium zur Messung der Abhängigkeit könnte die prozentuale Beteiligung am Eigenkapital sein. Da jedoch nicht unbedingt die Kapitalverhältnisse die Mitspracherechte im Unternehmen bestimmen, sondern vielmehr die Stimmenverhältnisse entscheidend, und diese über Sonderabsprachen sehr individuell gestaltbar sind, ist auch dieses Kriterium problematisch.

Ein weiterer Faktor, welcher die Abhängigkeit beeinflussen könnte, ist, ob es sich bei den Kapitalgebern um bankfremde bzw. natürliche Personen handelt, oder die Beteiligung durch eine andere Bank gehalten wird. Bankfremde Kapitalgeber betrachten eine Beteiligung vorwiegend unter Renditegesichtspunkten, so dass, vorausgesetzt die Rendite entspricht ihren Erwartungen, die Ein-

22 vgl. Schnorbus (1998), Seite 21.

flussnahme gering sein dürfte. Beteiligt sich hingegen ein anderes Kreditinstitut, stehen unter Umständen Synergieeffekte im Vordergrund. Dies bedeutet, dass der Miteigentümer durchaus ein Interesse hat, in den operativen und strategischen Bereich mit einzuwirken, was bedeutet, dass bei einem bankfremden Kapitalgeber die Entscheidungsfreiheit eingeengt wird und ein Abhängigkeitsverhältnis entstehen kann.

Schließlich hat auch die Struktur der Eigenkapitalgeber Auswirkung auf die Entscheidungsfreiheit des Privatbankiers. So scheint es plausibel, dass bei vielen kleineren Eigenkapitalgebern, also bei einer breiten Streuung, tendenziell der Einfluss geringer ist, als wenn es sich um einen einzigen Kapitalgeber handelt.

Im Gegensatz zu dem Kriterium der Gesellschaftsrechtsform scheint zwar das Kriterium der Abhängigkeit sinnvoller zu sein, jedoch zeigen die Ausführungen, dass die Auswahl zur Messung dieses Kriteriums Probleme aufwirft und eine eindeutige Erfassung aus Sicht eines Externen nur schwer möglich sein dürfte.

Ein weiteres Kriterium, nach denen Privatbankiers unterteilt werden könnten, ist ihr Geschäftsschwerpunkt. Beinahe selbstverständlich verbindet man mit dem Privatbankier eine Ausrichtung auf die Vermögensverwaltung. Betrachtet man sich die deutschen Privatbankiers etwas genauer, muss man feststellen, dass es sich bezüglich der Geschäftstätigkeit um eine sehr heterogene Gruppe handelt. Nur ein geringer Anteil hat seinen Geschäftsschwerpunkt ausschließlich auf die Vermögensverwaltung ausgerichtet. Vielmehr agieren die deutschen Privatbankiers als Universalbanken, wenn sie auch innerhalb ihres Leistungsangebotes bestimmte Schwerpunkte setzen. Hinzu kommt, dass auch andere Institutsgruppen im Bereich der Vermögensverwaltung tätig sind und somit die Einteilung der Gruppe nach diesem Kriterium zu Irritationen führen würde.

Auch mit dem Kriterium der Größe kann die Gruppe der Privatbankiers nicht definiert werden. Wie Statistiken zeigen, sind die Größenklassen der Privatbankiers, gemessen am Geschäftsvolumen, sehr heterogen.[23] Während ein Großteil der Privatbankiers Geschäftsvolumen unter DM 100 Mio. haben, gibt es auch Privatbankiers, die über ein Geschäftsvolumen von über DM 5 Mrd. verfügen. Ferner stellt sich die Frage, welches Kriterium überhaupt zur Definition der Größe verwendet werden kann. Nimmt man, wie oben, das Geschäftsvolumen, mit welchem eigentlich die Größe einer Bank beurteilt wird, wird die Geschäftsausrichtung eines Institutes außer acht gelassen. Dies liegt

[23] vgl. Abb. 5, Seite 27.

daran, dass beispielsweise ein Institut, das vorwiegend in der Vermögensverwaltung tätig ist, prinzipiell über ein kleineres Geschäftsvolumen verfügt, als Institute, die ausschließlich im klassischen Kreditgeschäft tätig sind. Aber auch Größeneinheiten, wie beispielsweise die Mitarbeiterzahl, ergeben bei den Privatbankiers ein sehr heterogenes Bild.[24]

Als letztes Kriterium zur Definition der Privatbankiers könnte noch der geografische Standort herangezogen werden. Von strategischem Belang ist die Standortfrage hinsichtlich der infrastrukturellen Gegebenheiten. Festzustellen ist jedoch, dass sich meistens die Standortfrage aus der jeweiligen Historie des Instituts ergeben hat. Nicht zuletzt aufgrund ihres Standortes in ländlich strukturierten Räumen haben auch heute noch viele der deutschen Privatbankiers ihren Geschäftsschwerpunkt im kommerziellen Bereich. Auffällig ist, dass eine Vielzahl der Privatbankiers ihren Stammsitz im Freistaat Bayern hat. Jedoch gibt es auch in anderen Bundesländern Privatbankiers, so dass eine prinzipielle Trennung nach geografischer Lage nicht möglich ist.

Nach Abwägung unterschiedlicher Meinungen ist der Autor der Auffassung, dass im Gegensatz zu der rein rechtlich orientierten Definition die dem Wesen des Privatbankiers am nächsten kommende Definition durch die „Unternehmereigenschaft des Privatbankiers“ beschrieben wird. Dabei sollte sich Unternehmensleitung und Eigentum überwiegend bzw. wenigstens teilweise decken. Der Privatbankier in diesem Sinn ist also weitgehend unabhängig von fremden Kapitalgebern und in seinen unternehmerischen Entscheidungen frei. Er ist seinem Gewissen und seiner Vernunft verpflichtet. Gerade diese Definition würde letztendlich auf die Stimmenverhältnisse bei der Festlegung der Geschäftspolitik und auf die persönliche Mitwirkung bei der Geschäftsführung abstellen. Das Kriterium der persönlichen Haftung spielt dabei eine untergeordnete Rolle und zeigt vielmehr als Marketinginstrument Wirkung nach außen.

Da diese Arbeit jedoch auf statistisches Datenmaterial angewiesen ist und die Stimmen- und Geschäftsführungsverhältnisse der deutschen Banken ohne die Satzungen nicht ersichtlich sind, muss auf eine offizielle Abgrenzung abgestellt werden. Wo immer dies möglich ist, soll daher die Definition der Deutschen Bundesbank herangezogen werden.

Es kommt immer wieder zum Ausdruck, dass sich die Privatbankiers als „Unternehmer“ bzw. „mittelständische Unternehmer“ verstehen. Unter Einsatz ihres persönlichen Kapitals, ihrer Arbeitskraft sowie einer großen Entscheidungsfreiheit wirken sie aktiv an der Geschäftsführung ihres Bankhauses mit.

---

[24] vgl. Meeder (1997), Seite 25.

Damit kommt diese Definition der von Meeder als „ökonomisch orientierten Begriffslegung“ sehr nahe.[25] Wenn auch diese Definition am ehesten das Wesen eines Privatbankiers beschreibt, so eignet sie sich nicht für eine Nominaldefinition, die eine eindeutige und umfassende Zuordnung ermöglicht. Geht man mit Meeder davon aus, dass eine persönliche Haftung kein charakteristisches Merkmal ist, so stellt sich für die Zuordnung derjenigen Bankhäuser, die in der Rechtsform von Kapitalgesellschaften bzw. KGaA's und GmbH & Co. KG's firmieren, aber ansonsten den Charakter einer Eigentümerunternehmung haben, die Frage, wie diese erfasst werden können. Eine Zuordnung zur Gruppe der Privatbankiers setzt unter diesen Umständen allerdings voraus, dass über alle in Frage kommenden Kreditinstitute über die Kapital- bzw. Stimmrechtsverhältnisse Klarheit zu schaffen ist. Zwar könnten zumindestens teilweise die Kapitalverhältnisse bei den deutschen Kreditinstituten in Erfahrung gebracht werden, jedoch sind die Stimmrechtsverhältnisse nur aus den Satzungen ersichtlich, die jedoch externen Dritten nicht zur Verfügung stehen. Eine Auswertung nach diesem, an sich richtigem Kriterium, ist somit in der Praxis nicht durchführbar.

1.2. Geschichtliche Entwicklung

Seit dem ausgehenden Mittelalter hat sich in Deutschland eine Unternehmensform entwickelt, die nicht nur den Handel mit Waren betrieb, sondern sich auch der Finanzierung des Handels widmete. In dieser Warenfinanzierung sowie im Wechseln der vielen unterschiedlichen Münzen lag der Ursprung des Berufes des Privatbankiers.[26] Im Zuge zunehmender Arbeitsteilung gaben die meisten Privatbankiers den Warenhandel[27] und das damit verbundene Speditionsgeschäft[28] auf, um sich ausschließlich Finanzgeschäften zu widmen. Ein Vorgang, der sich im 18. Jahrhundert allmählich vollzog.

In dieser Zeit kam auch ein weiterer Geschäftsbereich hinzu, der sich aus dem zunehmenden Finanzbedarf der absolutistisch regierenden Staaten ergab.[29] Da die Einnahmen der Landesherren ihre Ausgaben für prunkvolle Repräsentationen und stehendes Heer meist weit überstiegen, suchten sie den Kredit der Privatbankiers. Die Bankiers beschafften sich die nötigen Finanzmittel über das Instrument der Anleihe. Eine Dienstleistung, die sie sich mittels Provisionen

---

25 vgl. Meeder (1989), Seite 12.

26 vgl. Klein (1982).

27 stellvertretend sind Häuser wie Fugger und Welzer anzuführen, vgl. Adrian (1996), Seite 114 f.

28 stellvertretend sind Häuser wie Metzeler und Hauck anzuführen, vgl. Adrian (2000), Seite 114 f.

29 vgl. Ullmann (1984).

nen gut bezahlen ließen. Durch die Staatsfinanzierung kamen viele Privatbankiers nicht nur zu großem Reichtum, sondern sie stiegen auch aus dem Bürgertum kommend in den Adelsstand auf. Man denke hier beispielsweise nur an das Bankhaus Bethmannn als Finanzierer des Hauses Habsburg und den Aufstieg der Rothschilds durch die Finanzierung der Europäischen Fürstenhöfe.[30]

Bis Mitte des letzten Jahrhunderts ist die historische Entwicklung der Privatbankiers mit der Bankgeschichte schlechthin identisch. Auch erlebten die Privatbankiers bis zu diesem Zeitpunkt ihr goldenes Zeitalter. In der zweiten Hälfte des 19. Jahrhunderts waren jedoch die Geschäfte, die die Grundlage ihres Reichtums und Einflusses bildeten, im Umbruch. Mit der verstärkt einsetzenden Industrialisierung in Deutschland um die Jahrhundertmitte entstand ein völlig neuartiger Finanzierungsbedarf. Neuartig insofern, dass Kapital nicht nur im großen Umfang benötigt wurde, sondern darüber hinaus ein deutlich höheres Risiko als bei traditionellen Geschäften bestand. Auf der anderen Seite lockte der Eisenbahnbau und die Errichtung von Industrieanlagen mit Erträgen weit über dem Niveau üblicher Anleiheemissionen. Beim Eisenbahnbau waren die Privatbankiers noch am ehesten bereit, sich zu engagieren.[31]

Jedem Vorgang auf der Güterseite muss ein im Wertvolumen etwa gleicher Vorgang auf der Geld- und Kapitalseite gegenüberstehen. Der Bau der Eisenbahn und die Industrialisierung erforderten neue Lösungen im Bankgewerbe, worauf auch die Gründung der ersten Aktienbanken zurückzuführen ist. Ein weiterer Grund für die Gründung von Aktienbanken war, das Risiko des Eigenkapitalgebers zu begrenzen und dennoch an den Gewinnen in Form von Dividenden partizipieren zu können.[32] Dabei ist zu beachten, dass die Initiatoren der zwischen 1853 und 1856 vollzogenen ersten Gründungswelle dieser Aktienbanken fast ausnahmslos Privatbankiers waren.[33]

Mit der Aktienrechtsnovellierung im Jahr 1884 erfolgte eine deutliche Machtverschiebung zwischen Verwaltungsrat und Direktion der AG. Es wurde eine klare Trennung zwischen den Leitungs- und Kontrollorganen von Aktiengesellschaften vorgeschrieben. Der Verwaltungsrat, dem vorwiegend die Gründer beisaßen und der bis zu diesem Zeitpunkt die eigentliche Geschäftspolitik der Bank bestimmte, wurde durch diese rechtliche Grundlage in einen Aufsichtsrat transformiert, dem im wesentlichen nur noch Kontrollaufgaben oblagen. Der Einfluss auf das Tagesgeschäft wurde somit unterbunden und die Direktion gewann mehr Handlungsspielraum, den sie vor allem im Industriege-

30 vgl. Forstmann (1973) und Heuberger (1995).
31 vgl. Jaeger (1992), Seite 119 - 131 und Bowie (1995), Seite 89 - 100.
32 vgl. Zahn (1972), Seite 33.
33 vgl. Treue (1970), Seite 226 f.

schäft mit Erfolg nutzen konnte. Vor diesem Hintergrund verstärkte sich vor allem in den 1880er und 1890er Jahren der Konkurrenzdruck zu Ungunsten der Privatbankiers. Der scharfe Wettbewerb mit den Aktienbanken führte zu einem deutlichen Rückgang der Zahl der Privatbankiers im Kaiserreich. Zwar liegen für die Frühzeit des Kaiserreichs keine genauen Zahlen vor, doch kann man schätzungsweise von 2.500 Privatbanken für die Zeit um 1870 ausgehen. Bis 1892 ging deren Zahl auf 2.180 zurück und blieb zunächst mit 2.125 privaten Bankgeschäften im Jahr 1899 relativ stabil.[34] Bis 1913 ging allerdings die Zahl der Privatbankiers weiter auf 1.221 zurück.[35] Weitere neue Wettbewerber entstanden durch die Institute des Genossenschafts- und Sparkassensektors, die durch eine Ausweitung ihres Leistungssortiments in Geschäftssparten des Privatbankiers eindrangen.

Politisch begründete Entwicklungen für den Rückgang der Privatbankiers liegen zum einen in der Folge der Bankenkrise von 1931. Obwohl die Großbanken zunächst am schwersten von Einlagenabzügen betroffen waren, erfolgte, angesichts ihres großen Anteils am gesamten Einlagevolumen, eine staatliche Unterstützung. Diese Maßnahme wiederum bewirkte einen verstärkten Einlagenabfluss bei den Privatbankiers, da im In- und Ausland der Eindruck einer latenten Staatsgarantie für Großbanken entstand und die Einlagen bei diesen als sicher eingestuft wurden.[36]

Eine völlig neue Qualität erhielt der Konzentrationsprozess durch die nationalsozialistische Machtübernahme. In einer Mischung aus staatlichem Druck und privater Vorteilsnahme verschwanden zwischen 1933 und 1938 alle in Deutschland bestehenden jüdischen Privatbanken. 1930 gehörten von insgesamt 994 privaten Bankhäusern 485 jüdischen Inhabern.[37] 1938 bestanden insgesamt noch 491 Privatbankiers[38]. Ein Rückgang, der fast ausnahmslos auf die „Arisierung" jüdischer Bankhäuser zurückzuführen war.

Weitere Liquidationswurzeln liegen in der Aufspaltung des Dritten Reiches 1945. Mit Ausgang des zweiten Weltkrieges wurde in den östlichen Besatzungsgebieten die Existenzgrundlage für Privatbankiers entzogen, so dass diese vollständig liquidiert wurden.[39]
Aber auch nach dieser Zeit hat die Zahl der Privatbankiers ständig abgenommen, so dass es heute lt. Bundesbankstatistik in der Bundesrepublik Deutsch-

---

[34] vgl. Pohl (1976), Seite 58.
[35] vgl. Deutsche Bundesbank (1976), Seite 67.
[36] vgl. Centralverband des deutschen Bank- und Bankierverbandes e.V. (1933), Seite 184 f.
[37] vgl. Kopper (1995), Seite 220.
[38] vgl. Deutsche Bundesbank (1976), Seite 118.
[39] vgl. Zahn (1972), Seite 44.

land noch insgesamt 61 Privatbankiers gibt.[40] Für diesen Prozess gibt es mehrere Gründe. Zum einen ist das Privatbankiersterben auf Insolvenzen zurückzuführen. Die meisten Insolvenzursachen liegen in der Kreditpolitik und in einer damit verbundenen Involvierung des Kredits sowie einer mangelhaften Überprüfung und Überwachung der Kreditnehmer. Zwar sind Ausfälle im Kreditgeschäft auf die wirtschaftlichen Entwicklungen zurückzuführen, jedoch liegt häufig der Grund in der Qualifikation des Managements. Nach einer Studie von J.H. von Stein[41], in der 46 bundesdeutsche Bankzusammenbrüche von 1950 bis 1969 untersucht wurden, basierten 27 auf Insolvenzen und somit 59 % auf Missmanagement. 11 Banken (24 %) mussten wegen mangelnder Kreditstreuung schließen und 8,7 % infolge spekulativer Geschäftspolitik.

Ein weiterer Grund für den Rückgang sind die zunehmenden Fusionen und Unternehmenszusammenschlüsse. Durch den verstärkten Konkurrenzdruck ist eine Verringerung der Zinsmarge schon seit Jahren erkennbar. Bei gleichem Geschäftsumfang führt dies zwingend zu reduzierten Erträgen. Die Möglichkeit der Reservebildung steht in keinem günstigen Verhältnis zu den Bankrisiken. Dieses Verhältnis wird um so ungünstiger, je kleiner die Firma ist. Es ist offensichtlich, dass das klassische Bankgeschäft ohne Ausweitung der Geschäftsvoluminas langfristig nicht weiterbetrieben werden kann. Hinzu kommen abwicklungstechnische Anforderungen, die den Kleinbetrieb im Investitionsbedarf überfordern und eine Mindestbetriebsgröße verlangen, die sich ständig nach oben verschiebt. Es liegt somit nahe, sich mit anderen Banken zusammenzuschließen, um eine entsprechende Betriebsgröße zu erreichen und durch Rationalisierungsvorteile dem Kostendruck entgegenzuwirken.[42] Nur wenigen Privatbankiers war es möglich, ihre finanzielle Unabhängigkeit, ihre Entscheidungsfreiheit und Beweglichkeit sowie ihren persönlichen Kontakt zum Kunden aufrechtzuerhalten und durch entsprechendes Wachstum ihre eigene Existenz zu sichern.

Als Grund zum Verkauf des Unternehmens bzw. Kooperationen einzugehen, sind schließlich die bankaufsichtsrechtliche Normen aufzuführen, die vor allem im Anschluss nach dem Zusammenbruch der Herstatt-Bank verschärft wurden. In der Vergangenheit wurden insbesondere höhere Anforderungen an die Eigenkapitalausstattung von Kreditinstituten sowie an die fachliche Qualifikation von Bankleitern gestellt, was grundsätzlich den konzentrationsfördernden Trend zu größeren Unternehmenseinheiten unterstützte.[43]

---

40 vgl. Deutsche Bundesbank (Februar 1999), Seite 12. Seit 1999 werden Privatbankiers in den Statistiken der Deutschen Bundesbank nicht mehr getrennt ausgewiesen.

41 vgl. Stein (1969), Seite 3 f.

42 vgl. Bethmann (1996), Seite 232.

43 vgl. Monopolkommission (1977), Seite 217.

Ein weiterer Grund zur Überführung der Privatbank, beispielsweise auf einen großen Bankkonzern, liegt in der fehlenden Nachfolge. Manche Bankiersfamilien können keinen Nachfolger mehr stellen, der mit seinem Vermögen haftet und Ausfälle nicht auf anonyme Solidargemeinschaften verlagert. Es fehlt somit an Eigentümerpersönlichkeiten, so dass quasi die Existenzgrundlage eines geprägten Privatbankiers entzogen wird.[44]

Schließlich kommt hinzu, dass die Neugründung von Privatbankiers sehr selten ist. Zwar sind die zur Gründung einer Bank erforderlichen Voraussetzungen gemäß Bundesaufsichtsamt für das Kreditwesen erfüllbar, jedoch bestehen erhebliche wirtschaftliche Eintrittsbarrieren. Diese besitzen vermutlich auch einen großen Einfluss auf die Entscheidungen potentieller Neulinge. Zur Erbringung der Bankleistung muss das Privatbankhaus über einen Zugang zu Nachfragern nach Anlage- und Finanzierungsdienstleistungen verfügen. Nicht zuletzt wegen der großen Bankendichte ist dieser Zutritt mit erheblichen Investitionskosten verbunden. Größennachteile, wie beispielsweise die Risikodiversifikation und fehlende Kostendegressionen stellen weitere Barrieren dar, die letztendlich Ursache für die fehlenden Neugründungen sein dürften.[45]

1.3. Die Rolle des Privatbankiers in Deutschland

Gemäß dem Kreditwesengesetz versteht man in Deutschland unter Kreditinstituten Unternehmen, die Bankgeschäfte betreiben und deren Umfang einen in kaufmännischer Weise eingerichteten Geschäftsbetrieb erfordern. Unter Bankgeschäften versteht der Gesetzgeber grundsätzlich das Einlagengeschäft, Kreditgeschäft, Diskontgeschäft, Effektengeschäft, Depotgeschäft, Investmentgeschäft, Schuldschein-, Garantie- und Girogeschäft.[46] Ferner wird der Begriff „Finanzinstitut" definiert. Hierunter fallen Unternehmen, die nicht Kreditinstitute sind, jedoch schwerpunktmäßig bestimmte Haupttätigkeiten, wie beispielsweise Erwerb von Beteiligungen, Leasingverträge, Kreditkarten ausführen.[47] Diese unterliegen nicht bzw. nur teilweise dem Kreditwesengesetz und sollen nicht weiter betrachtet werden.

Um die Rolle des Privatbankiers in Deutschland beurteilen zu können, ist zuerst zu erläutern, welche Institutsgruppen es gibt. Schließlich soll anhand von Marktanteilen und Größenklassifikationen die Bedeutung des Privatbankiers im deutschen Bankensystem diskutiert werden.

[44] vgl. Annecke (1997), Seite 43.
[45] vgl. Sonthof (1990), Seite 90 f.
[46] vgl. § 1 Abs. 1 KWG
[47] vgl. § 1 Abs. 2 KWG

1.3.1. Struktur des deutschen Bankensystems

Im Laufe der letzten 150 Jahre haben sich aufgrund der Vielzahl der verschiedenen Aufgaben und unter dem Einfluss der wirtschaftlichen, politischen, gesellschaftlichen und rechtlichen Entwicklung verschiedene Arten von Kreditinstituten entwickelt. Neben der Deutschen Bundesbank, die überwiegend gesamtwirtschaftliche Aufgaben zu erfüllen hat, und als Bank der Banken zu betrachten ist, stehen die Geschäftsbanken. Sofern die Geschäftsstruktur als Gliederungsmerkmal herangezogen wird[48], ist innerhalb dieser Gruppe nochmals in Universalbanken und Spezialbanken zu differenzieren.[49] Unter dem Typus der Universalbank versteht man Kreditinstitute, die das gesamte denkbare Sortiment an Bankleistungen anbieten, wobei die Ausgabe von Banknoten und teilweise das Pfandbriefgeschäft ausgeschlossen wird.[50] Kreditinstitute, die ein auf einige wenige Bankleistungsarten beschränktes Leistungsprogramm anbieten oder die im Rahmen des bundesdeutschen Bankwesens unterschiedlich strukturierte Aufgabengebiete übernommen haben, sind dagegen als Spezialbanken anzusehen.[51]

Der in Deutschland vorherrschende Banktyp ist die Universalbank. Sie wird verkörpert durch die Kreditbanken, die Sparkassen mit ihren Spitzeninstituten und die Institute des Genossenschaftsbereichs. Die Gruppe der Kreditbanken teilt sich wiederum auf in Großbanken, Regionalbanken, Zweigstellen ausländischer Banken und in die Privatbankiers. Alle drei Gruppen hatten ursprünglich in ihrer Geschäftstätigkeit historisch bedingt unterschiedliche Schwerpunkte, die jedoch im Laufe der Zeit immer stärker zurücktraten. Heute stehen die Institutsgruppen bei allen Bankleistungen miteinander im Wettbewerb. Durch eine Reihe von spezialisierten Bankgruppen und durch Spezialinstitute wird das Leistungsangebot der Universalbanken ergänzt.[52]

---

48 Zur Gliederung der Geschäftsbanken könnte auch der geographische Wirkungsbereich der Kundengruppe oder die Rechtsform herangezogen werden. Nachdem aber die Deutsche Bundesbank auf die Geschäftsstruktur abstellt, wird nur dieser Ansatz herangezogen.

49 vgl. Hagenmüller/Diepen (1989), Seite 99.

50 vgl. Kohlbeck (1995), Seite 1858 f.

51 vgl. Geis (1995), Seite 1759 f.

52 vgl. Obst (1993), S. 219.

1.3.2. Bedeutung des Privatbankiers in Deutschland

Im Jahre 1997[53] waren in der Bundesrepublik Deutschland etwa 3.355 rechtlich selbständige Universalbanken auf dem Markt.[54] In dieser Zahl sind die Zentralinstitute des Sparkassen- und Genossenschaftssektors mitenthalten, jedoch nicht die Postbank. Insgesamt unterhielten diese Universalbanken 43.064 Zweigstellen. Wohingegen der Finanzdienstleistungsmarkt immer deutlicher die Konturen einer oligopolistischen Struktur annimmt[55], kann die Struktur der Bankstellen, d.h. der Kreditinstitute mitsamt ihren Zweigstellen als polypolistischer Markt bezeichnet werden.[56]

Aussagen über die Marktanteilsentwicklung im Bankenmarkt liefern die Bilanzstatistiken der Deutschen Bundesbank. Betrachtet man, wie in Tabelle 3 zum Ausdruck gebracht, die Marktanteilsentwicklung bezüglich der Anzahl an Bankstellen in den vergangenen 21 Jahren, wird deutlich, dass neben dem Genossenschaftssektor auch die der Privatbankiers zurückgegangen sind. Während der Genossenschaftssektor seinen Anteil um 4,6 %-Punkte und die Privatbankiers ihren um 0,3 %-Punkte verringerten, konnten die anderen Institutsgruppen ihre Marktanteile verbessern. Die höchste Bankstellendichte hat der Sparkassensektor. Es muss allerdings berücksichtigt werden, dass der Sparkassen- und Genossenschaftssektor von der Wiedervereinigung Deutschlands im Jahr 1990 am stärksten profitiert hat. Auffällig ist, dass die prozentual größte Steigerung die Regionalbanken erfahren haben.

---

53 Zum 31.12.98 wurde die Gruppe der „Privatbankiers“ in den Statistiken der Deutschen Bundesbank aufgelöst und der Gruppe „Regionalbanken“ zugeschrieben. Für die Analyse standen deshalb nur aus den Jahren 1997 bzw. 1998 differenzierte Zahlen zur Verfügung.

54 vgl. Deutsche Bundesbank (Februar 1999), Seite 104.

55 vgl. Geigant (1984), Seite 563.

56 vgl. Geigant (1984), Seite 560.

	Bankstellen					
	1976	1981	1986	1990)1	1990)2	1997
Insgesamt	42695	43839	44361	43574	47837	46419
Großbanken	3046	3131	3124	3111	3240	3556
Regionalbanken	2590	2564	3059	3032	3167	3425
Zweigst. ausl. Banken	88	101	98	94	94	126
Privatbankier	379	359	409	384	389	296
Sparkassensektor	17224	17895	18084	18107	20128	19790
Genossenschaftssektor	19368	19789	19587	18846	20819	19226
	Marktanteil gemessen an Bankstellen					
	1976	1981	1986	1990 1)	1990 2)	1997
Insgesamt	100%	100%	100%	100%	100%	100%
Großbanken	7,1%	7,1%	7,0%	7,1%	6,8%	7,6%
Regionalbanken	6,1%	5,8%	6,9%	7,0%	6,6%	7,3%
Zweigst. ausl. Banken	0,2%	0,2%	0,2%	0,2%	0,2%	0,3%
Privatbankier	0,9%	0,8%	0,9%	0,9%	0,8%	0,6%
Sparkassensektor	40,3%	40,8%	40,8%	41,6%	42,1%	42,0%
Genossenschaftssektor	45,4%	45,1%	44,2%	43,3%	43,5%	40,8%

Tabelle 3: Marktanteil gemessen an Bankstellen[57]

Misst man den Marktanteil am Geschäftsvolumen[58], hat, wie Abbildung 1 zeigt, unter den Universalbanken der Sparkassensektor mit 47,74 % den größten Anteil. Obwohl der Genossenschaftssektor nur eine geringfügig niedrigere Bankstellendichte aufweist, ist der Marktanteil am Geschäftsvolumen mit 18,68 % wesentlich niedriger. Die kleinste Gruppe unter den Universalbanken stellen die Privatbankiers dar.

---

[57] vgl. Deutsche Bundesbank (Februar 1999), Seite 6 f.

[58] Das Geschäftsvolumen umfasst neben der Bilanzsumme die Indossamentsverbindlichkeiten aus rediskontierten Wechseln (einschließlich aus dem Wechselbestand vor Verfall zum Einzug versandter Wechsel).

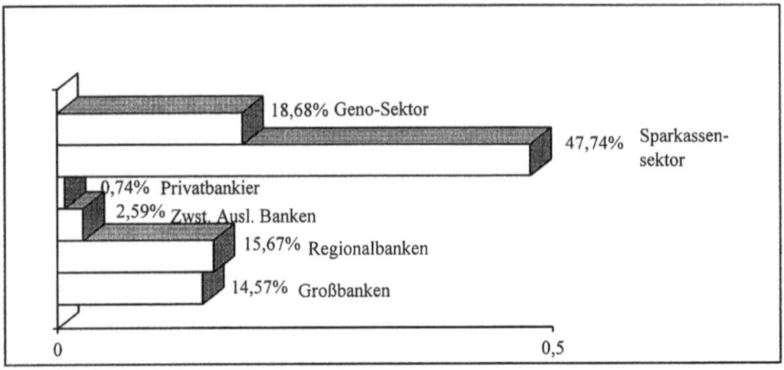

Abbildung 1: Marktanteil gemessen am Geschäftsvolumen (1998)[59]

Betrachtet man die Veränderung des Marktanteils gemessen am Geschäftsvolumen, lassen sich Marktentwicklungen ableiten, die in der Abbildung 2 gezeigt werden. Während die Privatbankiers in den letzten 22 Jahren 68 % an Marktanteilen verloren, konnten die Regionalbanken den Marktanteil um 14 % verbessern. Annähernd gleichgeblieben sind der Sparkassen- und der Genossenschaftssektor, sowie die Zweigstellen ausländischer Banken. Der Grund für die Marktanteilsverluste bei den Privatbanken liegt neben dem Privatbankiersterben sicherlich auch daran, dass in der Vergangenheit verschiedene Privatbankiers in die Rechtsform einer KGaA bzw. in eine Aktiengesellschaft umgewandelt haben und gemäß der Bundesbankdefinition nicht mehr unter den Privatbankiers, sondern unter den Regionalbanken erfasst werden. Als Beispiel sei hier die SchmidtBank KGaA aufgeführt, die 1992 ihre Rechtsform geändert hat.

59 vgl. Deutsche Bundesbank (Februar 1999), Seite 6 f.

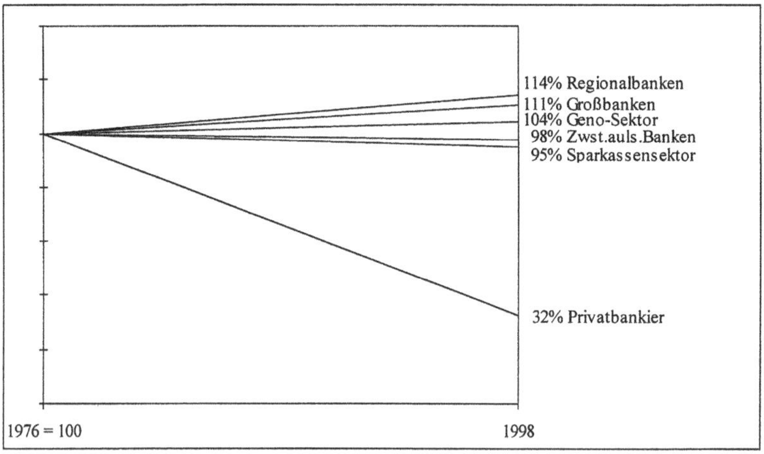

Abbildung 2: Veränderung des Marktanteils gemessen am Geschäftsvolumen[60]

Wie Abbildung 3 zeigt, ist das durchschnittliche Geschäftsvolumen pro Kreditinstitut bei den Großbanken mit DM 369 Mrd. am größten. Auffällig ist, dass die Genossenschaftsbanken mit einer durchschnittlichen Betriebsgröße[61] von DM 453 Mio. über wesentlich kleinere Einheiten als die Privatbankiers verfügen, die eine durchschnittliche Betriebsgröße von DM 1 Mrd. aufweisen.

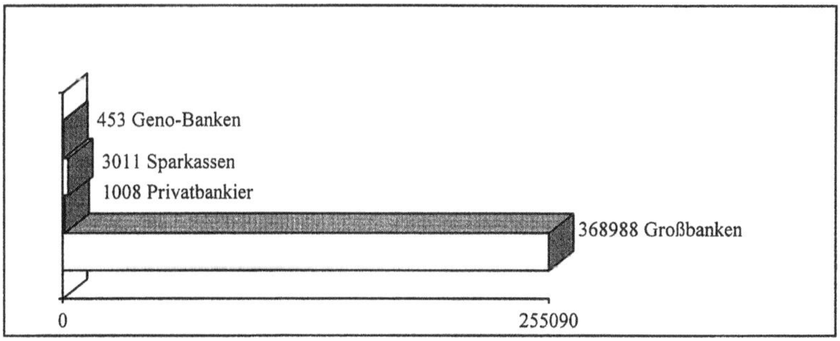

Abbildung 3: Durchschnittliches Geschäftsvolumen pro Kreditinstitut in 1998 (in Mio. DM)[62]

60 vgl. Deutsche Bundesbank (Februar 1999), Seite 6 f.

61 gemessen am Geschäftsvolumen.

62 vgl. Deutsche Bundesbank (Februar 1999), Seite 6 f.

Gegenüber 1976 konnten die Großbanken ihre durchschnittliche Betriebsgröße um 1.357 % steigern, wohingegen die Privatbankiers nur ein Wachstum von 400 % erreichten.

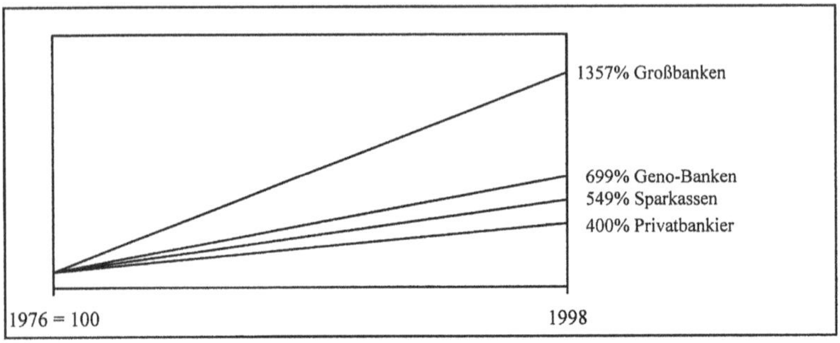

Abbildung 4: Steigerung des durchschnittlichen Geschäftsvolumens[63]

Betrachtet man die Größenklassifikationen, wie sie in Abbildung 5 dargestellt werden, haben alle Institute, die unter der Rubrik „Großbanken" zusammengefasst werden, ein Geschäftsvolumen von über DM 5 Mrd. Bei den Sparkassen liegen die Institutsgrößen überwiegend (63,8 % der Sparkassen) zwischen DM 1 Mrd. und DM 5 Mrd., wohingegen sich bei den Kreditgenossenschaften die meisten Institute (56,8 % der Genossenschaftsbanken) zwischen DM 100 Mio. und DM 500 Mio. bewegen. Die Größenklassen der Privatbankiers zeigen hingegen ein sehr heterogenes Bild. Knapp 26 % der gesamten Privatbankiers haben ein Geschäftsvolumen von unter DM 100 Mio. Ein weiterer Anteil mit 23,7 % verfügt über ein Geschäftsvolumen zwischen DM 1 Mrd. und DM 5 Mrd. Nur zwei der insgesamt 61 Privatbankiers[64] weisen ein Geschäftsvolumen von über DM 5 Mrd. auf.[65]

---

63 vgl. Deutsche Bundesbank (Februar 1999), Seite 6 f.

64 vgl. Deutsche Bundesbank (Februar 1999), Seite 6 f.

65 vgl. Sal. Oppenheimer und SchmidtBank KgaA.

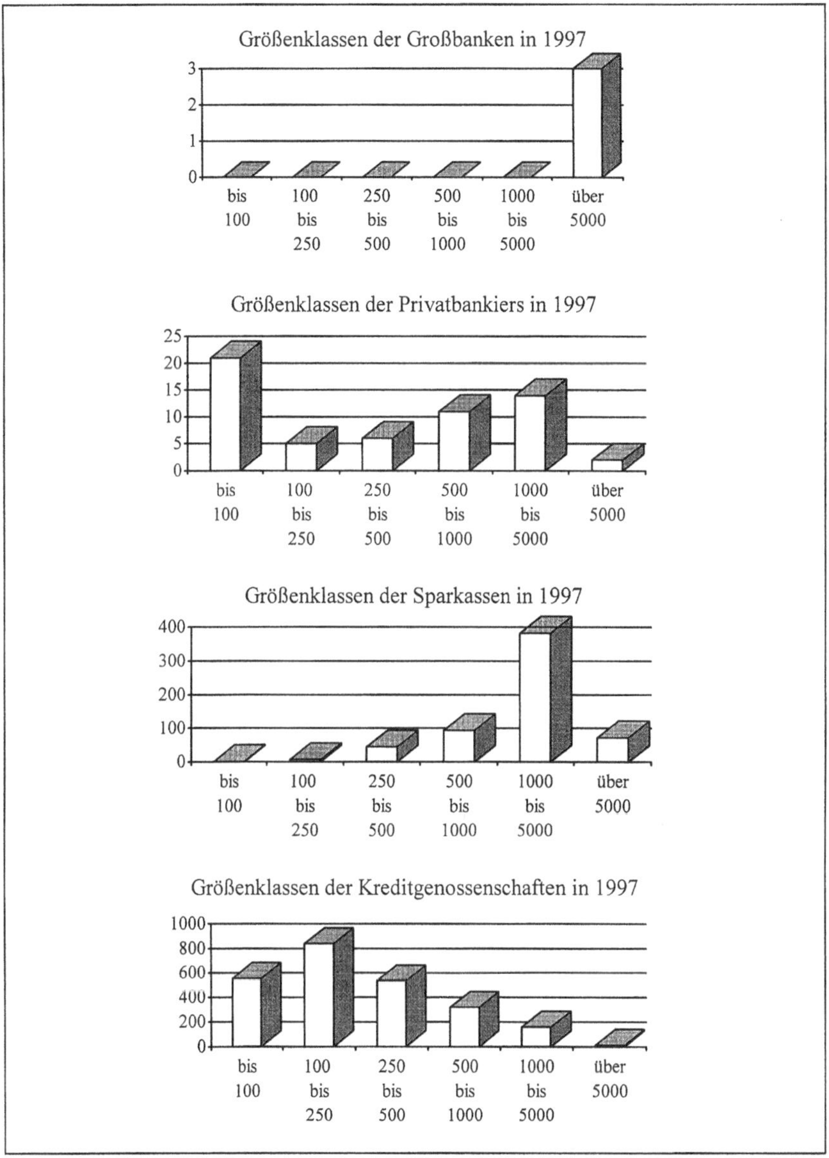

Abbildung 5: Größenklassen[66]

66 vgl. Deutsche Bundesbank (Februar 1999), Seite 6 f.

Neben der Darstellung der Geschäftsvolumenentwicklung, die lediglich allgemeine Tendenzen wiedergibt, ist im Kredit- und Einlagengeschäft für die Aussage bezüglich der Wettbewerbsentwicklung die Analyse der Marktanteile von großer Bedeutung. Die Identifikation von Krediten und Einlagen bereitet indes aufgrund fehlenden Datenmaterials Probleme, da die Kredite und Einlagen in den Statistiken nicht nach Größenklassen differenziert werden.[67]

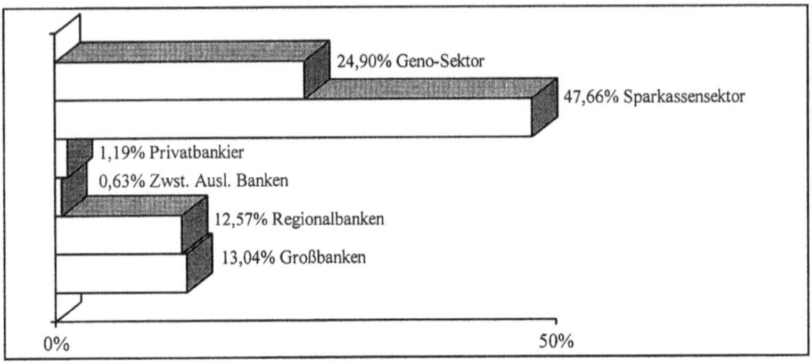

Abbildung 6: Marktanteil gemessen am Einlagevolumen von Nichtbanken (1998)[68]

Wie die Abbildung 6 zeigt, hat der Sparkassensektor bezüglich der Einlagen von Nichtbanken mit 47,66 % den größten Marktanteil. Auffällig ist, dass die Groß- und Regionalbanken mit rund 13 % denselben Marktanteil haben, aber die Regionalbanken bezogen auf das Geschäftsvolumen eine höhere Marktstellung einnehmen. Relativ gesehen verfügen sie also über weniger Einlagen. Der Marktanteil am Einlagengeschäft ist bei Privatbankiers doppelt so groß wie der der Zweigstellen ausländischer Banken. Trotzdem verfügen sie gegenüber den anderen Markteilnehmern nur über einen geringen Anteil und mussten, wie die Abbildung 7 zeigt, seit 1976 die größten Marktanteilsverluste hinnehmen. Der Genossenschaftssektor hingegen konnte im vergleichbaren Zeitraum seinen Marktanteil von 19,64 % auf 24,9 % (entspricht einer Steigerung von 27 %) erhöhen.

---

67 Deutsche Bundesbank trennt Kredite und Einlagen in Kredite und Einlagen an Kreditinstitute und an in- und ausländische Nichtbanken.

68 vgl. Deutsche Bundesbank (Februar 1999), Seite 6 f.

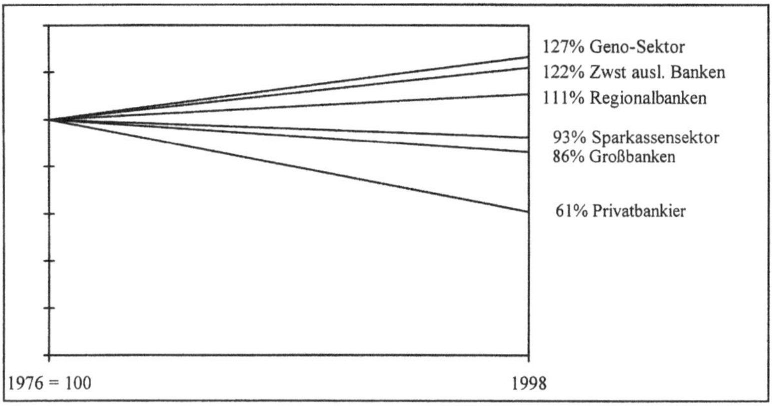

Abbildung 7: Veränderung des Marktanteils gemessen am Einlagevolumen von Nichtbanken[69]

Misst man die Marktanteile an den Krediten von Nichtbanken, hat wiederum der Sparkassensektor den größten Anteil. Des weiteren kommt in Abbildung 8 zum Ausdruck, dass die Großbanken deutlich hinter den Regionalbanken liegen und die Zweigstellen ausländischer Banken nur einen geringen Vorsprung gegenüber den Privatbankiers haben.

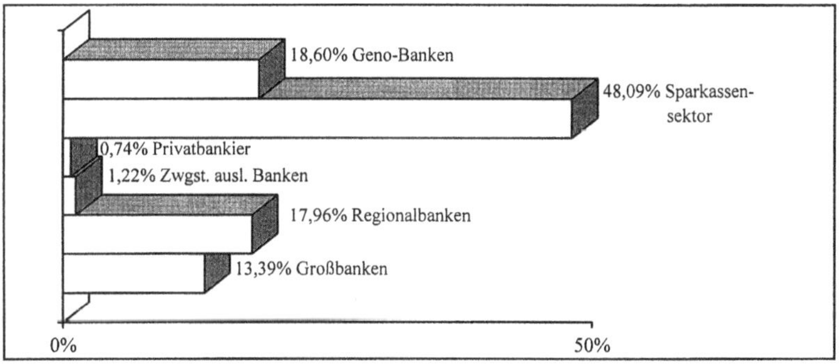

Abbildung 8: Marktanteil gemessen am Kreditvolumen an Nichtbanken (1998)[70]

[69] vgl. Deutsche Bundesbank (Februar 1999), Seite 6 f.
[70] vgl. Deutsche Bundesbank (Februar 1999), Seite 6 f.

Wie die Abbildung 9 zeigt, haben auch bezüglich der Marktanteilsdefinition in den vergangenen 22 Jahren die Privatbankiers den stärksten Rückgang zu verzeichnen und büßten 81 % ihrer Marktanteile ein.

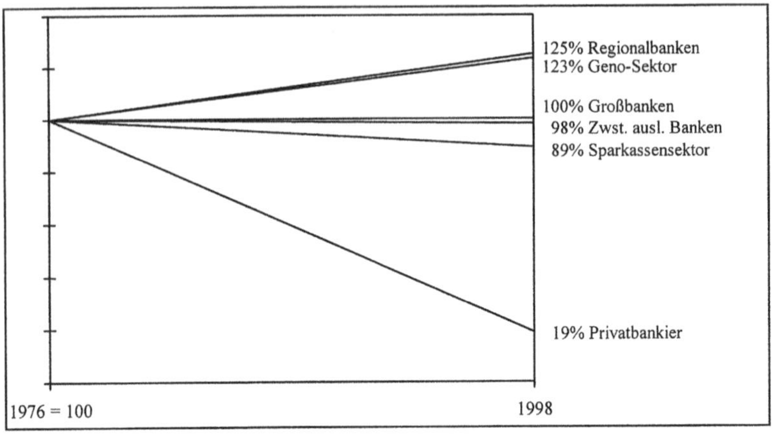

Abbildung 9: Veränderung des Marktanteils gemessen am Kreditvolumen an Nichtbanken[71]

Wie die statistischen Auswertungen zeigen, stellen die Privatbankiers nicht nur die kleinste Gruppe innerhalb der Universalbanken dar, sondern sind auch durch den zunehmenden Verlust von Marktanteilen gekennzeichnet. In diesem Zusammenhang stellt sich die Frage, ob diese Marktanteilsverluste weiter andauern und auf eine schlechte Ertragskraft zurückzuführen sind.

---

[71] vgl. Deutsche Bundesbank (Februar 1999), Seite 6 f.

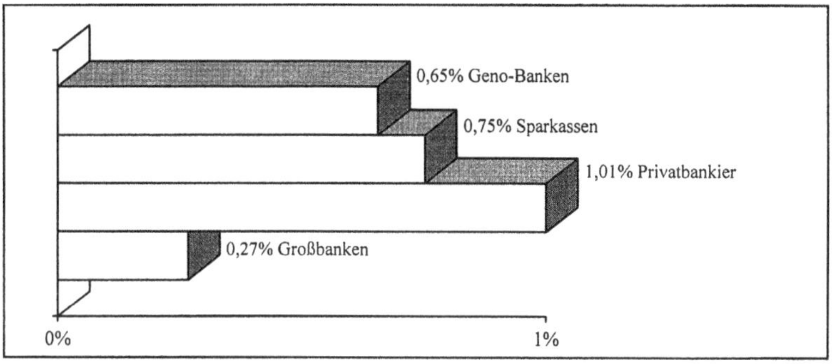

Abbildung 10: Jahresüberschuss vor Steuern gemessen am durchschnittlichen Geschäftsvolumen (1997)[72]

Wie Abbildung 10 zeigt, liegt der Jahresüberschuss vor Steuern, gemessen am durchschnittlichen Geschäftsvolumen, bei den Privatbankiers deutlich über den anderen Bankengruppen. Läge also der Grund in der schlechten Ertragsentwicklung, hätten wohl die Großbanken in den letzten 20 Jahren ihre Marktposition nicht verbessern können.

1.4. Die Rolle des Privatbankiers im Ausland

Um die Marktstellung ausländischer Privatbankiers analysieren zu können, bedarf es vorerst einer Untersuchung, in welchen Ländern überhaupt Privatbankiers im Sinne dieser Arbeit vorzufinden sind. Der Vollständigkeit halber sind also alle Nationalitäten auf diesen Bankentyp zu untersuchen. Dies würde jedoch den Rahmen dieser Arbeit sprengen, weswegen im folgenden nur die Bankensysteme der bedeutensten Währungsgebiete auf die Existenz von Privatbankiers untersucht werden.

Mit der Einführung des Euros ist am 01.01.99 das zweitgrößte Währungsgebiet der Welt entstanden. Wie aus der Tabelle 4 hervorgeht, ist es fast so groß wie der Wirtschafts- und Währungsraum der USA. Die USA nimmt mit einer Wirtschaftsleistung von DM 13.415 Mrd. nach wie vor die Spitzenposition ein, jedoch rückt Japan mit einer Wirtschaftsleistung von DM 7.290 Mrd. nach Euroland mit einer Wirtschaftsleistung von DM 10.890 Mrd. auf den dritten Platz.[73] Bezüglich den Exporten nimmt das Euroland mit DM 1.490 Mrd. sogar die Spitzenposition vor den USA und Japan ein. Dies lässt erwarten, dass

---

72 vgl. Deutsche Bundesbank (August 1998), Seite 29 f.

73 vgl. O.V. (1998), Seite 17.

der Euro eine international attraktive Währung wird, so dass zukünftig der Dollar, der Euro und der Yen die wichtigsten Währungen darstellen werden.

Währung (Angaben für 1997)	**Euroland**	**USA**	**Japan**
Einwohner in Mio.	291	269	126
Wirtschaftsleistung in Mrd. DM	10.890	13.450	7.290
Wirtschaftsleistung pro Kopf in DM umgerechnet mit Wechselkursen	37.420	50.000	57.860
Wirtschaftsleistung pro Kopf in DM umgerechnet mit Kaufpreisparitäten	37.420	53.800	43.700
Welthandel (Ausfuhren) in Mrd. DM	1.490[74]	1.190	730
Weltmarktanteil	20 %	16 %	10 %

Tabelle 4: Dominierende Wirtschaftsräume[75]

Legt man die Definition des Autors zur Charakterisierung eines Privatbankiers zugrunde, lassen sich sowohl in den USA als auch in Japan keine Institute finden, die unter diese Klassifikation fallen. Bei beiden Institutsgruppen ist keine Rechtsform vorzufinden, die einer Einzelfirma oder anderen deutschen Personengesellschaft entspricht. Auch wenn man sich an den Eigentums- und Geschäftsführungsverhältnissen orientieret, würde sich nichts ändern.[76]

74 ohne Handel untereinander.

75 vgl. O.V. (1998), Seite 17.

76 vgl. Obst (1993), Seite 296 und Süchting (1998), Seite 109 f.

In der ersten Stufe der europäischen Wirtschafts- und Währungsunion haben sich Belgien, Deutschland, Finnland, Frankreich, Irland, Italien, Luxemburg, Niederlande, Österreich, Portugal und Spanien zusammengeschlossen und feste, unwiderrufliche Wechselkurse festgelegt. Während in Luxemburg, Portugal und Spanien vom Gesetzgeber die Gründung eines Kreditinstitutes in der Rechtsform einer Einzelfirma bzw. Kommanditgesellschaft nicht möglich ist,[77] und somit auch keine Privatbankiers in unserem Sinne existieren können, ist dies in den anderen Teilnehmerländern grundsätzlich möglich. Zwar waren in Irland, Italien, Finnland und Niederlande teilweise Privatbankiers vorzufinden, jedoch existieren heute keine mehr. Dies ist zum einen auf den harten Verdrängungswettbewerb zurückzuführen, zum anderen ergibt sich zwangsläufig durch die Liquidation von Privatbankiers und den Rechtsformwechsel ein Ausscheiden aus dieser Gruppe. Dennoch gibt es innerhalb Euroland neben Deutschland Mitgliedsstaaten[78], in deren Bankstrukturen Privatbankiers vorzufinden sind, und auf die im Weiteren näher eingegangen wird.

Großbritannien ist zwar Mitglied der europäischen Union, jedoch kein Teilnehmerland des Euros und gehört somit nicht zum Euroland. Zwar hat das britische Pfund schon lange als führende Weltreservewährung eine untergeordnete Bedeutung, jedoch spielt England, insbesondere der Finanzplatz London, im Off-shore Finanzplatz für Eurogeschäfte eine führende Rolle. Aufgrund der Vorherrschaft des Englischen als Welthandels- und Finanzsprache sowie der Innovationsfreudigkeit der Finanzmärkte, hat die Attraktivität des Finanzplatzes London für ausländische Banken bis heute unvermindert angehalten. Hinzu kommt, dass auch in der britischen Bankenlandschaft Privatbankiers vorzufinden sind, was es letztendlich rechtfertigt, Großbritannien mit in die Betrachtung einzubeziehen.[79] Auch die Schweiz soll mit in die Betrachtung einbezogen werden, obwohl sie weder zum Euroland gehört, noch EU-Mitglied ist. Diese Lösung drängt sich auf, da die schweizerischen Finanzmärkte eine vergleichsweise bedeutende Rolle spielen und ihre Integration in die Finanzmärkte der EU weit fortgeschritten ist sowie auch in der Schweiz Privatbankiers ansässig sind.

---

[77] vgl. Partin (1995), Seite 22 f.
[78] Frankreich, Belgien und Österreich.
[79] vgl. Klein (1998), Seite 183 f.

1.4.1. Frankreich

Aufgrund der über ein Jahrzehnt anhaltenden radikalen Reformen ist im französischen Bankensystem immer noch ein starker Wettbewerbsdruck vorzufinden. Dies ließ die Zahlen der in Frankreich tätigen Kreditinstitute von 2.085 Ende 1989 bis auf 1.406 (Ende 1996) absinken. Die Zahl der 25.434 Geschäftsstellen hat sich Ende 1989 nur wenig verringert.[80]

Die französischen Kreditinstitute lassen sich nach juristischen und traditionellen Gesichtspunkten in zwei Hauptgruppen unterscheiden. Zum einen gibt es die Universalbanken[81], unter die 598 Kreditinstitute fallen und die Spezialkreditinstitute[82], die aus 818 Kreditinstituten bestehen. Während sich die Universalbanken in vier Untergruppen, nämlich Handelsbanken, Genossenschafts- und Gegenseitigkeitsbanken, Sparkassen und städtische Kreditbanken einteilen, untergliedert man die Spezialkreditinstitute in Finanzgesellschaften und Spezialfinanzierungsinstitute.

---

80 vgl. Klein (1998), Seite 106.

81 in der Tabelle 5 entsprechen die Etablissements „universels" den Universalbanken.

82 in der Tabelle 5 zählen die Sociétés financières und die Institutions financières spécialisées zu den Spezialkreditinstituten.

A. nach juristischen Kriterien, in v. H.

Institutsgruppe	Kredite	Einlagen	Bilanzsumme	Anzahl
I. Etablissements „ universels"[83]	79,7	99,1	82,8	589
Banques „AFB"[84]	49,4	43,5	57,8	406
-Sociétés de droit français[85]				294
-Succursales d` établ. pays tiers				43
-Succursales d`établ. espace ec.eur				46
-Sociétés de droit affiliées à des organes centraux				4
				19
-Monaco[86]	11,6	8,6	16,2	195
-Succursales à l`étranger	24,3	36,2	17,8	129
Banques mutualistes ou coopératives	5,9	19,3	7,1	34
	0,1	0,1	0,1	20
Caisses d`épargne				
Caisse de crédit municipal				
II. Sociétés financières	7,8	0,8	10,8	787
III. Institutions financières spécialisées	12,5	0,1	6,4	31
Insgesamt	100	100	100	1406
in Mrd. FRF	6284	5059	18249	

B. nach homogenen Institutsgruppen, in v. H.

Institutsgruppe	Kredite		Einlagen		Bilanzsumme	
	1996	1989	1996	1989	1996	1989
Kreditinstitute oder Verbundsysteme mit allg. Ausrichtung	63,5	57,3	88,5	80,8	55,4	57,5
-Sehr große	56,7	49,9	81,1	72,2	49,6	50,7
-Große	5,2	5,6	5,5	6,4	4,8	5,5
-Kleine und mittelgroße	1,6	1,8	1,9	2,2	1,0	1,3
Lokalbanken	0,9	1,7	0,8	2,1	0,8	1,6
Spezialfinanzierungsinstitute	25,0	29,9	1,5	4,7	15,7	20,4
Finanzmarktinstitute	0,5	0,4	0,4	1,3	9,3	2,7
Gruppeninstitute[87]	6,2	6,9	4,3	8,1	12,4	9,6
Auslandsbanken (AFB-Mitglieder)	3,1	3,2	3,7	2,5	6,2	7,8
Sonstige Institute	0,8	0,6	0,8	0,5	0,4	0,4

Tabelle 5: Marktanteile der französischen Kreditinstitute[88]

---

83 ètablissement habilités à traiter toutes les opérations de banque.

84 Einschl. La Caisse centrale des caisses d`épargne, seit Dez. 1995 eine Bank, aber nicht Mitglied der AFM (Association Française des Banques).

85 Darunter 92 vom Ausland kontrollierte.

86 Darunter 6 vom Ausland kontrollierte; ferner 6 Institute unter „Sociétés financiéres".

87 établissements de groupe, d`ingénierie ou de portefeuille.

88 vgl. Comité des Établissement de Crédit et des Entreprises d`Investissements (1996).

Wie aus der Tabelle 5 hervorgeht, nehmen die Handelsbanken mit 82,8 % den größten Marktanteil ein. Sowohl gemessen an der Anzahl als auch bezüglich des Anteils am aggregierten Bilanzvolumen haben die Sparkassen und die städtischen Kreditbanken den kleinsten Anteil.

Gliedert man die Kreditinstitute wirtschaftlich oder funktionell nach homogenen Institutsgruppen, d.h. man unterscheidet, ob es sich um ein Kreditinstitut oder um ein Verbundsystem mit allgemeiner Ausrichtung handelt oder nicht, decken die sehr großen Kreditinstitute mit allgemeiner Ausrichtung über die Hälfte des Marktes ab. Zu diesen Großbanken gehören neben der BNP, der Crédit Lyonnais und der Société Générale.[89]

Gemäß der Banque de France gibt es insgesamt 11 französische Privatbankiers, die auch die von uns getroffenen Voraussetzungen erfüllen. In den Statistiken werden sie jedoch nicht getrennt erfasst.[90]

Zwar ist nicht auszuschließen, dass die Zahl der französischen Bilanzinstitute, die die Kriterien eines Privatbankiers erfüllen, gleich bleibt bzw. zunimmt, jedoch ist dies unwahrscheinlich, da das „Comité des Etablissements de Crédit" die Personengesellschaft als ungeeignete Rechtsform für Banken ansieht. Dies bedeutet, dass einerseits Neugründungen in der Rechtsform einer persönlichen Haftung verhindert werden, auf der anderen Seite durch Fusionen, Verkäufe und Konkurse oder einfach durch die Rechtsformänderung davon auszugehen ist, dass die bestehenden Privatbankiers langfristig abnehmen werden.

1.4.2. Belgien

Die wichtigsten Merkmale der jüngsten Entwicklung in Belgien sind fortschreitende Konzentration, Internationalisierung, Verringerung der klassischen Intermediationsfunktion - insbesondere auf der Refinanzierungsseite - und Privatisierung der Kreditinstitute. Die belgischen Banken haben sich, wie auch in anderen europäischen Ländern in den letzten Jahren, verstärkt im Investmentgeschäft engagiert. So lag das Volumen der außerhalb der Bilanz verbuchter Bankgeschäfte Ende 1996 neunmal höher als das Bilanzvolumen. 1992 dagegen, betrug das Volumen außerhalb der Bilanz noch das sechsfache des Bilanzvolumens.[91]

---

89 vgl. O.V. (1999c), Seite 23.
90 vgl. Partin (1995), Seite 39.
91 vgl. Klein (1998), Seite 144.

Wie aus der Tabelle 6 hervorgeht, decken vom aggregierten Bilanzvolumen die sieben Großbanken mit annähernd 65 % den größten Teil des Marktes ab. Mit Abstand das größte Kreditinstitut ist die Generale Bank-Gruppe mit einer konsolidierten Bilanzsumme Ende 1996 mit 5.544 Mrd. BEF.[92] Berücksichtigt man zudem, dass die Kreditinstitute nach ausländischem Recht ein Bilanzvolumen von 3.834 Mrd. BEF erreichen, erkennt man, dass der Marktanteil der restlichen Banken mit etwas über 21 % gering ist.

Institutsgruppe	1995 Anzahl	1995 Mrd. BEF	1996 Anzahl	1996 Mrd. BEF
1. Nach belgischem Recht[93]	105	21066	101	23228
Sieben Großbanken	7	15589	7	17515
Sonstige Banken i.e.S.	52		52	
Sparbanken/-kassen[94]	41	/5477/	38	/5713/
Öffentliche Kreditinstitute	3		1	
Kommunalsparkassen	2		2	
Wertpapierbanken[95]	-		1	
2. Nach ausländischem Recht	40	3786	40	3834
Auslandsfilialen EU-Länder	24		25	
Sonstige Auslandsfilialen	16		15	
Insgesamt	145	24852	141	27061
Repräsentanzen	40		40	
Notifizierte Auslandsbanken	169		203	
Investmentfonds[96]	297		305	
ausländische	215		221	
Mutual funds	67		67	
Unit trust	148		154	
Bankangestellte	76133		76266	
Geschäftsstellen	7668		7522	

Tabelle 6: Kreditinstitute in Belgien[97]

92 vgl. Klein (1998), Seite 144.

93 Lt. Gesetz vom 22.03.1993.Darunter 33 Banken mit ausländischer Kapitalmehrheit.

94 Einschl. 16 von der S.A. Crédit Professionnel anerkannte Kreditvereine; ein weiterer Kreditverein ist eine Bank i.e.S..

95 Bis Ende März 1997 hatten 3 Börsengesellschaften das Statut einer Bank angenommen, davon 1 Institut als spezialisierte Banque de titres/Effectenbank.

96 Ohne Immobilienfonds und Fonds für verbriefte Kredite.

97 vgl. Commission Bancaire et Financiére (1995/1996) und Association belge des Banques (1996 und 1997).

Grundsätzlich sind von Gesetzes wegen alle Rechtsformen zugelassen, jedoch findet sich unter den belgischen Banken nur die Rechtsform der Genossenschaft, die der Aktiengesellschaft und die der Kommanditgesellschaft („commandite simple"). Der Begriff des Privatbankiers an sich findet im belgischen Recht keine Anwendung. Trotzdem wird er für Bankinstitute verwendet, die mit der Rechtsform der „commandite simple" firmieren. Insgesamt existieren sechs Privatbankiers in Belgien, deren Anteil im Markt jedoch verschwindend gering ist.[98]

1.4.3. Österreich

Das österreichische Bankwesen, das vorwiegend durch Großbanken und Spitzeninstitute repräsentiert wird, ist auf einige wenige Sektoren konzentriert. Während die Großbanken meist über Beteiligungen mit einer Gruppe von kleineren Banken auf regionaler oder lokaler Ebene verbunden sind, besteht bei den Sparkassen, den Raiffeisenbanken, den Volksbanken und eingeschränkt auch bei den Landeshypothekenbanken ein sektoraler Verbund. Die österreichische Nationalbank unterscheidet die Bankenstruktur in sieben Bankengruppen, wobei die meisten Banken nach dem Universalbankenprinzip ausgerichtet sind. Die Sonderbanken, mit abgegrenzter Sonderfinanzierungsaufgabe und die Gruppe der Bausparkassen gehören zu den Ausnahmen. Ein weiteres Merkmal des österreichischen Bankensystems sind erhebliche Beteiligungen an Industrie- und Handelsunternehmen. Auch ist eine relativ starke Verflechtung des Staates mit dem Finanzsektor vorhanden.[99]

Der zunehmende Wettbewerbsdruck führte auch in Österreich dazu, dass sich die Zahl der Banken in den vergangenen Jahrzehnten kräftig verringert hat. So sind von 2.166 Instituten im Jahr 1963, Ende 1996 noch 1.019 übriggeblieben.[100] Das Bankstellennetz wurde hingegen in den letzten drei Jahrzehnten weiter ausgebaut, bis schließlich ab den 90er Jahren ein technologisch bedingter Strukturbereinigungsprozess eingesetzt hat.

Wie aus der Tabelle 7 hervorgeht, gehören zu den traditionell führenden Gruppen der österreichischen Bankinstitute die Aktienbanken und Privatbankiers. Mit dem Zusammenschluss der Österreichische Länderbank mit der Zentralsparkasse und Kommerzialbank und der Entstehung der Bank Austria AG im Jahre 1990, entstand das größte Institut Österreichs mit einem Bilanz-

---

[98] vgl. Partin (1995), Seite 36.
[99] vgl. Klein (1998), Seite 172.
[100] vgl. Klein (1998), Seite 173.

volumen von US$ 68,2 Mrd. (Ende 1995), was letztlich dazu führte, dass der Sparkassensektor den größten Teil des Marktes abdeckt.[101]

Bankengruppe	Ende 1989		Ende 1995		Ende 1996	
	Mrd.A TS	in %	Mrd.A TS	in %	Mrd.A TS	in %
Aktienbanken	1398	36,5	1528	28,4	1600	28,3
Sparkassen	943	24,6	1654	30,7	1745	30,9
Landes-Hypothekenbanken	213	5,6	283	5,3	300	5,3
Raiffeisenbanken	679	17,7	1082	20,1	1139	20,2
Volksbanken	162	4,2	237	4,4	251	4,4
Bausparkassen	139	3,5	195	3,6	207	3,7
Sonderbanken	297	7,8	403	7,5	408	7,2
Insgesamt	3831	100	5383	100	5651	100

Tabelle 7: Die Bankenstruktur in Österreich[102]

Die Raiffeisenbanken nehmen die drittgrößte Marktstellung ein.[103] Nach wie vor decken die Aktienbanken und die Privatbankiers zwar noch 28,3 % des Marktes ab, jedoch besitzen die Privatbankiers nur geringe Marktanteile. Wie in anderen europäischen Ländern ist auch in Österreich die Zahl der Privatbankiers ständig rückläufig. Viele von ihnen sind in der einen oder anderen Form mit größeren Kreditinstituten und anderen Sektoren verbunden. Nur zwei Bankhäuser[104] haben ihre alte Rechtsform als Personengesellschaft und ihre Unabhängigkeit bewahrt.

101 vgl. Klein (1998), Seite 173 f.
102 vgl. Österreichische Nationalbank, Statistische Monatshefte.
103 vgl. Tabelle 7.
104 Berger & Companie, Carl Spengler & Co.

1.4.4. Großbritannien

Hinsichtlich der kontinentaleuropäischen Bankensysteme unterscheidet sich das britische Bankensystem in mehrfacher Weise. Im Gegensatz zu anderen europäischen Ländern findet man im britischen Bankensystem eine klare Arbeitsteilung, die zwar nicht gesetzlich verordnet, wie in den USA oder später in Japan, sondern historisch gewachsen ist. Seit dem Banking Act von 1987 müssen bestimmte Zulassungsbedingungen erfüllt werden, um ein Unternehmen als Bank zu führen. Wertpapiergeschäfte, sei es für eigene oder für fremde Rechnung, bedürfen dagegen keiner Zulassung als Bank, sondern werden nach dem Financial Service Act von 1986 und der nachfolgenden Gesetzgebung gesondert überwacht. Ein weiteres Merkmal des britischen Finanzplatzes ist die überaus große Bedeutung der organisierten Finanz- und Rohstoffmärkte. Viele dieser Märkte waren aufgrund der internationalen Marktteilnehmer schon immer international gewesen. Ein weiteres Kennzeichen des britischen Banksystems ist eine hohe Konzentration der Banken und Märkte auf die eigentliche City of London.[105]

1996 führte die Statistik der Bank of England insgesamt 488 Banken auf. Davon waren 148 Banken britischer Herkunft, die wiederum in 24 Retailbanks[106], 22 Merchantbanks[107], 95 andere britische Banken und 7 Discounthäuser gegliedert sind. Sowohl stückzahlmäßig als auch bezogen auf die aggregierte Bilanzsumme nehmen die 340 Auslandsbanken Marktanteil von 48,2 % ein. Wie sich aus der Tabelle 8 ableiten lässt, nehmen die Clearingbanken und die sonstigen Retailbanken mit einem Marktanteil von 32,3 % die zweitgrößte Marktstellung ein. Merchantbanken und die sonstigen britischen Banken sowie Discounthäuser haben nur eine untergeordnete Rolle, wobei hier das bilanzunkwirksame Geschäft zu berücksichtigen ist.

---

[105] vgl. Klein (1998), Seite 183 f.

[106] darunter versteht man Banken, die im Privatkundengeschäft tätig sind.

[107] darunter versteht man Spezialinstitute, wie bspw. Akzept- und Handelsbanken.

Institutsgruppe (in Mrd. Pund Sterling)	Bilanzsumme 1989	Bilanzsumme 1996	Daraus Einlagen Sterling 1989	Daraus Einlagen Sterling 1996	Daraus Einlagen Fremdwährung 1989	Daraus Einlagen Fremdwährung 1996
Banken	1237	1877	471	749	668	976
Clearingbanken und sonst. Retailbanks	392	711	266	468	64	149
Merchantbanken	51	42	29	23	16	13
Sonst. brit. Banken[108]	64	64	40	43	12	9
Auslandsbanken[109]	730	1060	136	216	576	805
Amerikanische	119	155	17	26	97	121
Japanische	228	181	33	30	246	149
Sonstige	329	724	85	160	233	534
Discounthäuser[110]	15	22	15	22	0	0
Bausparkassen	189	301	169	260	2	9
Insgesamt (aggregiert)	1441	2200	654	1031	670	985

Tabelle 8: Struktur des Bankensystems einschließlich Bausparkassen in England[111]

Die größte und stärkste Bankengruppe ist die HSBC Holding mit einer konsolidierten Bilanzsumme von US$ 402 Mrd. (Stand Ende 1996) und einem Geschäftsstellennetz von über 5.000 in 78 Ländern. Die traditionell und selbständig gebliebenen Merchantbanken sind an Zahl und Bedeutung geschrumpft. Viele Merchantbanken wurden nicht zuletzt mit Hilfe der Übernahme von Börsenmaklern und Börsenhändlern im Zusammenhang mit der Börsenreform seit Mitte der 80er Jahre sehr aktiv im Wertpapierhandelsgeschäft. Jedoch haben sich nur wenige dieser Merchantbanken zu internationalen Finanzkonglomeraten entwickelt, die mit den großen und meist internationalen Banken und Wertpapierhäusern im Wettbewerb stehen können. Aufgrund von Übernahmen und Fusionen sind nur noch ein paar wenige unabhängige Merchantbanken übriggeblieben. Hierzu gehören Namen, wie Schroder, Robert Fleming Holdings, NM Rothschild Holdings und Hambrosbank. Obwohl diese Institute überwiegend im bilanzneutralen Geschäft tätig sind, ist

108 Ende 1996: Ohne einige kleine, nur vierteljährlich berichtende Banken.
109 Nach dem nationalen Ursprung („Nationality“) der Banken.
110 Einschl. Alexander Discount plc., Clive Discount Company Ltd. und Seccombe Marshall Campion plc., die prinzipiell zur Untergruppe „Sonstige Auslandsbanken“ gehören.
111 vgl. Bank of England (März 1997).

eine entsprechende Infrastruktur notwendig, die sehr kostenspielige Personalinvestitionen verursachen. Den traditionellen Merchantbanken, deren Eigenkapital sich teilweise noch im Familienbesitz befindet, fällt es somit immer schwerer, als Global Player mithalten zu können.[112]

Diese im Eigentum von Familien genannten Merchantbanken zählen jedoch nach der Definition der Deutschen Bundesbank meist nicht zu den Privatbankiers. Würde man statt dessen die Eigentums- und Geschäftsführungsverhältnisse zum Definitionskriterium der persönlichen Haftung machen, so wären diese auch heute noch als Privatbankiers zu klassifizieren. Bezogen auf die Gesellschaftsrechtsform sind im Bankenverzeichnis der EG-Kommission nur noch zwei Firmen[113] in der Rechtsform einer Partnerchip[114] sowie zwei weitere Banken in der Rechtsform einer unlimited Company[115] ausgewiesen.[116]

1.4.5. Schweiz

Obwohl die Schweiz nicht Mitglied des europäischen Wirtschaftsraumes geworden ist und nur ca. 6,8 Mio. Einwohner hat, ist sie zu den führenden internationalen Finanzplätzen aufgestiegen. Das Land profitierte in der Vergangenheit sehr stark davon, dass es sich aus den großen kriegerischen Verwicklungen dieses Jahrhunderts heraushalten konnte. Die Schweiz gilt auch heute noch als Kapitalzufluchtsland mit einer besonderen internationalen Anlage- und Reservewährung, einem bedeutenden Fremdwährungsgeschäft und einer umfangreichen nationalen wie internationalen Vermögensverwaltung. Ungeachtet ihres Neutralitätsstatus sorgen die offenen Finanzmärkte, das wohl verstandene Eigeninteresses der Schweiz sowie der innovationsgeprägte internationale Wettbewerb dafür, dass sie an den Tendenzen der europäischen Finanzmärkte stark teilnimmt. Funktional gesehen ist das schweizerische Bank- und Finanzwesen längst ein integrierter Bestandteil des europäischen Finanzmarktes geworden.

---

[112] vgl. Klein (1998), Seite 202 f.

[113] C. Hoare & Co. und Rathbone Bros & Company.

[114] es handelt sich bei dieser Rechtsform um Personengesellschaften.

[115] es handelt sich bei dieser Rechtsform um Kapitalgesellschafen mit unbeschränkter Haftung.

[116] Royal Trust Bank und Smith Williamsen Securities.

Bankengruppe	Ende 1989[117] Anzahl	Bilanz-aktiva	Treuhd-aktiva	Ende 1996[118] An-zahl	Bilanz-aktiva	Treuhd-aktiva
Kantonalbanken	29	195	6	24	262	8
Großbanken	5	510	104	4	869	65
Regionalbanken/Sparkassen	210	89	2	119	71	1
Raiffeisenbanken[119]	2	31	-	1	53	-
Übrige Banken	209	154	146	222	208	171
Handelsbanken	25	38	21	19	59	19
Börsenbanken	51	12	16	52	34	26
Kleinkreditbanken	11	6	1	5	5	-
andere Banken	4	1	0	5	2	0
ausl. beherrschte Banken	118	98	108	141	108	126
Filialen ausl. Banken	17	27	21	16	19	24
Privatbankiers	22	6	17	17	9	29
Insgesamt	631	1037	299	403	1495	297

Tabelle 9: Die Bankenstruktur in der Schweiz[120]

Wie die Tabelle 9 zeigt, decken die vier Großbanken mit einer Bilanzsumme von insgesamt 869 Mrd. SFR 58,1 % des Marktes ab und sind somit Marktführer. In den vergangenen Jahren konnten die Großbanken, die sich zwischenzeitlich auf drei wirklich selbständige Bankkonzerne reduziert haben, durch das Wachstum im Auslandsgeschäft ihre Marktanteile wesentlich verbessern. Zu berücksichtigen ist zudem, dass die Großbanken im bilanzunwirksamen Geschäft eine überragende Position innehaben. Hinzu kommen außerbilanzielle Treuhandeinlagen in Höhe von 65 Mrd. SFR und die Verwaltung von Wertpapiervermögen in Höhe von rund 1.300 Mrd. SFR.[121] Die zweitgrößte Gruppe stellen, mit einem Marktanteil von rund 17,5 %, die Kantonalbanken dar. Von den insgesamt 24 Instituten sind 19 öffentlich-rechtlich organisiert und durch den kantonalen Erlass errichtet worden. Zwar betreiben

117 Einschl. der Auslandsniederlassung, aber ohne Auslandstöchter.
118 Einschl. der Auslandsniederlassung, aber ohne Auslandstöchter.
119 Schweizer Verband (1989 zwei Verbände) mit 962 (1229) angeschlossenen Instituten.
120 vgl. Schweizerische Nationalbank (1997), Tab.4.0-4.5, 37, 48.0.
121 vgl. Klein (1998), Seite 337.

die Kantonalbanken aufgrund ihres historischen Ursprungs alle Arten von Bankgeschäften, jedoch begrenzen sich diese ausschließlich auf das Inland und schwerpunktmäßig auf das Hypothekengeschäft. Aufgrund der stark politisch beeinflussten Entscheidungsprozesse haben sie schon seit Jahren die Marktführerschaft verloren und die Inlandsmärkte an die Großbanken abgeben müssen.

Eine bedeutende Marktposition mit 8,5 % nehmen ferner die ausländisch beherrschten Institute bzw. die Filialen ausländischer Banken ein. Bemerkenswert ist, dass das Treuhandgeschäft der ausländisch beherrschten Banken mit 126 Mrd. SFR um einiges höher liegt als die Bilanzsumme von 108 Mrd. SFR.

Die Gruppe der Regionalbanken und Sparkassen setzt sich ursprünglich aus den Untergruppen Bodenkredit-, Lokal- und Regionalbanken sowie den Sparkassen zusammen. Der Trend zur Universalbank hat sich durchgesetzt, so dass ein rigoroser Strukturbereinigungsprozess erfolgte und sich 98 Banken im Jahr 1994 zur RBA Holding zusammengeschlossen haben. Aufgrund des geographisch eingeschränkten Tätigkeitsbereichs dieser Banken ist die Marktbedeutung dieser Gruppe nach wie vor rückläufig.

Auch bei den Raiffeisenbanken, die im Schweizer Verband der Raiffeisenbanken zusammengefasst sind und seit dem Jahr 1989 von 1.229 auf 962 im Jahr 1996 gesunken sind, ist aufgrund von Fusionen im ländlichen und halbstädtischen Bereich ein weiterer Schrumpfungsprozess zu erwarten. Im Gegensatz zu den Genossenschaftsbanken in Deutschland und in Österreich nehmen diese in der Schweiz mit einem Marktanteil von 3,5 %[122] eine bescheidene Rolle ein. Der Grund hierfür liegt sicherlich darin, dass bei den Schweizer Genossenschaftsinstituten Kredite nur an Genossenschaftsmitglieder vergeben werden können und somit der Kundenkreis stark eingeschränkt ist.

Obwohl die Struktur der Schweizer Privatbankiers viel homogener als in anderen Ländern ist und die Schweizer Privatbankiers im internationalen Banking ein besonderes Image besitzen, ist auch deren Anzahl von über 80 in den 60er Jahren auf 17 im Jahr 1996 zurückgegangen. Zwar ist ihr prozentualer Anteil an der aggregierten Bilanzsumme nur noch 0,6 %, jedoch ist ihre Marktstellung aufgrund der Treuhandgeschäfte und der Verwaltung von Vermögen unvergleichlich stark. So liegen, bedingt durch die Spezialisierung des schweizerischen Privatbankiers auf das Vermögensverwaltungsgeschäft, die Treuhandgeschäfte um ein dreifaches höher als das Bilanzgeschäft und das Gesamtvolumen der verwalteten Fremdvermögen zwischen 1.500 Mrd. US$ und

[122] lässt sich aus den Angaben in der Tabelle 9 ableiten.

2.000 Mrd. US$.[123] Die Schweizer Privatbankiers, zu deren größten die Pictet & Cie Banquiers, die Lombard Odier und die Darier Hentsch gehören, stellen aufgrund ihrer Geschäftspolitik und ihrer Imagepflege eine überdurchschnittlich erfolgreiche Gruppe innerhalb des schweizerischen Bankwesens dar.[124]

Zusammenfassend bleibt festzuhalten, dass nur noch wenige Länder in ihrem Bankensystem über Privatbankiers verfügen. Zwar sind in Frankreich, Belgien, Österreich und Großbritannien Privatbankiers vorzufinden, jedoch haben diese einen sehr kleinen Marktanteil und meist eine untergeordnete Bedeutung. Hinzu kommt, dass keine Neugründungen zu verzeichnen sind und der fortschreitende Konzentrationsprozess eine rückläufige Tendenz dieser Gruppe vermuten lässt. Nur in der Schweiz und in der Bundesrepublik Deutschland existiert noch eine relativ ausgeprägte Privatbankierstruktur, wenn auch diese in des letzten Jahrzehnten deutlich geschrumpft ist.

123 vgl. Klein (1998), Seite 343.
124 vgl. Partin (1995), Seite 63.

2. Finanzdienstleistungsmarkt

Gerade in der jüngeren Vergangenheit hat sich im Finanzdienstleistungsmarkt sehr viel verändert. Der Einsatz von modernen Informations- und Kommunikationstechnologien verändert nicht nur die Arbeitsfelder der Bankangestellten, sondern revolutioniert auch den Vertrieb der Finanzdienstleistungen. Ferner wird vor allem die Kundenorientierung in Zukunft mehr denn je zum zentralen Erfolgsfaktor im Bankengeschäft. Die zunehmende Deregulierung des europäischen Marktes und die wachsenden Kundenanforderungen und – erwartungen werden die Kreditinstitute herausfordern.

2.1. Bankdienstleistung

Für den Begriff „Leistung" findet man in der Betriebswirtschaftslehre keine einheitliche Abgrenzung. Je nach Definition und Wahl des Untersuchungsziels erstreckt sich die Leistung auf den innerbetrieblichen Leistungsprozess (betriebsbezogene Perspektive) oder auf den marktmäßigen Absatz betrieblicher Leistungsergebnisse (markt- oder kundenbezogene Perspektive).[125] Während sich die betriebsbezogene Sichtweise vornehmlich dem Produktions- und Kostenbereich widmet (im Mittelpunkt stehen Faktoreinsatz- und Outputüberlegungen), wird bei der markt- und kundenbezogenen Perspektive der Leistungsaspekt einer Unternehmung nicht aus Sicht des Anbieters, sondern aus Sicht der tatsächlichen oder potentiellen Leistungsnachfrage betrachtet. Es interessieren Analysen der Marktbeziehungen und mögliche Marktpolitiken. Es werden Aspekte der Marktleistung angesprochen. Der Begriff „Bankleistung" kann also zu Missverständnissen führen, da man mit ihm auch den Beitrag der „Banken" zum gesamten Wirtschaftsprozess umschreiben kann. Hier soll jedoch Leistung allein betriebswirtschaftlich verstanden werden.

2.1.1. Zum Begriff „Bankleistung"

Obwohl die Leistungserstellung durch Betriebsmittel, die von einfachen Werkzeugen bis zu komplizierten technischen Anlagen reichen können und deren Anteil an der Leistungserstellung mitunter weitaus größer als der Anteil menschlicher Arbeit sein kann, ändert sich nichts an der Gemeinsamkeit aller Betriebswirtschaften, nämlich dass Menschen Dienste für andere erbringen. Es ist üblich, dass Marktleistungen, in die auch konkrete Werkstoffe eingehen, als Sachleistungen bezeichnet werden.[126] Dem entgegen versteht man unter Dienstleistung, wenn das jeweilige Produktionsergebnis hauptsächlich in einer immateriellen Leistung besteht und geringwertige materielle Trägersubstanzen

---

125 vgl. Böhnert (1982), Seite 874 f.

126 vgl. Hein (1993), Seite 20.

keine eindeutige Bedeutung für den ökonomischen Wert der betreffenden Wirtschaftsgüter haben.[127] Im Sinne dieser Unterscheidung gruppiert man gewöhnlich auch die Betriebe in Sachleistungs- und Dienstleistungsbetriebe. Banken gehören dabei eindeutig zur zweiten Gruppe.

Bisher wurden nur die Marktleistungen („Fertigprodukte“) näher gekennzeichnet. Der Prozess der Leistungserstellung muss aber gedanklich erfasst und gegliedert werden. In Industriebetrieben kann sehr gut verfolgt werden, wie das Erzeugnis schrittweise an Wert gewinnt und schließlich absatzreif wird. Dies liegt an den konkreten Objekten. Bei Bankleistungen ist dies wesentlich schwieriger, da im Gegensatz zu den Industriebetrieben die Tätigkeitsergebnisse abstrakt sind.[128] Trotzdem lässt sich die Erstellung von Marktleistungen auch für den Bankbetrieb als ein verästelter Strom von Teilleistungen darstellen. Man sieht also die Marktleistung zusammengefügt aus innerbetrieblichen Teilleistungen.

In der älteren Fachliteratur beschränkte man sich meistens darauf, den Gesamtprozess der Leistungserstellung in die von Menschen und Maschinen verrichtende Arbeitsgänge zu zerlegen. Die Zerlegung reichte hinunter bis zu einzelnen Handgriffen und die Marktleistungen wurden dann als Summe von Marktakten (Manipulation) gesehen.[129] Nachdem an diesem Ansatz jedoch Zweifel aufkamen und sich die Meinung durchsetzte, dass auch die bewegten Werte (Beträge) zu berücksichtigen sind, gelang man zu der These, dass sich die Marktleistungen einer Bank grundsätzlich aus zwei verschiedenen Kategorien innerbetrieblicher Leistungen zusammensetzen: aus der Stückleistung und der Wertleistung.

Die Stückleistung bezieht sich auf die betriebliche Abwicklung finanzieller Transaktionen. Hierunter sind beispielsweise erbrachte Dienstleistungen bei der Abwicklung des Zahlungsverkehrs oder der Abwicklung des Kreditgeschäftes zu nennen. In der Regel kommt als Messgröße die Anzahl (nicht das wertmäßige Volumen) der Geschäftsvorfälle in Betracht. Die Wertleistung hingegen stellt grundsätzlich auf das finanzielle Volumen der Leistungserstellung ab. Beispielsweise das Kreditvolumen, das Spargeldaufkommen oder der wertmäßige Umfang des Effektengeschäftes stellen Wertgrößen im Sinne der Wertleistungen dar. Die Beziehung zwischen Stück- und Wertleistungen ist dadurch gekennzeichnet, dass Wertleistungen untrennbar mit Stückleistungen verbunden sind. Zwar sind Stückleistungen unter bestimmten Modellannahmen isoliert absatzfähig, jedoch führen auch diese meist gleichzeitig zu Wert-

---

127 vgl. Maleri (1973), Seite 21.
128 vgl. Hein (1993), Seite 27.
129 vgl. Schönpflug (1934), Seite 17-29.

leistungen.[130] Angenommen der Überweisungsbetrag kann im selben Zeitpunkt vom Zahlungspflichtigen auf den Zahlungsempfänger übertragen werden, entsteht an sich eine reine Stückleistung, die nicht mit einer Wertleistung verbunden ist und somit isoliert absatzfähig wäre. In der Praxis liegen jedoch der Zeitpunkt der Gutschrift und der Zeitpunkt der Belastung auseinander, so dass sich ein solcher Vorgang auch auf den finanziellen Bereich der Bank zumindest kurzfristig auswirkt und eine Wertleistung mit sich bringt.[131] Man kann sagen, die Erstellung der Marktleistungen wirkt sich sowohl auf den betrieblichen als auch auf den finanziellen Bereich der Bank aus.

Darüber hinaus haben die Arbeiten von Hans-Dieter Deppe erste fruchtbare Ansätze zu einer umfassenden Analyse der bankbetrieblichen Leistungserstellung aufgezeigt.[132] Nach Deppe gibt es verschiedenartige Nutzungspotentiale des technisch-organisatorischen und des liquiditätsmäßig-finanziellen Bereichs, die im Ergebnis zu allen innerbetrieblichen Teilleistungen erforderlich sind. Diese Nutzungspotentiale sind zum einen vor allem menschliche Arbeitskraft und Betriebsmittel und zum anderen Zahlungsmittel und finanzielles Haftungspotential. Das Haftungspotential, dessen bilanzieller Ausdruck das Eigenkapital der Bank ist und bei Privatbankiers vermehrt ein Engpassfaktor darstellt, schirmt die Gläubiger vor Verlusten ihrer Bank ab.

Aus der Marktleistung „Kreditvergabe" ist unmittelbar zu erkennen, dass die Teilleistungen aus beiden Bereichen zusammenwirken müssen. Die Kreditvergabe erfordert sowohl die menschliche Arbeitskraft als auch Betriebsmittel (Prüfung, Anwendung neuronale Netze[133], usw.), Zahlungsmittel der Bank und Haftungspotential. Nicht unmittelbar einsichtig ist es dagegen, inwieweit beispielsweise die Erstellung von Zahlungsverkehr oder Beratungsleistungen, die Inanspruchnahme nicht nur der technisch-organisatorischen Einsatzfaktoren erfordert, sondern auch Zahlungsmittel und Haftungspotential beanspruchen. Obwohl bei der Erstellung dieser Marktleistungen der finanzielle Bereich nicht unmittelbar, sondern nur mittelbar in Bezug steht, ist dieser zur Leistungserstellung unabdingbar. Die Voraussetzung von Deppe, dass ein Kreditinstitut über ausreichend Zahlungsmittel und haftendes Eigenkapital verfügt, ist gemäß seinen Annahmen, Grundbedingung zur Existenz und damit auch notwendige Voraussetzung für die Erstellung aller Marktleistungen. Deppe vergleicht dies mit den Potentialfaktoren der Produktionstheorie, wie beispielsweise Grundstücke, die im Rahmen des industriellen Prozesses erforderlich sind. Diese werden ebenfalls als Einsatzfaktoren behandelt, obwohl sie in

---

[130] Als Beispiel sei hier ein Überweisungsauftrag angeführt.
[131] vgl. Büschgen (1998), Seite 308.
[132] vgl. Deppe (1978), Seite 31-85.
[133] vgl. Schon/Füser (1999), Seite 26 f.

die Erstellung industrieller Marktleistungen nicht unmittelbar eingehen.[134] Als Fazit ergibt sich aus diesem Ansatz, dass die Erstellung einer bankbetrieblichen Marktleistung nur allein aus einem Bereich nicht möglich ist. Sowohl die primär monetäre Marktleistung kann ohne den technisch-organisatorischen Bereich nicht erstellt werden, als auch die primär technisch orientierte Marktleistung ohne den liquiditätsmäßig-finanziellen Bereich.

Für Privatbankiers bedeutet dies, dass sie von beiden Dimensionen ausreichende Kapazitäten zur Verfügung haben müssen. Insbesondere stellen Haftungspotentiale in Form von Eigenkapital und die Aktualisierung der Informations- und Kommunikationstechniken Engpassfaktoren dar, die es abzubauen gilt.

2.1.2. Besonderheit von Bankdienstleistungen

Wenn im folgenden die relevanten Eigenschaften von Bankdienstleistungen angesprochen werden, so wird damit nicht gleichzeitig postuliert, dass es sich dabei um ausschließlich bankbetriebliche Sachverhalte handelt. Diese Tatbestände können vielmehr in gleicher und ähnlicher Weise im gesamten Dienstleistungsbereich gegeben sein. Es kann auch nicht ausgeschlossen werden, dass vergleichbare Phänomene bei Sachgütern beobachtet werden können. Auf einer niedrigen Abstraktionsebene sind jedoch häufig bestimmte spezifische Merkmale von Bankdienstleistungen zu konstatieren, die vor allem mit Blick auf ihre Akkumulation und Kombination oft als Abgrenzungskriterium grundsätzlich herangezogen werden können.

Als eine betriebswirtschaftliche Eigenart der Bankdienstleistung kann vorrangig ihre Stofflosigkeit und ihre mangelnde Speicherbarkeit genannt werden.[135] Diese Merkmale sind nicht bankleistungsspezifisch, sondern charakterisieren allgemein die Dienstleistungen. Zwar werden Bankleistungen unter Einsatz materieller Faktoren, wie beispielweise der Ausstattung des technisch-organisatorischen Bereichs erstellt, jedoch gehen nicht, wie im Sachgüterbereich, materielle Roh- und Hilfsstoffe in den Output ein, die bei Sachgütern die materielle Substanz bilden. Insofern bezieht sich die Immaterialität lediglich auf das Leistungsergebnis, nicht aber auf den Leistungserstellungsprozess.

Die mangelnde Lagerfähigkeit, die aus der Immaterialität zwangsläufig entsteht, ist betriebswirtschaftlich sehr bedeutsam. In der Sachgüterproduktion wird durch die Speicherbarkeit der Produkte eine gewisse Trennung des Ferti-

---

134 vgl. Deppe (1978), Seite 35.
135 vgl. Eilenberger (1997), Seite 189.

gungsprozesses vom Distributionsprozess erreicht. Dadurch entstehen unabhängige Gestaltungsspielräume in der Fertigungsplanung und über die Fertigungsläger die Möglichkeit, stark schwankenden Absatz aufzufangen, was sich schließlich vorteilhaft für die Dimensionierung der Fertigungskapazitäten auswirkt. Die mangelnde Lagerfähigkeit von Bankdienstleistungen impliziert dagegen, dass diese mit ihrer Entstehung abgesetzt werden müssen.[136] Hier kann also der Betrieb erst tätig werden, wenn der Kunde seine Aufträge erteilt hat. Da aber die Nachfrage nach Bankdienstleistungen im Zeitablauf schwankt, bildet der Umfang der bereitzustellenden Kapazitäten ein besonders schwerwiegendes Problem. Bei zeitweise starker Nachfrage kann eine relativ geringe Kapazität, also relativ wenig Personal und Maschinen, zu längeren Wartezeiten für die Kunden führen. Eine relativ hohe Kapazität hingegen führt bei zeitweise geringer Nachfrage zu beträchtlichen Leerkosten[137]. Aufgrund der fehlenden Pufferfunktion des Lagers können Banken wesentlich unelastischer auf Schwankungen des Absatzmarktes reagieren als dies im sachgüterproduzierenden Gewerbe möglich ist. Hinzukommt, dass die Nachfrage nach Bankdienstleistungen, zumindest teilweise von Marktparametern, wie Zinsen, Wechsel- und Aktienkurse determiniert wird, die von der Bank nicht beeinflusst werden können, aber erhebliche Auswirkungen auf die Kapazitätsauslastung haben können.[138] Zwar trifft dieser Zustand auf alle Kreditinstitute zu, jedoch sind kleinere und mittlere Privatbankiers stärker benachteiligt. Werden die Personalkapazitäten kostenbewusst eingesetzt, können unter Aufrechterhaltung der Kundenzufriedenheit Absatzschwankungen nur schwer ausgleichen werden. Unter anderem liegt darin ein Motiv, kleinere Filialen zu größeren Einheiten zusammen zu legen.

Eine Phasentrennung in Fertigung und Distribution ist bei der Erstellung der bankbetrieblichen Leistung häufig nur bedingt möglich. Für bestimmte Produkte, wie beispielsweise beim Kredit, der Vermögensverwaltung oder bei der Wertpapieremission können gedanklich betriebliche Teilleistungen abgegrenzt werden, die vor der Distributionsphase liegen und als „Fertigung der Leistung“ bezeichnet werden könnten. In diesen Fällen könnte man die Leistungserstellung in dic Phasen Auftragserteilung, Auftragsbearbeitung und Distribution gliedern. Die Distribution selbst, ist also als Übernahme der Leistung durch den Kunden zu sehen. Es gibt aber auch andere Leistungen, wie beispielsweise den Überweisungsauftrag oder den Umtausch von Devisen, für die diese gedankliche Trennung nicht möglich ist. Es gilt deshalb die generelle Aussage, dass im Bankbetrieb vor der Distributionsphase kein distributionsfä-

136 vgl. Büschgen (1998), Seite 311.

137 Unter Leerkosten versteht man den Teil der fixen Kosten, der auf nicht genutzte Kapazitäten entfällt.

138 vgl. Hein (1993), Seite 20 f.

higes materielles Objekt, wie beispielsweise eine Waschmaschine nach der Fertigungsphase, entsteht.[139]

Infolge der raschen Entwicklung auf dem Sektor der Kommunikations- und Informationstechnik erfährt die eingeschränkte phasenmäßige Trennungsmöglichkeit zwischen Fertigung und Distribution erhebliche Änderungen. Der technologische Fortschritt bringt es mit sich, dass Banken die Vorhaltung der Produktionsfaktoren, die zur Leistungserstellung erforderlich sind, nicht länger vollständig autark bereitstellen, sondern vielmehr Teilleistungen outsourcen. Das heißt, sie kaufen sich die zur Produktion der Bankdienstleistung erforderliche Teilleistung am Markt von auf die Produktion derartiger Elemente spezialisierten Unternehmen ein. Ein Beispiel dieser Entwicklung stellen die Direktbanken dar. Speziell diese arbeiten häufig mit sehr vielen Lieferanten zusammen, die jeweils spezifische Komponenten der Leistungserstellung zur Verfügung stellen. Wenn überhaupt, stellen die Direktbanken nur einen geringen Teil der erforderlichen Komponenten aus eigener Leistung her.[140] Auch Privatbankiers werden zukünftig ihr Leistungsangebot dahingehend überprüfen müssen, ob sie bestimmte Komponenten/Leistungen von Dritten beziehen. Durch ihre Unabhängigkeit könnten Vorteile gegenüber den Konkurrenten entstehen, da nicht auf kapitalmäßige Verflechtungen Rücksicht genommen werden muss und man in der Wahl des Partners freier ist.

Bankdienstleistungen werden ausgeformt durch Vertragselemente. Häufig kann zwischen den Vereinbarungen und deren faktischer Umsetzung zeitlich separiert werden, da entweder die Bank oder der Kunde eine Vorleistung in Form eines Angebotes erbringt. Da im bankbetrieblichen Leistungsprozess zum Anbieten neuer Leistungen lediglich vorherige Überlegungen zur effizienten Vertragsgestaltung notwendig sind, sind solche vertraglichen Angebote ohne großen zeitlichen und produktionstechnischen Aufwand reif für die Markteinführung. Aufgrund dieser Umstände sind Wettbewerber sehr rasch in der Lage, vergleichbare Verträge zu imitieren und am Markt anzubieten. Typische Bankdienstleistungen unterliegen also einem geringen Imitationsschutz. Bestehende Wettbewerbsvorteile verlieren unter solchen wettbewerblichen Bedingungen sehr schnell ihre Wirkung, was noch durch die mangelnde Patentierbarkeit von Bankdienstleistungen unterstützt wird.[141]

Obwohl bankbetriebliche Leistungen einer unproblematischen Imitierbarkeit unterliegen, können Neuentwicklungen mit zunehmender Anforderungskomplexität durchaus zu nachhaltigen Wettbewerbsvorteilen führen. Der Grund

---

139 vgl. Büschgen (1998), Seite 311 f.
140 vgl. Büschgen (1998), Seite 312.
141 vgl. Büschgen (1998), Seite 312.

liegt einerseits im spezifischen Herstellungsprozess solcher Leistungen, die den Mitwettbewerbern häufig verborgen bleiben und die nicht ohne weiteres kopiert werden können. Weiter sind Reputationseffekte zu berücksichtigen, die aus langjähriger Erfahrung oder stetiger Forschungs- und Entwicklungsbereitschaft in bestimmten Leistungsbereichen entstehen können. Als Beispiel können angelsächsische Banken angeführt werden, denen beispielsweise im Risikomanagement für Firmenkunden oder im Fusions- und Akquisitionsgeschäft hohe Kompetenzen zugesprochen werden.[142]

Eine weitere Folge der unproblematischen Imitierbarkeit bankbetrieblicher Leistungen ist das nahezu identische Leistungsprogramm deutscher Universalbanken. Trotzdem entziehen sich bankbetriebliche Leistungen im Gegensatz zur Sachgüterproduktion einer umfassenden Standardisierung. Meistens sind nur in Teilbereichen, wie z.b. dem Mengengeschäft, vereinheitlichte Vertragsausgestaltungen aufzufinden.[143] Einzelne Leistungen können durchaus standardisiert werden, letztendlich müssen sie aber in der Kombination gesehen werden. Es wird somit eine gewisse Individualität generiert, die insbesondere von den Privatbankiers genützt und wahrgenommen wird. Die Vergleichbarkeit und die Beurteilung des Preis-/Leistungsverhältnisses der von Bankbetrieben angebotenen Bankdienstleistungen wird dadurch zwar nicht grundsätzlich unmöglich gemacht, jedoch in vielen Fällen erschwert. In den standardisierten Bereichen hingegen, erschwert die auffallend große Homogenität der Produktleistung die Identifikation sachlich relevanter Nutzungsvorteile einzelner Angebote, wie etwa Serviceleistungen, Beraterqualität, etc.[144]

Wie andere Dienstleistungen auch, sind bankbetriebliche Leistungen im Ergebnis nichtkörperliche Güter; sie sind unsichtbar, ungreifbar und stellen sinnlich nicht wahrnehmbare Güter dar. Inhaltlich umfasst die Abstraktheit weniger die, wie oben thematisierten Aspekte der Unstofflichkeit bezogen auf die innerbetriebliche Leistungserstellung, sondern vielmehr die Wirkungen und Folgen von Bankdienstleistungen auf der Seite der Kunden.[145] Aus Kundenperspektive bringen Bankdienstleistungen keine unmittelbare Bedürfnisbefriedigung mit sich, sondern der Nutzen entsteht erst in zeitlicher Verzögerung. Dies bedeutet, dass der derivative Nutzen einer durch die Bank offerierten Leistung für den Abnehmer maßgebend ist.[146]

---

142 vgl. Büschgen (1998), Seite 313.

143 Der wichtigste Grund für die Standardisierung liegt, wie auch in anderen Wirtschaftszweigen, in den damit verbundenen Kostenvorteilen für den Hersteller.

144 vgl. Eilenberger (1997), Seite 189.

145 vgl. Süchting (1998), Seite 620.

146 vgl. Eilenberger (1997), Seite 189.

Zwar ist die Nutzenstiftung von Sachgütern häufig ebenfalls abhängig von dem Zweck bzw. der Wirkung, die man sich von einer Inanspruchnahme des Gutes erhofft, jedoch wirkt sich die Zweck-Mittel-Relation, welche die Bankdienstleistung in ihren marktfähigen Kontext stellt, zeitlich und materiell vor- bzw. nachgelagert aus. Im Grundsatz wird mittels Nutzung einer Bankdienstleistung (Kreditinanspruchnahme bzw. Ansammlung von Spareinlagen) die Befriedigung eines nutzenstiftenden Bedürfnisses begründet, mit deren Hilfe die in dem Bedürfnis innewohnenden originäre Wirkungen spürbar und nutzbar werden.

Des weiteren manifestiert sich die Abstraktheit der Bankdienstleistung, zumindest ab einer bestimmten Produktkomplexität, in einem überdurchschnittlich hohen Erklärungsaufwand. Der Erklärungsbedarf konzentriert sich nicht nur auf die Funktion der Bankdienstleistung, sondern auch auf den Nutzen für den Abnehmer. Die Erklärungsbedürftigkeit ist indessen unterschiedlich ausgeprägt. So ist ein Vermögensaufbauplan unter Einbeziehung von steuerlichen und rechtlichen Gesichtspunkten erklärungsbedürftiger als eine einfache Spareinlage. Grundsätzlich gilt aber, dass die Bankleistungen erhebliche Anforderungen an den ökonomischen Sachverstand der Abnehmer stellen.[147]

Im Unterschied zu vielen anderen Dienstleistungen ist Gegenstand der Bankleistung nicht die zur Verfügungsstellung eines konkreten Produktes, sondern von Finanzmitteln. Das Leistungsobjekt „Geld“ sowie die Tatsache, dass der Nachfragende sich bei der Eröffnung eines Kontos auf eine Absatzbeziehung einlässt, die für ihn von vornherein nicht gänzlich überschaubar ist, macht die Bankdienstleistung zu einer vertrauensempfindlichen Leistung. Charakteristisch ist für Bankgeschäfte, dass die Vertrauensdimension weniger auf eine spezielle Bankdienstleistung, sondern meist auf das Gesamtinstitut bezogen wird.[148] Auf der anderen Seite ergibt sich für Privatbankiers die Chance, aufgrund ihrer Betriebsstruktur einen Imagevorteil zu erringen und gegenüber der Konkurrenz als vertrauenswürdiger wahrgenommen zu werden.

Die Leistungserstellung einer Bank ist grundsätzlich ebenso eine Kombination von produktiven Faktoren wie die Leistungserstellung in anderen Dienstleistungs- und Sachleistungsbetrieben. Im Gegensatz zur Sachgüterproduktion gibt es jedoch bei der Bankdienstleistung keine typische Produktions- und Beschaffungsseite. Auf der einen Seite werden über das Aktivgeschäft Finanzdienstleistungen in Form von Krediten am Markt abgesetzt, auf der anderen Seite wird über das Passivgeschäft durch den Absatz von Einlagen Liquidität angeschafft. Da aber langfristig die Marktanstrengungen mit dem Ein-

---

[147] vgl. Süchting (1998), Seite 621.

[148] vgl. Süchting (1998), Seite 621.

satz des absatzpolitischen Instrumentariums gerade auf diesem „Beschaffungsmarkt für Liquidität“ gerichtet sind, spricht nichts dagegen, statt dessen vom Verkauf von Geldanlagemöglichkeiten bzw. Einlagenkonten zu sprechen. Tatsächlich vollziehen sich die Absatzbemühungen einer Bank sowohl auf die Aktiva als auch auf die Passiva. Es müssen somit beide Marktseiten als Absatzseiten betrachtet werden. Der eigentliche Bereich der Beschaffung ist bei Banken stark eingeschränkt und bezieht sich beispielsweise auf den Ankauf von Gegenständen, der Geschäftsausstattung, Formularen, usw.[149]

2.2. Entwicklungstendenzen im Kundenverhalten

Die Entwicklungsperspektiven von Kreditinstituten werden maßgeblich durch quantitative und qualitative Entwicklungstendenzen in der Bevölkerung bestimmt. Während die quantitative Komponente Einflussfaktoren, wie beispielsweise die Einkommensersparnis, Geldvermögensentwicklung und Altersstruktur umfasst, geht die qualitative Komponente auf die gesellschaftlichen Trends sowie auf die darin eingeschlossenen Werte und den Wertewandel ein. Für Kreditinstitute sind diese Entwicklungstendenzen von zentraler Bedeutung, weil sie über den Umfang und die Struktur des Geldmarktes, die Bankkunden, die Einkommensverhältnisse und der Geldvermögen sowie über die Einstellungen, Meinungen und das Verhalten im Bezug auf Bankleistungen Auskunft geben und Grundlagen für langfristige Prognosen darstellen.

2.2.1. Quantitative Trends

In den letzten Jahrzehnten hat sich das Weltbevölkerungswachstum deutlich beschleunigt. Nachdem die Bevölkerung zu Beginn des 19. Jahrhunderts die 1 Mrd.-Grenze überschritt, gab es um 1930 bereits 2 Mrd. Menschen, bis 1975 waren es 4 Mrd. und im Jahre 1999 wurde die 6 Mrd.-Grenze überschritten.[150] Die Prognosen sagen bis zum Jahr 2025 einen Anstieg auf 8 Mrd. voraus.[151] Diese Entwicklung verläuft in den Industrie- und Entwicklungsländern in entgegengesetzter Weise. Während in der dritten Welt eine rasche Bevölkerungszunahme zu verzeichnen ist, nimmt die Bevölkerung in den Industriestaaten ab.

Deutschland befindet sich in einem tiefgreifenden demografischen Umbruch.[152] Eine Prognose der Bevölkerungsentwicklung ist mit großen Schwierigkeiten verbunden. Neben der Fertilitätsrate bestimmen andere Faktoren, wie

149 vgl. Büschgen (1998), Seite 315.
150 vgl. O.V. (1999d), Seite 12.
151 vgl. Priewasser (1994), Seite 33.
152 vgl. Rürup-Sesselmeier, (1993) sowie Goschin (1993), Seite 42 f.

die Lebenserwartung, die Säuglingssterblichkeit, die Zahl der Eheschließungen und die Bevölkerungswanderungen maßgeblich die Entwicklung. Ex Ante können über diese Faktoren kaum verlässliche Aussagen getroffen werden. Die bisherige demografische Entwicklung in der Bundesrepublik Deutschland zeigt jedoch, dass seit den 70er Jahren die Geburtenrate abnimmt, d.h. die Sterbefälle übersteigen die Zahl der Geburten. Der sich eigentlich abzeichnende Bevölkerungsrückgang wurde allerdings seit 1984 durch Wanderungsbewegungen (Migration) überkompensiert.[153]

Bei den Migrationbewegungen unterscheidet man folgende drei Arten: Wanderungsbewegungen von Deutschen, von Aussiedlern (Deutschstämmige im Ausland) und von Ausländern. Der Saldo aus Zu- und Fortzügen Deutscher kann insgesamt als ausgeglichen angesetzt werden. Sowohl für die Aussiedler als auch für die Ausländer geht man bis zum Jahr 2040 von abnehmenden Wanderungssalden aus, wenn dies auch von der zukünftigen Einwanderungspolitik anhängt.[154] Bei abnehmender Migrationbewegung entzündet sich also die Diskussion um die Bevölkerungsentwicklung an der niedrigeren Geburtenrate, die zukünftig einen deutlichen Rückgang der Bevölkerung erwarten lässt. Eine Modellrechnung des Statistischen Bundesamtes von 1996 zeigt, dass die deutsche Bevölkerung bis zum Jahr 2040 um rund 15 % (bzw. 9,3 %)[155] schrumpfen wird.

Der demografische Umbruch führt zu einem Übergang von der „Alterspyramide“ zum „Alterspilz“. Hierbei findet eine Verschiebung bei der Altersstruktur statt. Die seit 1967, dem Jahr mit den meisten Geburten, registrierten niedrigen Geburtenraten, finden zunehmend ihren Niederschlag im Altersaufbau der Bevölkerung.[156] Hinzu kommt die deutlich höhere Lebenserwartung, so dass das Durchschnittsalter der Bevölkerung steigt.[157] Der Jugendquotient, definiert als Anteil der unter 20-jährigen im Verhältnis zu den 20- bis unter 60-jährigen in Prozent, betrug 1995 37,2 % und wird sich entsprechend den in Tabelle 10 aufgeführten Prognosen bis zum Jahr 2040 auf 31,3 % (31,5 %)[158] reduzieren. Somit ist mit einem leicht rückläufigen Verhältnis der Jugendlichen zu den Personen im erwerbsfähigen Alter auszugehen. Dramatisch zu-

---

153 vgl. Statistisches Bundesamt (1995), Seite 209.

154 vgl. Rürup-Sesselmeier (1993), Seite 4.

155 Nach Modellvariante A geht die deutsche Bevölkerung von 81.727,6 Mio. Menschen in 1996 auf 68.800,2 Mio. Menschen im Jahr 2040 zurück. Nach Modellrechnung B, die von höheren Wanderungszugewinnen ausgeht, wird nur ein Rückgang auf 74.090,3 Mio. Menschen prognostiziert, vgl. Statistisches Bundesamt (Dezember 1996), Seite 1 f.

156 vgl. Boening (1993), Seite 159.

157 vgl. Statistisches Bundesamt (1995), Seite 57.

158 Die Werte in den Klammern beziehen sich auf die in der Tabelle 10 dargestellte Variante B.

nehmen wird, wie die Tabelle 10 zeigt, der Altersquotient, definiert als Anteil der über 60-jährigen an den 20- bis unter 60-jährigen. Dieser wird von 35,8 % im Jahre 1995 auf 76,4 % (72,5 %) im Jahr 2040 dramatisch ansteigen. Dies entspricht einer Steigerung von 113,4 % (102,5 %). Damit sinkt der Anteil der Personen im erwerbsfähigen Alter an der Gesamtbevölkerung im Jahre 1995 von 57,8 % bis zum Jahr 2040 um ca. 16,8 % (15,2 %) auf 48,1 % (49 %).

Alter	1995 in Mio. Menschen	1995 in %	2040 (A) in Mio. Menschen	2040 (A) in %	2040 (B) in Mio. Menschen	2040 (B) in %
0 - 20	17.546,6	21,5%	10.374,5	15,1%	11.439,1	15,4%
20 - 60	47.138,1	57,8%	33.118,3	48,1%	36.319,3	49,0%
60 u.m.	16.865,0	20,7%	25.307,5	36,8%	26.331,9	35,5%
insgesamt	81.549,7	100,0%	68.800,3	100,0%	74.090,3	100,0%

Tabelle 10: Altersstruktur[159]

Die durchschnittliche Anzahl der Personen, die in einem Haushalt leben, ist zwischen 1970 und 1990 deutlich zurückgegangen. Während bis 1970 im Schnitt noch 2,7 Personen in einem Haushalt lebten, hat sich dieser Wert 1990 auf 2,3 Personen verringert.[160] Die Entwicklung der Größenstruktur privater Haushalte zeigt eine deutliche Verschiebung zugunsten kleiner Haushalte. Auch jüngere Statistiken der Deutschen Bundesbank zeigen, dass dieser langfristige Trend andauert und Single-Haushalte weiter zugenommen haben.[161] Auch der Anteil der Zwei-Personen-Haushalte hat kontinuierlich zugenommen, wohingegen der Anteil der Haushalte mit 3,4,5 oder mehr Personen abgenommen hat. Auf Basis der Vorausschauberechnung wird bis zum Jahr 2040 eine weitere, wenn auch verlangsamte Zunahme der Single-Haushalte prognostiziert. Auch der Anteil der Zwei-Personen-Haushalte wird leicht zunehmen, während der Anteil der größeren Haushalte sich weiter vermindern wird. Die Anzahl der Personen pro Haushalt wird geringfügig sinken.

Am gesamtwirtschaftlichen Spareinkommen sind die privaten Haushalte maßgeblich beteiligt. Die Ersparnis privater Haushalte ergibt sich aus der Differenz zwischen Einkommen und Konsum. Kennzahl ist die Sparquote, definiert

159 Modellrechnung B geht von höheren Wanderungszugewinnen aus, vgl. Statistisches Bundesamt (Dezember 1996), Seite 1 f.

160 vgl. Goschin (1993), Seite 47.

161 vgl. Deutsche Bundesbank (Januar 1999), Seite 35.

als Quotient aus der Ersparnis und dem verfügbaren Einkommen in Prozent. Die Ersparnis bzw. die Sparquote privater Haushalte ist deutlich höher als die der Unternehmen und der öffentlichen Haushalte, wobei letztere seit Ende der 70-er Jahre sogar entsparen. Wie aus der Tabelle 11 hervorgeht, hat sich das Einkommen je Erwerbstätigen von jährlich 52.900 in 1985 auf 77.500 im Jahr 1996 erhöht, was einer Steigerung von 46,5 % entspricht. Durch eine rückläufige Entwicklung des fixen Anteils an den Haushaltsausgaben hat sich das frei verfügbare Einkommen sukzessive erhöht.[162] Obwohl die Einkommen je Erwerbstätigen bis 1996 gestiegen sind, hat sich die Sparquote nur bis 1992 erhöht und einen Höchststand von 13,9 % erreicht, ist aber bis 1996 wieder auf 12,4 % zurückgegangen.

Interpretiert man die Entwicklung der Sparquote nach der Keynes´schen Theorie, müsste eigentlich mit zunehmenden Einkommen die Quote überproportional steigen.[163] Fundierte Zeitreihen haben jedoch gezeigt, dass bei steigenden Einkommen die Sparquote weitgehendst konstant bleibt. Neben der Entwicklung des verfügbaren Einkommens, spielen für Konsum und Sparen vor allem Erwartungen des Verbrauchers und seine Zuversicht in die wirtschaftliche und politische Entwicklung eine wichtige Rolle. In der Vergangenheit konnte man beobachten, dass in konjunkturellen Abschwungphasen das Vorsorgemotiv in den Vordergrund trat und die Sparquote stieg, während in Aufschwungphasen das Konsummotiv dominierte. Der für die Bundesrepublik Deutschland typisch ausgeprägte antizyklische Verlauf der Geldnachfrage nach mittel- und langfristigem Geldvermögen ist darauf zurückzuführen.

---

162 vgl. Andres (1992), Seite 59.
163 vgl. Hanusch (2000), Seite 261 f.

Jahr	**Sparquote** (Ersparnis in % des verfügbaren Einkommens)	**Einkommen je Erwerbstätigen** in DM
1985	11,50	52900
1990	13,30	66400
1991	13,85	60900
1992	13,90	66100
1993	12,95	68100
1994	12,30	71500
1995	12,35	75200
1996	12,40	77500

Tabelle 11: Entwicklung von Sparquote und Einkommen[164]

Das gesamte Geldvermögen privater Haushalte betrug (vgl. Tabelle 12) Ende 1996 DM 4,95 Bio. Damit übersteigt das Geldvermögen der privaten Haushalte das der Unternehmen um rund 85 % und das der öffentlichen Hand[165] um mehr als das achtfache. Daneben besaßen 1996 die privaten Haushalte ein Immobilienvermögen von knapp DM 7 Bio. und ein Gebrauchsvermögen von rund DM 1,6 Bio

[164] vgl. Deutsche Bundesbank (August 1997c), Seite 28 und BMWI (November 1997), Seite 26.

[165] Das gesamte Geldvermögen der öffentlichen Haushalte betrug im Jahr 1996 DM 592,8 Mrd., vgl. Deutsche Bundesbank (Juni 1997), Seite 88.

	Jahr	Geldanlage bei Banken insg.	Bar- und Sicht-einlagen	Termin-einlagen	Spar-einlagen	Bauspar-guthaben	Versicher-ungsver-mögen	Geld-markt-papiere	Renten-werte	Investment-zerifikate	Aktie	sonst. Forder-ungen	gesamtes Geldver-mögen
private Haushalte:													
in Mrd. DM	1975	514,1	88,9	47,2	378,0	73,3	142,1	0,3	92,2	0,0	32,0	58,8	912,8
	1980	777,7	127,8	157,0	493,0	107,7	246,2	2,8	188,2	0,0	35,8	107,9	1466,3
	1985	1020,5	155,1	253,8	611,7	122,1	412,3	2,9	322,2	0,0	55,9	168,6	2104,5
	1990	1417,2	276,9	396,5	743,7	125,7	644,2	10,8	439,9	132,9	174,9	239,5	3185,1
	1991	1496,1	293,4	459,2	743,5	132,1	703,7	11,3	527,3	163,6	182,5	257,1	3473,7
	1996	1942,7	441,3	372,5	1129,0	164,6	1066,7	3,8	768,3	394,3	295,9	318,8	4955,1
in % zum	1975	56%	10%	5%	41%	8%	16%	0%	10%	0%	4%	6%	100%
ges. Geld-	1980	53%	9%	11%	34%	7%	17%	0%	13%	0%	2%	7%	100%
vermögen	1985	48%	7%	12%	29%	6%	20%	0%	15%	0%	3%	8%	100%
	1990	44%	9%	12%	23%	4%	20%	0%	14%	4%	5%	8%	100%
	1991	43%	8%	13%	21%	4%	20%	0%	15%	5%	5%	7%	100%
	1996	39%	9%	8%	23%	3%	22%	0%	16%	8%	6%	6%	100%
Unternehmen:													
in Mrd. DM	1975	185,0	120,6	59,6	4,8	1,1	22,5	0,1	13,6	0,0	50,5	93,7	366,5
	1980	287,4	173,7	107,9	5,9	1,4	27,1	0,6	29,0	0,0	74,1	177,1	596,7
	1985	403,4	251,4	146,2	5,8	1,8	37,0	2,4	63,5	0,0	112,7	286,8	907,6
	1990	531,6	322,6	203,8	5,2	2,2	55,7	10,1	59,7	25,4	426,6	499,6	1610,9
	1991	575,5	344,4	226,2	4,9	2,3	60,4	15,0	67,6	31,8	460,0	528,3	1740,9
	1996	870,2	635,7	227,2	7,2	2,9	92,9	23,2	115,2	103,8	730,1	731,7	2670,0
in % zum	1975	50%	33%	16%	1%	0%	6%	0%	4%	0%	14%	26%	100%
ges. Geld-	1980	48%	29%	18%	1%	0%	5%	0%	5%	0%	12%	30%	100%
vermögen	1985	44%	28%	16%	1%	0%	4%	0%	7%	0%	12%	32%	100%
	1990	33%	20%	13%	0%	0%	3%	1%	4%	2%	26%	31%	100%
	1991	33%	20%	13%	0%	0%	3%	1%	4%	2%	26%	30%	100%
	1996	33%	24%	9%	0%	0%	3%	1%	4%	4%	27%	27%	100%

Tabelle 12: Geldvermögensbildung im Zeitraum von 1975 bis 1996[166]

[166] vgl. Deutsche Bundesbank (November 1994), Seite 126 f und Deutsche Bundesbank (Juni 1997), Seite 76 f.

Die Langfristanalyse der Geldvermögensbildung privater Haushalte zwischen 1975 und 1996 zeigt neben einer starken Ausweitung auch deutliche strukturelle Veränderungen. Wie aus der Tabelle 12 zu entnehmen ist, hat sich der Anteil am gesamten Geldvermögen der privaten Haushalte bei den Geldanlagen bei Banken erheblich verändert. Während 1975 der Portefeuille-Anteil noch bei 56 % lag, ist dieser in 1996 auf 39 % zurückgegangen. Insbesondere Spareinlagen haben in diesem Zeitraum deutlich an Gewicht eingebüßt. In den Jahren 1990 und auch 1991 wurden sogar mehr Spareinlagen abgezogen als eingezahlt. In 1996 betrugen sie nur noch 23 % an dem gesamten Geldvermögen. Zwar nehmen die Spareinlagen bei den Geldeinlagen der Banken immer noch den größten Anteil (über 50 %) ein, jedoch sinkt der Anteil an Spareinlagen immer stärker, was vermuten lässt, dass andere Anlageformen von den privaten Haushalten immer mehr bevorzugt werden. Im Gegensatz zu anderen Anlageformen hat sich der Anteil am Geldvermögen der privaten Haushalte von Investmentzertifikaten und Aktien hervorragend entwickelt, was eine hohe Attraktivität für private Haushalte zeigt. Hatten Investmentzertifikate und Aktien 1975 noch einen Anteil am gesamten Geldvermögen der privaten Haushalte von 4 %, stieg dieser im Jahr 1996 auf 14 % an. Auch die Rentenwerte konnten mit einem Anteil von 16 % im Jahr 1996 ihren Anteil gegenüber 1975 um 60 % verbessern. Ebenfalls zu den Gewinnern gehören Versicherungen, die ihren Anteil am gesamten Geldvermögen seit 1975 um 37,5 % auf 22 % erhöhen konnten.

Die Entwicklung des Geldvermögens der Unternehmen zeigt, dass auch bei diesen der Portefeuille-Anteil an den Banken abgenommen hat und bezogen auf das gesamte Geldvermögen der Unternehmen im Jahr 1996 nur noch 33 % betrug. Eindeutiger Gewinner sind Aktien, die ihren Portefeuille-Anteil um fast 100 % auf 27 % erhöht haben. Im Gegensatz zu den privaten Haushalten spielt hierbei die Attraktivität der Aktie eine untergeordnete Rolle. Vielmehr muss die Aktie im Portefeuille des Unternehmers auf Beteiligungsmotive zurückgeführt werden.

Neben der Geldvermögensbildung, bei der es sich um eine Zu- und Abflussrechnung handelt, ist die Struktur des Geldvermögens von Interesse. Die zugrundeliegende Frage lautet, wie sich der Bestand an privatem und betrieblichem Geldvermögen auf einzelne Anlagearten verteilt. Tendenziell ist bei den privaten Haushalten ein zyklischer Charakter mit weitgehend fallender Tendenz bei der Nachfrage nach Geld und Sichteinlagen festzustellen. Die Nachfrage nach Termin- und Spareinlagen nimmt zwar mit steigendem Realeinkommen zu, jedoch hat sich der Portefeuille-Anteil am Gesamtvermögen unterschiedlich entwickelt. Im Gegensatz zum Portefeuille-Anteil an Termingeldern, der bis 1991 angestiegen ist, ist der Anteil an Spareinlagen im vergleichbaren Zeitraum zurückgegangen. Seit 1991 ist dies genau umgekehrt. Der Anteil von Termineinlagen ging von 13 % auf 8 % zurück, während der Anteil der Spareinlagen von 21 % auf 23 % anstieg. Offensichtlich werden die Anlageentscheidungen für diese Anlageformen vom Konjunkturverlauf und von der Zinsentwicklung nachhaltig beeinflusst. Während bei inversen Zinsstrukturen kurzfristige Einlagen nachgefragt werden, ist die Nachfrage nach längerfristigen Einlagen bei normalen Zinsstrukturen dominierend. Auffällig ist, dass die privaten Haushalte zunehmend in Wertpapiere investieren und somit ihr Geldvermögen ertragreicher, aber auch risikobehafteter anlegen. Im Trend zeigt sich eine immer stärkere Präferenz nach Anlagen mit Wertzuwachschancen, was durch den Börsengang der Deutschen Telekom AG und die Schaffung des Neuen Markts nochmals verstärkt wurde.[167] Die zunehmenden Investitionen in Lebensversicherungsvermögen haben ihren Ursprung in der privaten Altersvorsorge, die ohne Eigeninitiative ein immer größeres Versorgungsloch aufweist.

Bei den Unternehmen hat sich seit 1975 eine erhebliche Verlagerung zu den Aktien ergeben. Grundsätzlich unterscheidet sich die Geldnachfrage der Nichtbankunternehmen erheblich von den privaten Haushalten. Die primäre Aufgabe der Nichtbankunternehmen ist nicht die Vermögensbildung, sondern vielmehr die Erfüllung von betrieblichen Leistungen. Im Sinne der Gewinnmaximierung stehen somit Sach- und Humanvermögen im Vordergrund. Das Geldvermögen fungiert vorwiegend als Liquiditätsreserve zur Überbrückung zeitlicher Diskrepanzen. So gesehen ist die Geldvermögensbildung dieses Wirtschaftssektors stark von der jeweiligen konjunkturellen Lage abhängig. Im Gegensatz zu den privaten Haushalten konzentriert sich die Nachfrage der Nichtbankunternehmen in weitaus größerem Umfang auf kurzfristige Vermögenstitel, wie Bargeld, Sicht- und Termineinlagen. Wie schon zum Ausdruck gebracht, sind die Anlagen in Aktien überwiegend auf Beteiligungsmotive zurückzuführen.[168]

---

[167] vgl. Deutsche Bundesbank (Januar 1999), Seite 40.

[168] vgl. Priewasser (1998), Seite 96 f.

	Jahr	Verpflichtungen aus: Geld-Markt-Papiere	Renten-werte	Aktie	Bankkredite: insg.	kurz-firstig	lang-fristig	Darlehen der Bauspar-kassen	Darlehen der Versicher-ungen	sonst. Verpflicht-ungen	Gesamt-verpflicht-ung
private Haushalte:											
in Mrd. DM	1975	0,0	0,0	0,0	56,6	20,0	36,6	0,0	3,7	3,5	63,8
	1980	0,0	0,0	0,0	132,6	39,3	93,3	0,0	6,1	4,4	143,1
	1985	0,0	0,0	0,0	175,5	54,0	121,5	0,0	12,3	5,0	192,8
	1990	0,0	0,0	0,0	248,9	63,0	185,9	0,0	18,7	6,7	274,3
	1991	0,0	0,0	0,0	287,0	70,6	216,4	0,0	20,0	7,0	314,0
	1996	0,0	0,0	0,0	361,0	82,6	278,4	0,0	19,6	7,0	387,6
in % zu	1975	0%	0%	0%	89%	31%	57%	0%	6%	5%	100%
Gesamtver-	1980	0%	0%	0%	93%	27%	65%	0%	4%	3%	100%
pflichtungen	1985	0%	0%	0%	91%	28%	63%	0%	6%	3%	100%
	1990	0%	0%	0%	91%	23%	68%	0%	7%	2%	100%
	1991	0%	0%	0%	91%	22%	69%	0%	6%	2%	100%
	1996	0%	0%	0%	93%	21%	72%	0%	5%	2%	100%
Unternehmen:											
in Mrd. DM	1975	3,1	29,7	83,9	657,5	161,6	496,0	65,9	71,1	230,8	1142
	1980	3,9	28,5	107,4	1026,0	244,6	781,4	114,3	93,7	357,3	1731,1
	1985	4,1	39,2	137,0	1392,1	317,5	1074,6	143,6	134,2	495,2	2345,4
	1990	1,1	64,1	602,6	2006,4	490,0	1516,4	132,5	167,4	704,8	3678,9
	1991	9,3	64,7	641,2	2209,9	543,6	1666,3	137,9	165,7	769,0	3997,7
	1996	5,8	95,7	1143,8	3159,0	626,3	2532,7	182,0	224,6	838,0	5648,9
in % zu	1975	0%	3%	7%	58%	14%	43%	6%	6%	20%	100%
Gesamtver-	1980	0%	2%	6%	59%	14%	45%	7%	5%	21%	100%
pflichtungen	1985	0%	2%	6%	59%	14%	46%	6%	6%	21%	100%
	1990	0%	2%	16%	55%	13%	41%	4%	5%	19%	100%
	1991	0%	2%	16%	55%	14%	42%	3%	4%	19%	100%
	1996	0%	2%	20%	56%	11%	45%	3%	4%	15%	100%

Tabelle 13: Verschuldung im Zeitraum von 1975 bis 1996[169]

169 vgl. Deutsche Bundesbank (November 1994), Seite 126 f und Deutsche Bundesbank (Juni 1997), Seite 76 f.

Durch den „Fahrstuhleffekt“, der den Wohlstandsschub bezeichnet, welcher nahezu alle Bevölkerungsschichten während der letzten 20 Jahre erfasst hat, ist auch die Bonität der privaten Haushalte gestiegen. Während im Jahr 1975 die Verschuldung der privaten Haushalte noch bei DM 63,8 Mrd. lag (vgl. Tabelle 13), hat sich diese im Jahr 1996 um mehr als das sechsfache erhöht und beträgt DM 387,6 Mrd. Die Finanzierung der privaten Haushalte erfolgt fast ausschließlich über Bankkredite, deren Anteil im Jahr 1996 bei 93 % lag. Während Konsumentenkredite von der jeweiligen Angst zur Verschuldung abhängen, wird die Nachfrage nach langfristigen Krediten vom jeweiligen Zinsniveau beeinflusst.[170] Die Nachfrage nach Konsumentenkrediten ist durch werbliche Aktivitäten stark steuerbar. Wie die Tabelle 13 zeigt, haben sich zwar, absolut gesehen, sowohl die kurzfristigen als auch die langfristigen Bankkredite seit 1975 wesentlich erhöht, jedoch nehmen im Bezug auf die Gesamtverschuldung die kurzfristigen Finanzierungsmittel ab, wohingegen die langfristigen stark zulegen. Zu erkennen ist auch, dass in den Hochzinsphasen 1990 und 1991[171] die langfristigen Bankkredite nur ein leichtes Wachstum verzeichneten.

Die Verschuldung der Unternehmen ist gegenüber derjenigen der privaten Haushalten seit 1975 nur um das fünffache angestiegen und beträgt im Jahr 1996 DM 5,6 Bio. Bezogen auf die Verschuldung der privaten Haushalte ist die Verschuldung der Unternehmen in 1996 über 14-mal höher gewesen. Während bei den Unternehmen die Entwicklung der kurzfristigen und langfristigen Bankkredite relativ konstant verläuft, haben seit 1975 die Verpflichtungen aus Aktien erheblich zugenommen und betrugen 1996 20 % der Gesamtverschuldung von Unternehmen. Die Kreditnachfrage der Nichtbankenunternehmen wird maßgebend durch den Leverage-Effekt[172] bestimmt. Demnach rentieren sich für die Eigenkapitalgeber zusätzliche Investitionen, solange der Kreditzins unter der Gesamtkapitalrentabilität liegt. Da der Kreditzins stark konjunkturabhängig ist, kann unterstellt werden, dass die Kreditnachfrage auch von der jeweiligen Konjunkturentwicklung abhängig ist. Durch die anhaltende Rationalisierung und der damit verbundenen Substitution von Arbeit durch Kapital hat sich jedoch in den letzten Jahren der Kapitalbedarf enorm erhöht.[173] Die zunehmende Finanzierung über die Ausgabe von Aktien

---

170 vgl. Priewasser (1998), Seite 99.

171 vgl. BMWI (November 1997), Seite 37.

172 Der Leverage Effekt beschreibt einen wichtigen Zusammenhang, der zwischen der Gesamtkapitalrentabilität, dem Verschuldungsgrad und der Eigenkapitalrendite besteht. Mit zunehmendem Verschuldungsgrad steigt die erwartete Rendite des Eigenkapitals, zugleich aber auch das damit verbundene Risiko. Entscheidungen über die Kapitalstruktur sind daher Entscheidungen über unterschiedliche Rendite-Risiko-Positionen. Vgl. Hartmann-Wendes (1988), Seite 255.

173 vgl. Priewasser (1998), Seite 98.

ist eine Folge des hohen Kapitalbedarfs der Unternehmen. Diese neigen immer stärker dazu, die Finanzierung über die Hereinnahme neuer Anteilseigner vorzunehmen, mit dem Vorteil, dass der Kapitaldienst nicht ansteigt.

2.2.2. Qualitative Trends

Durch eine verbesserte Infrastruktur (z.b. Verkehrswege, Vernetzung, Satelliten, usw.) nimmt der Austausch von Technologien und Informationen über Ländergrenzen hinweg zu. Warenströme und Arbeitsteilungen werden immer internationaler. In zunehmendem Maß entstehen Produkte aus Materialien und Dienstleistungen mehrerer Beteiligter aus unterschiedlichen Ländern und Kontinenten. Unternehmen müssen in ihrer Geschäftspolitik verstärkt globale Aspekte berücksichtigen. Internationale oder globale strategische Allianzen und Kooperationen gewinnen in diesem Zusammenhang an Bedeutung. Auf der anderen Seite wurde festgestellt, dass eine verstärkte Tendenz zu lokalen Kontrasten besteht. Durch Mentalitätsunterschiede und die verstärkte Identifikation mit der Region, in der man lebt, ergeben sich regional unterschiedliche Produktvorstellungen. Hinzukommt, dass Menschen immer spezifischer angesprochen werden möchten. Die technischen Möglichkeiten erlauben es, diesem Wunsch durch Individualisierung der Produkte und Dienstleistungen entgegenzukommen. Privatbankiers können also von der Stärke profitieren, die sie in ihrer jeweiligen Region haben.

Die Informationstechnik führt zu einem partiellen Wegfall von direkter menschlicher Kommunikation. Beispiele findet man bei der Inanspruchnahme alltäglicher Dienstleistungen (z.b. Homebanking, Nutzung von SB-Zonen). Der Einsatz neuer Technologien kollidiert vielfach mit dem menschlichen Grundbedürfnis nach persönlichem Kontakt und Gesellschaft. Um diesen Mangel zu beheben, streben die Menschen in höherem Maße nach Emotionalität, Kontakt und Erlebnis. „Hightech“ impliziert somit ein verstärktes Bedürfnis nach „Hightouch“.

Das Bildungsniveau in Deutschland hat sich in den letzten 25 Jahren deutlich erhöht. Andres spricht sogar von einer „Bildungsexplosion“.[174] Rosenstiel weist auf den Zusammenhang zwischen Bildung und Werten hin: „Bestimmte Werte, wie beispielsweise Selbstentfaltung, Emanzipation von Autoritäten, Mitsprache, Toleranz sind eine Folge höherer Bildung oder korrelieren mit dieser. In dem Maße, in dem als Folge eines veränderten Bildungssystems und eines veränderten Bildungsverständnisses mehr Menschen in den Genuss hö-

174 vgl. Andres (1992), Seite 62.

herer Bildung kommen, sind Verschiebungen der Wertorientierung anzunehmen."[175]

In ihren verschiedenen Rollen drängen die Menschen auf die Beteiligung an Entscheidungsprozessen. Damit nehmen sie durch gezielte Information eine kritischere und selbstbewusstere Haltung ein. Die Konsumenten sind dabei innerhalb verschiedener Gruppierungen aktiv miteinander vernetzt, was zu einer vergrößerten Machtfülle führt. Diesen Netzen ist gemein, dass sie enorm anpassungsfähig sind und über eine sehr flache Hierarchie verfügen.

Im Zuge der Entwicklung weg von der konformen Massengesellschaft hin zu kleineren Gruppen mit einer Vielzahl unterschiedlicher Geschmacksrichtungen geht der Trend weg von der Massenproduktion in Normausführung hin zu differenzierten, auf die individuellen Kundenwünsche zugeschnittenen Produkten. Es entsteht eine Multioptionsgesellschaft, in der sich unterschiedliche Strömungen simultan entwickeln. Die Gesellschaft stabilisiert Widersprüche und integriert diese in ein pluralistisches Wertesystem. Die Multioptionsgesellschaft bedeutet auch, dass Entscheidungen je nachdem getroffen werden, was dem Einzelnen den größten Vorteil bringt. Streben nach Individualität steht im Zusammenhang mit dem Streben nach Selbstentfaltung. Das Bedürfnis, sich von anderen abzuheben, hat in den letzten Jahren deutlich an Bedeutung gewonnen. Der Einzelne wird sich immer seltener gesellschaftlichen Strömungen anpassen wollen und das Gemeinwohl tritt in den Hintergrund. Konsumenten dieser Multioptionsgesellschaft werden versuchen, sich über demonstratives Konsumentenverhalten von anderen abzuheben und den eigenen Lebensstil nach außen darzustellen.

Im Zuge der aufgezeigten Entwicklungstendenzen und dem Trend zur Individualität ist der „neue Konsument" ein idealtypisches Konstrukt, das eher neue Dimensionen im Konsumentenverhalten als Ganzes aufzeigt als „den Normalkonsumenten" zu beschreiben. Im Gegensatz zum „Normalkunden" ist der „neue Konsument" emanzipiert und mündig, gehört keiner eigenen Zielgruppe an, liebt Trends, die seinem Lebensstil entsprechen, verwendet Technik und geht mit ihr spielerisch um, nutzt Verbraucherinformationen, ist selbstbewusst und kritisch. Statussymbol ist nicht mehr der Besitz von Luxusgütern, sondern der Konsum von Produkten mit Symbolkraft.[176] Im Bezug auf Konsum bevorzugt „der neue Konsument" qualitative und individuelle Produkte und Leistungen. In der Darstellung und dem Auftritt nach außen ist er selbstbewusst, flexibel und spontan.[177]

---

175 vgl. Rosenstiel (1991), Seite 27 f.
176 vgl. Anders (1992), Seite 63 f. sowie Trommsdorff (1998) Seite 173.
177 vgl. Gruner & Jahr (1990), Seite 366 f.

Aus Kundensicht ist zwar grundsätzlich eine Abgrenzung über den Konsum bestimmter Produkte und Leistungen möglich, jedoch wird dies zunehmend schwerer. Mit dem Einzug des Wohlstands in breite Bevölkerungsschichten ist ein hoher Preis allein keine hinreichende Aneignungsbarriere mehr. Aus diesem Grund gewinnen symbolische Produkt- und Leistungsbestandteile, wie Rituale, Kulte, Mythen und imaginäre Vorstellungen an Bedeutung. Ihre Wirkung geht über die Ausstrahlung traditioneller Marken weit hinaus. Durch den Konsum von Produkten mit einer solchen Symbolkraft kann sich der Kunde am Point of sale selbst inszenieren oder eine auf den Lebensstil bezogene Botschaft an seine Umwelt senden. Der Zusatznutzen rückt somit gegenüber dem Grundnutzen, über den eine Differenzierung wegen der Austauschbarkeit vieler Produkte und Leistungen zunehmend schwerfällt, in den Vordergrund.

2.2.3. Auswirkungen der Trends

Der Trend zu Individualismus und Selbstentfaltung führt zu einer Zunahme von kleinen, insbesondere Single-Haushalten. Bereits heute lebt in mehr als jedem dritten Haushalt nur eine Person. In Kombination mit der Bevölkerungsabnahme nimmt der Anteil an Kleinhaushalten überdurchschnittlich zu. Hinzukommt, dass durch die dargestellte Verschiebung der Altersstruktur das Durchschnittsalter pro Haushalt steigen wird. Unter Fortschreibung des bestehenden Trends wird das durchschnittliche Geldvermögen privater Haushalte weiter zunehmen. Der Wertewandel wird dabei allerdings das Entsparen forcieren. So hat eine repräsentative Umfrage in Westdeutschland gezeigt, dass „potentielle Erben", die in Zukunft eine Erbschaft erwarten, eine stärkere Neigung zur konsumtiven Verwendung verspüren, als solche, die bereits Erben geworden sind.[178]

Durch die Abnahme der Bevölkerung wird sich das Gesamtmarktpotential für Kreditinstitute in Deutschland verringern. Schließt man jedoch aufgrund der rückläufigen Bevölkerungszahlen darauf, dass eine sinkende Nachfrage nach Finanzdienstleistungen und ein vermindertes Geschäftsvolumen der Kreditinstitute einhergeht, ist dies eine sehr verkürzte und wahrscheinlich falsche Schlussfolgerung. Für das Abschätzen des Nachfragevolumens ist die Bevölkerungszahl nicht immer die geeignete Größe. Statistiken haben gezeigt, dass sowohl bei steigenden als auch bei rückläufigen Bevölkerungszahlen die Geschäftsvolumina der Kreditinstitute kräftig zugelegt haben. Für die Kreditwirtschaft ist vielmehr entscheidend, wie sich das nominale Bruttosozialprodukt entwickelt. Solange dieses nicht sinkt, wird auch die nominelle Nachfrage nach Gütern und Finanzdienstleistungen nicht sinken. Auch bei negativer demographischer Entwicklung kann sich das nominelle Bruttosozialprodukt po-

---

[178] vgl. Wiswede (1994), Seite 272.

sitiv entwickeln. Dies setzt allerdings voraus, dass sich die Arbeitsproduktivität schneller erhöht, als das Arbeitskräftepotential insgesamt zurückgeht.[179]

Durch höherverfügbare Einkommen und ein wachsendes Geldvermögen ist mit einer verstärkten Nachfrage nach „höherwertigen" Anlagearten zu rechnen. Besonders Finanzdienstleistungsprodukte, die Versicherungs- und Vermögensbildungselemente enthalten, werden zukünftig an Bedeutung gewinnen.[180] Dafür verantwortlich sind vor allem veränderte Geldanlagemotive. So haben die Verschiebung der Altersstruktur, die Steigerung der verfügbaren Einkommen und die abnehmende Bedeutung der Solidargemeinschaft dazu geführt, dass die individuelle Absicherung und Vorsorge zunehmend an Bedeutung gewinnt. Die Einkommenserzielung aus Kapitalanlagen erfährt gegenwärtig einen Bedeutungszuwachs, so dass bei den privaten Haushalten die Erträge aus Geldvermögen einen immer größeren Anteil an den Gesamteinkünften einnehmen. Allein an Zinsen und Dividenden flossen 1997 den privaten Haushalten DM 193 Mrd. zu, was pro Haushalt rund DM 5.100,- entspricht.[181] Auf der anderen Seite nimmt die Verschuldung zu, da bei Kreditaufnahmen abnehmende Berührungsängste und Schuldgefühle zu verzeichnen sind, was folglich bei der Inanspruchnahme von Krediten zu einer niedrigeren Hemmschwelle führt.[182]

Wegen der Verschiebung in der Alterspyramide ist mit einer Verschärfung des Wettbewerbs um die jungen Bankkunden zu rechnen. Die Gruppe der älteren Menschen wird dagegen zu einem vom Umfang und Leistungsbedarf her bedeutsamen Kundensegment. Auch wenn es noch andere wachsende Marktsegmente gibt, so wird im Seniorenmarkt die Zahl der potenziellen Kunden am deutlichsten zunehmen.[183] Unter Seniorenmarkt soll im folgenden die Gruppe der Menschen von 55 Jahren und älter verstanden werden. Dementsprechend fallen in diese Gruppe sowohl Erwerbstätige, als auch Menschen im Ruhestand.

Neben der quantitativen Zunahme der Senioren stehen diese den Kreditinstituten auch länger als Kunde zur Verfügung. Durch die erhöhte Lebenserwartung und dem gesunkenen Durchschnittsalter beim Eintritt in den Ruhestand wird der nachberufliche Lebensabschnitt immer länger. Wie die Tabelle 14 zeigt, verfügen die Senioren über sehr hohe durchschnittliche Vermögenswerte. Außerdem wächst zum ersten Mal seit annähernd 100 Jahren eine „Generation

[179] vgl. Lauer (1990), Seite 74.
[180] vgl. Goschin (1993), Seite 45.
[181] vgl. Deutsche Bundesbank (Januar 1999), Seite 49.
[182] vgl. Wiswede (1994), Seite 272.
[183] vgl. Schulz (1992), Seite 19.

von Erben“ heran, die mit erheblichen Vermögenserträgen rechnen darf.[184] So lag das Erbschaftsvolumen im Jahr 1998 und 1999 zwischen DM 200 und 250 Mrd. pro Jahr.[185]

Alter	Haushaltsgröße		Haushaltsgröße	
	1 Person	2 Personen	1 Person	2 Personen
	1.000 DM		gesamt 100	
gesamt	121	285	100%	100%
18-24	19	45	16%	16%
25-29	33	80	28%	28%
30-34	55	135	46%	47%
35-39	77	181	63%	63%
40-44	102	233	84%	82%
45-49	138	301	114%	106%
50-54	170	344	141%	121%
55-59	174	373	144%	131%
60-64	183	344	152%	121%
65-69	182	330	151%	116%
70-74	154	319	128%	112%
75-79	130	321	107%	113%
ab 80	134	263	112%	92%

Tabelle 14: Durchschnittliches Nettogesamtvermögen privater Haushalte in den alten Bundesländern (1993)[186]

Die heutige Seniorengeneration zeichnet sich gegenüber früheren Generationen durch höhere Vitalität, größere Aktivität, einer verbesserten Einkommens- und Vermögenssituation und einer veränderten Einstellung zum Leben aus. Ihre Bedürfnisstruktur ist jedoch ebenso differenziert wie die jüngerer Menschen. Der Wertewandel verändert auch die Einstellungen und das Verhalten der älteren Generationen, wenn auch langsamer als bei Jüngeren. So zeigt eine repräsentative empirische Erhebung in Westdeutschland eine „wachsende Konsumentenneigung und eine angeschlagene Sparmentalität“ der Senioren.[187] Besondere Merkmale älterer Menschen, wie beispielsweise das Sicherheitsbewusstsein sowie eine geringere Bereitschaft, sich mit komplizierten Anlageformen auseinander zusetzen, bleiben nach wie vor erhalten. Sie sind eher bereit, auf eine zusätzliche Verzinsung zu verzichten, was letztendlich zu einer größeren Bankloyalität führt.[188] Weiterhin wird mit zunehmendem Alter der

184 vgl. Oehler (1991), Seite 4.
185 vgl. Deutsche Bundesbank (Januar 1999), Seite 35.
186 vgl. Deutscher Bundestag (1996), Seite 15.
187 vgl. Wiswede (1994), Seite 272.
188 vgl. Cramer (1992), Seite 137.

Renditeaspekt zugunsten anderer Aspekte in der Bank-Kunden-Beziehung in den Hintergrund treten. Insbesondere bleibt für die „alten Alten" eine persönliche Betreuung in Geldangelegenheiten durch einen Menschen ihres Vertrauens entscheidend. Durch die Spezifikas, individuell, persönlich und betreuungsintensiv stellen die Senioren eine interessante Zielgruppe für Privatbankiers dar.

Aus Sicht der Kunden hat sich der Markt für Bankdienstleistungen in den letzten Jahren entmystifiziert. Banken sehen sich dabei in immer größerem Umfang mit „mündigen", d.h. informierten, selbstbewussten und kritischen Kunden konfrontiert. Die Gründe dieser Entwicklung liegen in der verbesserten Einkommens- und Vermögenssituation sowie im erhöhten Bildungsniveau und dem zunehmend kritischen und engagierten Verbraucher. Hinzukommt eine bessere Markttransparenz, die durch den Einsatz von Medien den Vergleich der Wettbewerber erleichtert. Unterstützt wird diese Entwicklung durch die Aufklärungsarbeit der Verbraucherverbände.[189] Für die Banken hat die Entwicklung zum „mündigen Kunden" weitreichende Konsequenzen. Bankkunden werden preis- und renditebewusster und erwarten eine transparente Preisgestaltung für klar abgegrenzte, möglichst unkomplizierte Bankleistungen. Wenn die Beziehung zu einem anderen Kreditinstitut Vorteile verspricht, kann die hauptsächlich auf Gewohnheit aufbauende Bank-Kunden-Beziehung schnell aufgelöst werden. Vorteile müssen hierbei nicht unbedingt Preisvorteile sein, sondern können auch in dem Zusatznutzen eines Produktes, wie dem Image einer Bank oder einem vertrauensvollen Verhältnis zum Kundenberater begründet liegen. Konsequenz dieser Entwicklung ist eine abnehmende Bankloyalität.[190] Für bestehende Kundenverbindungen entsteht eine potentielle Gefahr, jedoch entstehen anderseits Akquisitionspotentiale für die Banken, die dem Produktionsfaktor „Personal" hohen Stellenwert zuschreiben. Gelingt es dem Bankier über seine Mitarbeiter zwischen dem Kunden und dem Institut „Vertrauen" zu schaffen, wird er bestehende Verbindungen stärken und neue gewinnen.

Die Wertedynamik hat zu einer Pluralisierung und zunehmenden Polarisierung der Werte in den individuellen Wertesystemen der Konsumenten geführt. Eine Polarisierung der Kundenanforderungen ist bei Qualität und Preis bankbetrieblicher Leistungen festzustellen. Auf der einen Seite dominiert die Qualität/Service, auf der anderen Seite das Preisbewusstsein in Verbindung mit geringem Service und Kontaktanforderungen. Die Anforderungen werden dabei

---

[189] vgl. Deutz (1997), Seite 78.

[190] Als Bankloyalität wird von Süchting die Bereitschaft der Nachfrage bezeichnet, ein einmal eingegangenes Geschäftsverhältnis dauerhaft aufrecht zu erhalten. Vgl. Süchting (1998), Seite 627 f.

nicht länger von der Art des Kunden bestimmt, sondern von der Art des Produkts und der Situation, in der sich der Kunde gerade befindet. Einerseits ist auch bei einer Menge Kunden situationsbezogen ein erhöhtes Qualitätsbewusstsein festzustellen, das sich in einem Bedarf an hochwertiger, individueller Beratung ausdrückt. Aus Sicht des Kunden steht hierbei zunächst eine Problemstellung im Vordergrund, für die eine Individuallösung gesucht wird.[191] In dieser Situation ist von Bankseite kein Verkäufer, sondern ein Berater im Sinne eines Problemlösers gefragt. Das Problem des Kunden ist in aller Regel vielschichtig und kennt keine Branchen- oder Kompetenzgrenzen. Andererseits lässt sich ein steigendes Preis- und Renditebewusstsein in der Bevölkerung erkennen.

Eine Trennung ist auch hinsichtlich der Inanspruchnahme von Vertriebswegen festzustellen. Durch Kundenselbstbedienung und Homebanking wird dem Bedürfnis der Kunden nach einer erhöhten zeitlichen und räumlichen Flexibilität bei der Inanspruchnahme von Bankdienstleistungen entsprochen. Selbstbedienung und Homebanking entsprechen dem Trend zu Individualismus und Selbstentfaltung, der sich im Streben nach Autonomie, Eigeninitiative, Selbstbestimmung, Emanzipation und Spontaneität ausdrückt. Allerdings ist zu berücksichtigen, dass bei diesen Vertriebswegen persönliche durch nicht persönliche Bankkundenkontakte ersetzt werden.

Diese Polarisierung wird in absehbarer Zeit zu einer „Strategiespaltung" im Bankgeschäft führen. Die eine Strategie wird das „Transaktionsbanking" sein, bei der es darum geht, die Bankdienstleistungen schnell, nahe, preiswert, sicher und rund um die Uhr anzubieten. Die andere Strategie, „Relationshipbanking", wird dagegen mehr auf der persönlichen Beziehungsebene und einer kompetenten individuellen Beratung mit hohem Mehrwert für den Kunden basieren. Dem Trend „Hightech, Hightouch" zu folgen, wird diese Strategie auf Werte, wie persönlicher Kontakt, zwischenmenschliche Beziehung, Geborgenheit und Verlässlichkeit ein größeres Gewicht legen.[192] In der Beziehungsebene zum Kunden liegen die Stärken des Privatbankiers, was vermuten lässt, dass die zweite Strategie die sinnvollere für sie ist.

Während in früherer Zeit Neugeschäfte in großem Umfang beinahe automatisch bei der „Hausbank" getätigt wurden, führt der „mündige Kunde" immer häufiger Vergleiche bei unterschiedlichen Anbietern durch. Für jedes Geschäft sucht er sich den Partner, der die individuellen Kundenanforderungen am besten erfüllt. Im Zuge dieser Entwicklung werden die Kunden zu „Rosinenpickern", die „vagabundieren", um das Institut mit dem besten Angebot zur ge-

191 vgl. Schäfer/Unterberg (1993), Seite 67.
192 vgl. Heitmüller (1997), Seite 458.

suchten Finanzdienstleistung zu finden. In der Konsequenz beinhaltet das Portefeuille des Kunden, die nach seinem Ermessen besten Angebote des Marktes. Dieses Kundenverhalten hat sowohl Auswirkungen auf das bankbetriebliche Angebot als auch auf die Preiskalkulation der Produkte. Da im Zuge des „Rosinenpickens" aus Kundensicht unattraktive Produkte weniger stark nachgefragt werden und damit die Möglichkeit der Subvention preislich attraktiver Produkte durch preislich weniger attraktive Produkte nicht mehr besteht, muss jedes einzelne Produkt seinen Ergebnisbeitrag selbst liefern. Das Ergreifen von Maßnahmen zur Erhöhung der Kundenbindung ist eine Möglichkeit, dieser Entwicklung entgegenzuwirken. Denkbar ist eine aktive und gezielte Kundenansprache, gestützt auf ein modernes Kundeninformationssystem.

Als Folge des Trends vom materiellen zum immateriellen Produkt spielen auch im Finanzdienstleistungsbereich Markenbewusstsein sowie Prestige- und Imagedenken eine zunehmend wichtige Rolle. In der Konsequenz werden Bankprodukte nicht nur nach Preis, Rendite und Qualität beurteilt, sondern nach ihrer vom Konsumenten subjektiv empfundenen Symbolkraft. Aus Sicht der Bank stellen diese immateriellen, symbolischen Produktbestandteile (wie beispielsweise ausgefallene Kreditkarten, Image der Bank passt zum Lebensstil des Kunden, usw.) eine der wenigen Differenzierungsmöglichkeiten dar. Die Imagebestandteile Vertrauen und Sicherheit sind zwar seit geraumer Zeit Grundvoraussetzung für den Kunden, Anlagegeschäfte mit einem bestimmten Kreditinstitut überhaupt zu tätigen, jedoch keine geeigneten Differenzierungsinstrumente mehr.[193] Im Zuge einer verstärkten Standardisierung von Bankdienstleistungen und der damit verbundenen Angleichung des Produktgrundnutzens können Kreditinstitute sich über immaterielle Produktbestandteile vom Wettbewerb differenzieren. Auf der anderen Seite birgt der Wertewandel die Gefahr, dass bestimmte Symbole (wie beispielsweise Firmenlogo, Werbeslogan oder Erscheinungsbild, usw.) an Aktualität verlieren und sogar unerwünscht werden.

---

[193] vgl. Szallies (1993), Seite 48.

2.3. Entwicklungen in der IK-Technologie

Unter IK-Technologie versteht man im allgemeinen die Kombination informationsverarbeitender und informationsübermittelnder Technologien.[194] Gerade diese technologischen Entwicklungen, die richtungsweisende Kraft im Finanzdienstleistungssektor haben, beeinflussen alle Bereiche der Leistungserstellung vom Back-Office bis zum Front-Office und den Vertriebswegen.[195] Die weitreichenden Auswirkungen dürften sich jedoch im Bereich des Front-Office ergeben. Anzuführen ist der momentane Boom der Online-Dienste, insbesondere T-Online und die zunehmende Popularität der Internetplattform. In den letzten Jahren hat sich bei den zur Erbringung von Finanzdiensten notwendigen Komponenten ein enormer technischer Fortschritt gezeigt, der einhergeht mit immer höheren Verarbeitungsgeschwindigkeiten bzw. Volumina und gleichzeitig in Relation zur Leistung sinkenden Preisen. Hervorzuheben ist auch die zunehmende Vernetzung von PC's, sei es innerhalb unternehmensinterner Netze oder über Lans (local area networks) oder Wans (write area networks).

Die Beherrschung moderner IK-Technologie gilt aus einzel- und volkswirtschaftlicher Sicht seit Jahrzehnten als entscheidender Wettbewerbsfaktor. Dabei kommt den Verbesserungsinnovationen, die auf eine Weiterentwicklung bereits bekannter Technologien abzielen, nur zweitrangige Bedeutung zu. Verantwortlich für die Wachstumsschübe sind die Kondratieff-Wellen, die neue Formen der Bedürfnisbefriedigung wecken, neue Produkte oder Dienstleistungen entstehen lassen und neue Märkte schaffen. Zu den Kondratieff-Zyklen zählen die Entwicklung der Dampfmaschine, der Eisenbahn, der Elektrizität und des Individualverkehrs. Die Kondratieff-Welle des letzten Drittels des 20. Jahrhunderts basiert nach dem heutigen Wissensstand auf den Informations- und Kommunikationstechnologien.[196]

Parallel zu den Entwicklungsstufen der Informationstechnik wurde und wird die Struktur und das Verhalten der Kreditinstitute in vier Phasen beeinflusst.[197]

Die erste Phase des Einsatzes von Informationstechnik diente der Erschließung betriebsinterner Automatisierungspotentiale. Interne Arbeitsabläufe wurden rationalisiert, indem Routineabläufe auf EDV umgestellt wurden. Seit

---

194 vgl. Sondhof (1990), Seite 159.
195 vgl. Weigert (1996); Seite 118.
196 vgl. Nefiodow (2000).
197 vgl. Flöther/Laupenmühlen/Schnittke (1993), Seite 698, Wielens (1991), Seite 93 und Rottenbacher (1994), Seite 186.

Mitte der 50-er Jahre wurde dadurch vor allem eine rationellere Leistungserstellung im Back-Office sowie eine Steigerung der Qualität und Sicherheit von Transaktionen angestrebt.[198] Aufgrund wachsender Möglichkeiten der Informationstechnik und der ständig steigenden Kosten wird dieser Prozess vorerst zu keinem Abschluss kommen. Hier wird jedoch im wesentlichen auf die Aktivitäten bis Mitte der 70-er Jahre Bezug genommen, in denen die Automatisierung eine beherrschende Rolle einnahm. Aufgrund der enormen Auswirkungen des Einsatzes der Informationstechnik auf die interne Kostenstruktur und der relativ problemlosen Realisierung der Einsparungen war die Nutzung der betriebsinternen Automatisierungspotentiale für alle Institute von hoher Relevanz.[199] Nach allen verfügbaren Prognosen werden auch zukünftig die Zugriffsgeschwindigkeiten und die Rechenzeiten sowie die Speicherkapazitäten eine ständige Steigerung erfahren und sich die Preis-/Leistungsverhältnisse der EDV weiter verbessern. Für die Zukunft lässt sich somit erwarten, dass der Einsatz von IK-Technologien weiterhin forciert wird, um die internen Betriebsabläufe zu optimieren und zu rationalisieren.[200]

Von der zweiten Phase ist nach der internen Automatisierung die Kunden-Bank-Beziehung betroffen. Ziel ist eine rationellere Leistungserstellung im Front-Office, also im Kundenbereich. Durch die Verlagerung von Routinetätigkeiten, wie der Ausgabe von Kontoauszügen oder Bargeld auf Selbstbedienungsterminals sollte überdurchschnittlich qualifizierte und damit teure Beratungskapazität besser genutzt werden.[201] Durch die Verfügbarkeit von Produkt- und Kundeninformationen am Arbeitsplatz des Beraters sollten jedoch auch die Qualität des Leistungsangebotes und der individuellen Beratung verbessert werden.[202]

Die Abkehr vom volumenorientierten Denken hat die Verfügbarkeit von internen Informationen über den Ertrag einer Kundenbeziehung bzw. eines Bankproduktes unabdingbar gemacht.[203] Die dritte Phase der technologischen Entwicklung befasst sich mit der Optimierung bankinterner Steuerungssysteme.[204] Die Informations- und Kommunikationstechnologie hat den Aufbau eines internen Controlling ermöglicht. Durch diese Systeme soll eine bessere Transpa-

---

198 vgl. Flöther/Laupenmühlen/Schnittke (1993), Seite 698.

199 vgl. von Schimmelmann (1987), Seite 198.

200 vgl. Priewasser (1998), Seite 86.

201 vgl. Wielens (1991), Seite 93.

202 vgl. Rottenbacher (1994), Seite 186.

203 vgl. Schierenbeck (1994), Seite 8 f.

204 Der Begriff Steuerungssystem wird hier synonym verwendet mit Informations- oder Controllingsystem. Dies erscheint zulässig, da klare Begriffsabgrenzungen in der Bankliteratur fehlen. Vgl. u.a. Schierenbeck (1994) Seite 6 und Meyer zu Selhausen (1989), Seite 86.

renz über die interne Ertragslage und über die Kundenbeziehung geschaffen werden. Aus der gesamten Geschäftsbeziehung wird mittels potentiellen und realisierten Erfolgssummen die Attraktivität des Kunden bestimmbar gemacht.[205]

Die vierte Entwicklungsphase berührt wiederum die Kunden-Bank-Beziehung. Diesmal werden jedoch nicht bestehende Funktionen vom Mensch zur Technik verlagert, sondern neue Produkte und Vertriebswege geschaffen, die ohne die technische Entwicklung nicht realisierbar gewesen wären. Der Trend bei den TK-Technologien geht hin zu elektronischen Märkten, weshalb auf diese Entwicklungen im weiteren näher eingegangen wird.

2.3.1. Trend zu elektronischen Märkten

Von einem elektronischen Markt kann dann gesprochen werden, wenn alle Phasen und Funktionen mit Hilfe informationstechnischer Systeme in einer marktmäßig organisierten Leistungskoordination abgewickelt und unterstützt werden.[206] Dies bedeutet insbesondere, dass markttransaktionsbezogene Informations- und Kommunikationsprozesse zwischen den Marktteilnehmern primär im virtuellen System stattfinden, also spezielle Systeme der IK-Technologie zur Koordination des Marktprozesses zwischen selbstständigen Wirtschaftseinheiten eingesetzt werden. Es ist jedoch sinnvoll, von einem elektronischen Markt nicht erst dann zu sprechen, wenn der gesamte Marktprozess im virtuellen System stattfindet. Auch die elektronische Stützung einzelner Marktsegmente im Sinne von Phasen der marktlichen Leistungskoordination ist zweckmäßigerweise begrifflich einzubeziehen. Eine ausgeprägte Entwicklung elektronischer Märkte ist zunächst vor allem für solche Branchen zu erwarten, in denen sowohl die an den Markt abgegebenen Leistungen, als auch die Art der eingesetzten Produktionsfaktoren sich zur Übertragung mittels elektronischer Medien eignen.[207] Zu diesen Wirtschaftsbereichen gehören vor allem die Finanzdienstleistungsbranche und damit auch besonders der Bankensektor; denn die immateriellen Nominalgüter, wie „Geld", „Guthaben" und „Wertpapiere" sind prinzipiell leicht über Netze zu erfassen, zu bewerten und zu transportieren.

---

205 vgl. Schierenbeck (1991), Seite 9.

206 vgl. Schmid (1993), Seite 468 und Zimmermann/Kuhn (1995), Seite 37. Einen Überblick über die unterschiedlichen Auffassungen des Begriffs der elektronischen Märkte in der Literatur bietet Langenohl (1994), Seite 13-17.

207 vgl. Negroponte (1995), Seite 18.

2.3.1.1. Einsatzbereiche von TK-Technologie-basierenden Diensten

Prinzipiell kann aus Sicht der Banken zwischen der Nutzung von TK-Technologie-basierenden Diensten innerhalb des Bankensektors und in der Beziehung zum Kunden unterschieden werden. Ersteres kann wiederum differenziert werden in eine bankinterne Nutzung (Intrabank) und eine Nutzung im Interbankenverkehr (Interbank). Im Rahmen der Nutzung der Dienste innerhalb des Kreditinstitutes bezieht sich der Intrabank-Bereich auf den bankinternen Bedarf an Informationsübertragung. In erster Linie betrifft dies die Verbindung zwischen den einzelnen Geschäftsstellen bzw. Filialen, ggf. auch ausländischen Geschäftsstellen einer Bank. Den Ausgangspunkt für die Nutzung von Telekommunikationsdiensten in der Beziehung der Banken untereinander, der Interbanknutzung, bilden die Rechenzentren der jeweiligen Bank, die in der Regel über Gateways mit anderen Rechenzentren in Verbindung stehen. Auf nationaler Ebene handelt es sich hierbei um Beziehungen zu anderen inländischen Banken und auf internationaler Ebene kommen bezüglich des Austausches von Informationen mittels TK-Diensten grundsätzlich alle sich im Ausland befindlichen Banken in Frage.

Auf die Beziehung zu den Kunden der Banken haben jedoch die technologischen Entwicklungslinien die größte Auswirkung. Die Nutzung von Diensten in der Beziehung zum Kunden sind dahingehend zu betrachten, an welchem Ort die Übertragung stattfindet, d.h. Anwendungen am Standort der Bank, des Kunden und am Verkaufsort (point of sale) können unterschieden werden. Am Standort des Kunden können grundsätzlich die sogenannten „Telebanking"-Anwendungen je nach Zielkundschaft zwischen dem Homebanking und dem Homeofficebanking unterschieden werden. Der Standort des Kunden kann sich dabei sowohl im Ausland als auch im Inland befinden. Wesentliches Charakteristikum des Einsatzes von neuen Telekommunikationsdiensten im Kontext von Bankanwendungen ist, dass Bankgeschäfte vom Standort des Kunden aus getätigt werden können. Ein Teil der Leistungserstellung wird darüber hinaus vom Kunden selbst erbracht und kann von dort aus in der Regel automatisiert innerhalb des Bankensektors wieder verarbeitet werden.

Anzuführen ist hier beispielsweise der Bereich des Zahlungsverkehrs. Beleghafte Überweisungen eines Bankkunden wurden auf traditionellem Weg abgegeben und größtenteils manuell weiterverarbeitet und verbucht. Wird die Überweisung heute im Rahmen des Homebanking direkt vom Kunden eingegeben, kann diese über bankinterne Netze an zentrale Produktionszentren übermittelt und letztendlich über die verschiedenen Banknetze voll automatisiert weiterverarbeitet werden. Schon heute werden die Belege, die bei der Bank ankommen, durch Schriftenlesersysteme eingelesen, um sie möglichst früh auf die IK-Technologie beruhenden Leistungsprozesse überführen zu können. Überweisungen von Geschäftskunden kommen heute bereits größtenteils in elektronischer Form bei der Bank an.

Bei der Nutzung von TK-Diensten am Verkaufsort handelt es sich um Verbindungen zwischen dem Standort des Händlers und dem des Kreditinstitutes zur Abwicklung des elektronischen Bezahlens vom Verkaufsort. Die mit dem IK-technologischen Fortschritt einhergehende Miniaturisierung ermöglicht inzwischen die Ausstattung von Karten mit intelligenten Chips, die zum einen ein höheres Maß an Sicherheit gewähren und zum anderen Neuanwendungsmöglichen bieten, wie etwa die Speicherung elektronischen Geldes. Zukünftig dürfte gerade die Ausstattung von ZV-Karten mit intelligenten Chips einen interessanten Ansatzpunkt zur Schaffung eines integrierenden, übergreifenden Zahlungsmittels bieten.

Bei den Anwendungen am Standort der Bank handelt es sich um die Anbindung der verschiedenen Ausprägungen der kundenbedienten Bankterminals. Sie befinden sich entweder in den Geschäftsräumen der Bank selbst oder in eigens dafür eingerichteten Selbstbedienungszonen, die dadurch auch außerhalb der Geschäftszeiten zur Verfügung stehen können. Geldausgabeautomaten, Kontoauszugsdrucker, Selbstbedienungsterminals oder sonstige kundenbediente Geräte, wie z.b. zur Bargeldeinzahlung, zählen dazu. Im Laufe der letzten Jahre installierten Banken vermehrt auch in Deutschland Kundenterminals an öffentlichen Plätzen. Zunehmend werden Selbstbedienungsterminals für einfache standardisierte Produkte jeglicher Art eingesetzt, bei denen kein Verhandlungsspielraum und Erklärungsbedarf besteht (wie z.b. für Zahlungsverkehrsvorgänge oder auch für Anlageleistungen). Schätzungen gehen davon aus, dass in weniger als zehn Jahren 40 % bis 60 % dieser Multifunktionsterminals standardisierte Aktiv- und Passivprodukte sowie die Möglichkeit der Beraterdurchschaltung per Videotelefon anbieten.[208] Nach einer Delphi-Studie im deutschen Bankgewerbe gehen die Experten bis zum Jahr 2009 im Mittel davon aus, dass etwa 15 % aller Geschäftsabschlüsse über diese Vertriebswege erfolgen und nur noch 40 % über traditionelle Geschäftsstellen.[209]

---

[208] vgl. Bartmann (1995), Seite 9.

[209] vgl. Priewasser (1994), Seite 200.

2.3.1.2. T-online und Internet

Branchenexperten rechnen mit einem steilen Anstieg der Kundennachfrage nach elektronischen Bankdienstleistungen. Eine Umfrage des Bundesverband deutscher Banken ergab, dass die Online-Konten von 1,4 Mio. in 1995 auf über 10 Mio. in 1999 angestiegen sind und in nur wenigen Jahren die 20 Mio. Schwelle erreichen werden.[210] Die sich abzeichnende Trendwende kann im wesentlichen auf drei Gründe zurückgeführt werden. Zum einen auf die rasante Verbreitung des Personalcomputers, der zwischenzeitlich auch im privaten Bereich vermehrt Einsatz findet. Zum Zweiten auf die immer leistungsfähigere und benutzerfreundliche Software und letztendlich der steigenden Beliebtheit der elektronischen Kommunikation.[211] Für Deutschland haben Erhebungen ergeben, dass bereits 1998 31 % der Deutschen einen Internetzugang haben und der Anteil kurzfristig auf 47 % ansteigen wird.[212] Zum einen erfolgt dies anhand des in Deutschland derzeit am weitest verbreiteten kommerziellen Onlinedienstes, dem T-Online bzw. ehemaligen BTX-Dienst, dem aktuell für das Homebanking im Privatkundenbereich in Deutschland die größte Bedeutung zukommt. Zum anderen liegt ein Schwerpunkt auf dem Internet, welches sich in den letzten Jahren zur weltweit wohl bedeutendsten Plattform vernetzter Computer entwickelt hat und von dessen Entwicklung weitreichende Konsequenzen insbesondere für Banken erwartet werden.

Zwischen 1996 und 1998 hat sich die Teilnehmerzahl von T-Online auf über DM 1,9 Mio. annähernd verdoppelt. Monatlich wurden 1997 durchschnittlich 54.000 Neuteilnehmer verzeichnet. Dabei nutzen 85 % Neukunden die Plattform des T-Onlinedienstes, über den etwa E-Mails verschickt oder Datenbanken abgefragt werden können, hauptsächlich wegen Homebanking.[213]

Das Internet entstand im Laufe der letzten 15 Jahre aus dem Zusammenschluss einer Vielzahl von Computernetzen. Kennzeichnend ist die dezentrale Struktur, also die Zusammenführung verschiedener Netze mit unterschiedlichen Strukturen. Von 1994 bis 1999 hat sich allein die Zahl der fest an dieses Netz angeschlossenen Computer in Deutschland jährlich fast verdoppelt.[214] Inzwischen weist auch unter Berücksichtigung der „außer Haus Nutzer“ das Internet

---

[210] vgl. O.V. (2000a), Seite 26.

[211] vgl. Egger (1996), Seite 36 f.

[212] vgl. Bundesverband deutscher Banken (2000), Seite 14.

[213] So hat sich beispielsweise zwischen 1996 und 1998 die Zahl der T-Online-Konten verdoppelt: Waren es 1996 noch 1,8 Mio., so wurden Anfang 1998 bereits rund DM 3,5 Mio. via T-Online auf elektronische Wege geführt. Vgl. Deutsche Telekom 1998.

[214] Stand Januar 1999 ca. DM 1,48 Mio.. Dies entspricht einem absoluten Wachstum von 340.000 neuen Hosts, in 1998, dem höchsten Wachstum seit Bestehen des Internets. Vgl. Renderland (1999).

bereits mehr Nutzer in Deutschland auf als T-Online.[215] Auch das Internet-Angebot der Banken hat sich enorm erhöht. So ergab eine europaweite Befragung von 1845 Banken, dass zwei Drittel Online-Dienste über das Internet anbieten.[216]

Die via Online angebotenen Bankdienstleistungen können unterteilt werden in den Bereich der frei zugänglichen Informationen und den direkten Onlinedialog mit dem Kunden, für den dieser eine spezielle Zugriffsberechtigung seiner Bank benötigt. Die von allen Banken angebotenen frei anwählbaren Internetseiten, wie beispielsweise die Präsentation des Institutes und seiner Produktpalette oder Börsen- und Wirtschaftsinformationen sowie ein allgemeiner Mitteilungsdienst, werden von den Instituten überwiegend als Image- und Marketinginstrument eingesetzt. Zum Standardangebot gehören Kontostands- und Umsatzabfrage, oder die Möglichkeit der Erteilung von Überweisungsaufträgen. Speziellere Dienstleistungen, wie die Verwaltung von Daueraufträgen, Auslandsüberweisungen sowie die Erteilung von Aufträgen zum Einzug von Lastschriften werden nur teilweise angeboten. Beratungsintensive Dienstleistungen im Anlage- und Finanzierungsbereich können nur bei wenigen Instituten in Anspruch genommen werden.[217] Es lässt sich gerade in diesem Bereich ein Trend beobachten, demzufolge zwischenzeitlich einige Institute ihre Angebote erheblich ausgedehnt haben. Festzuhalten bleibt, dass über diesen TK-Dienst bereits ein weiteres Spektrum von Bankdienstleistungen in der Beziehung zum Kunden abgebildet werden kann und diese Möglichkeit von Banken auch zunehmend wahrgenommen wird.

Das Angebot von Bankdienstleistungen über das Internet beschränkt sich derzeit noch vorwiegend auf Informationen über das Kreditinstitut und dessen Dienstleistungen. Nur teilweise bieten Kreditinstitute die eigentlichen Transaktionen von Bankdienstleistungen über das Internet an. Hierzu gehören Zahlungsaufträge und die Abwicklung von Wertpapiertransaktionen. Eine Untersuchung von 200 Banken ergab 1996, dass 90 % das Internet zur reinen informativen Präsentation mit Informationen zum Institut und angebotenen Dienstleistungen benutzen. Über eine vorhandene E-Mailadresse boten sie dem Kunden die Möglichkeit zur Interaktion. Von den verbleibenden 10 % erstrecken sich die meisten Angebote lediglich auf die vor dem eigentlichen

---

215 So geben beispielsweise bei einer aktuellen von der GFM/GETAS im Auftrage der WIK durchgeführten Umfrage in privaten Haushalten 14 % der PC-Nutzer an, einen Zugang zum Internet zu haben, wohingegen 10 % bzw. jeweils 2 % angeben, einen Zugang zu T-Online bzw. AOL und Compuserve zu haben. Vgl. Hermann/Mahler (1997).

216 vgl. O.V. (1999e), Seite 20.

217 vgl. Ergebnisse einer 1995 durchgeführten Bestandsaufnahme des Angebots von Dienstleistungen über diese Plattform bei einigen ausgewählten Banken in Deutschland, vgl. Mahler-Theileis (1995), Seite 5 f.

Geschäft liegenden Vertragsvereinbarungen. So können Kunden etwa über Online-Formulare ein Konto eröffnen oder Kredite und Kreditkarten beantragen. Transaktionen zur Abwicklung von Bankgeschäften waren aber zum damaligen Zeitpunkt über das Internet selbst nicht möglich. Das wohl größte Hemmnis ist die Frage der Sicherheit derartig offener Netze. Die offenen Netze erfordern weitergehende Maßnahmen als dies innerhalb geschlossener Netze kommerzieller Anbieter, wie beispielsweise T-Online, der Fall ist. Dabei stellt die verschlüsselte Übermittlung der Daten und eine notwendige Identifikation des Kunden einen wichtigen Sicherheitsaspekt dar. Mittelfristig zeichnen sich hierfür jedoch bereits Lösungen ab.[218]

Grundsätzlich wird im Einsatz von TK-Diensten für alle Bereiche zukünftig eine zunehmende Bedeutung beigemessen. Insbesondere im Bereich der Kredit- und Anlageleistungen wird dem Einsatz von TK-Diensten zukünftig eine nicht unbedeutende Rolle beigemessen. So wird beispielsweise die Abwicklung von Wertpapiergeschäften zukünftig über diese Plattform möglich sein. Auch in dem Bereich der Kreditleistungen finden sich zukünftige telekommunikationsversierte Anwendungen in der Beziehung zum Kunden, angefangen beim Angebot standardisierter Kredite bis hin zur Baufinanzierung. Als weitere Anwendungen im Immobilienbereich können umfangreiche Informationsangebote über Online-Dienste sowie interaktive Multimediaterminals, über die bei Bedarf eine Videokonferenz mit einem Sachbearbeiter eingerichtet werden kann, genannt werden. Konkret könnten die Banken ihre Produkte und Dienstleistungen in Zukunft beispielsweise in Form von Multimediapräsentationen über Online-Dienste, interaktive TV oder andere elektronische Kanäle anbieten. Die Kunden könnten sich dort jederzeit selbständig über die Angebote der Bank informieren und bei Bedarf ein bestimmtes Produkt direkt bestellen und sofort nutzen. Bei Fragen, die eine weitgehende Beratung erforderlich machen, könnte der Kunde per Knopfdruck die Unterstützung eines Kundenberaters anfordern. Über Videokonferenzen würde dieser ihm die gewünschten Auskünfte erteilen und ihm im persönlichen Verkaufsgespräch auf etwaige weitere Aspekte oder Angebote aufmerksam machen.[219] Für die Privatbanken stellt sich dabei die Frage, ob und wie sie ihre Vertriebsstrukturen ändern müssen, um überleben zu können.

---

[218] vgl. O.V. (1999b), Seite 19.

[219] vgl. Egger (1996), Seite 38.

2.3.2. Trend zur Substituierbarkeit

Zum Ausdruck kommt der Einfluss von Ersatzprodukten und Diensten in der Kreuzpreiselastizität, welche ein Maß für die Substitutionsbeziehung darstellt. Substitute werden ausfindig gemacht, indem Produkte und Dienste gesucht werden, welche die gleiche Funktion erfüllen, wie diejenigen der zu betrachtenden Branche.[220] Diese grundsätzlichen Anregungen zeigen, dass eine Bedrohung durch Ersatzprodukte und Dienste im Bankensektor aufgrund der gesetzlichen Rahmenbedingungen nur bedingt möglich ist. So legt das KWG fest, dass ein Unternehmen, welches eines der im KWG aufgeführten Bankgeschäfte betreibt, zum Kreditinstitut im Sinne des KWG's wird, folglich automatisch zur Branche gehört. Dennoch gibt es auch Fälle, die insbesondere im Kontext der Einsatzmöglichkeiten neuer TK-Dienste auftreten, in denen Unternehmen derartige Funktionen ersetzen, ohne eine Bank im Sinne des KWG zu werden. Somit kommt es auch bei dieser kaum beachteten strukturellen Determinante des Branchenwettbewerbs zu Veränderungen.[221]

Mit den Möglichkeiten neuer TK-Dienste zur Abbildung von Komponenten des bankbetrieblichen Leistungserstellungsprozesses ergibt sich beispielsweise, dass einzelne Funktionen bzw. einzelne Komponenten von Kunden selbst erbracht werden. Erwähnenswert ist etwa die steigende Selbsterstellung einiger Komponenten des Dienstleistungserstellungsprozesses im Rahmen des Homebankings oder der Selbstbedienung an den Terminals. Allerdings wird beispielsweise im Falle einer Überweisung die Funktion des Transfers von Guthaben von A nach B immer noch im wesentlichen von der Bank erbracht, d.h. es werden somit immer noch Einkommensströme generiert und die durchaus erwünschte Selbstbedienung bringt Rationalisierungseffekte mit sich. Es gibt aber bereits auch Bereiche, in denen mit Hilfe neuer IK-Technologien bestimmte, ehemals von Banken erfüllte Funktionen, nunmehr komplett von Kunden erbracht werden. Beispielsweise gibt es Fälle von Unternehmen, die über das Internet selbst ein „going public" durchführten und über dieses Medium Anteile verkaufen.[222] Ein weiterer Bereich, in dem mit den Einsatzmöglichkeiten neuer TK-Dienste eine Disintermediation der Banken stattfindet, sind die bei den Firmenkunden installierten Cash-Management-Systeme. In derartige IK-technologische Systeme integrierte Pool- und Netting-Funktionen erlauben, dass gewisse Leistungen von den Kunden selbst erstellt werden können. Allgemein wird erwartet, dass Großkunden, die selbst über eigene Netze verfügen, bestrebt sein werden, ihr Geld so lange wie möglich in den eigenen Netzen zu halten und somit versuchen werden, an den Banken vorbei

220 vgl. Porter (1999b), Seite 57 f.
221 vgl. Hammes (1994), Seite 291.
222 vgl. Picot/Bortenlänger/Röhrl (1995).

zu zahlen, wodurch dieser Dienstleistungsbereich der Banken zurückgehen wird.[223]

Sicherlich kann in den bisher aufgezeigten Substitutionen noch nicht von Branchen gesprochen werden, welche ein Produkt in Konkurrenz zu Banken anbieten. Aber hieraus ergeben sich Ansatzpunkte für funktional am IK-basierten Leistungserstellungsprozess beteiligte Branchen, technologiebasierte Funktionen zu übernehmen und anzubieten. Ein solcher Ansatzpunkt ergibt sich auch aus dem sich im Kontext der Cash-Management-Systeme ergebenden Einsatzmöglichkeiten neuer IK-Dienste im Firmenkundenbereich.[224] Gerade im Bereich des Zahlungsverkehrs, der prinzipiell nichts anderes darstellt, als die Übermittlung finanzieller Informationen von A nach B, gibt es Ansatzpunkte zur Erbringung dieser Funktion via IK-Technologie. Diese Systeme können bis auf das Einspeisen und Entnehmen in das System den Fluss finanzieller Transaktionen innerhalb des Bankensystems ersetzen. Technologische Entwicklungen auf dem Gebiet der Kryptographie bzw. neuer Sicherheitsmechanismen im allgemeinen bieten auch hier Substitutionsmöglichkeiten, wie etwa durch eine mögliche Herausgabe digitalen, elektronischen Geldes von Nichtbanken. Kartensysteme, wie Mondex, die einen Transfer von Guthaben von einer Karte auf die andere Karte erlauben, können traditionelle Zahlungsverkehrsmittel, wie etwa das Bargeld, ersetzen.[225] Natürlich muss im Hinblick auf die aufgezeigten institutionellen Rahmenbedingungen zu einem gewissen Grad oder zur Erfüllung bestimmter Funktionalitäten immer wieder eine Bank beteiligt sein. Deshalb werden derartige das Angebot etablierter Banken subsituierende Produkte zumeist auch in Form von Kooperationen mit einer Bank durchgeführt bzw. wird auf eine Bank innerhalb des Konzerns zurückgegriffen oder hierfür gegründet.[226] Deshalb kann auch nur in dem skizzierten eingeschränkten Rahmen von einer Substitution der Produkte und Dienste von Banken gesprochen werden. In den Bereichen, in denen jedoch, wenngleich auch eingeschränkte, Substitutionsmöglichkeiten bestehen, hat sich in der Vergangenheit eine hohe Substitutionsneigung gezeigt, was diesem Bedrohungspotential eine besondere Relevanz verleiht. Die Substitutionsneigung hängt in diesen eingeschränkten Fällen mitunter vom Preis-Leistungs-Verhältnis des von den Banken angebotenen Produktes im Vergleich zu Alternativen ab. Neue IK-Technologien bieten großen Handelsunternehmen die

---

223 vgl. Rauch (1996), Seite 105.

224 vgl. Kerscher (1998), Seite 58.

225 Hieraus ergeben sich neben den hier diskutierten Auswirkungen auf Geschäftsbanken auch möglicherweise weitreichende Auswirkungen auf Zentralbanken und die Geldpolitik im allgemeinen. Vgl. Friederich (1996), Seite 18 f, oder Jackson (1997).

226 Beispielsweise wird innerhalb des vom Otto-Versand betreibenden „elektronischen Marktfensters“ dem Kunden ein Konsumentenkredit angeboten, den er letztlich mit der Hanseatic-Bank abschließt. Vgl. Bartmann (1995a), Seite 94.

Möglichkeit, eigene Systeme zu betreiben und soweit nötig, mittels Kooperationen oder über zur Gruppe gehörenden Banken, Transaktionen abzuwickeln, die, sowohl vom Systemaufbau als auch vom Preis her, die der Banken übertreffen.

2.4. Veränderte Umfeldbedingungen

Die Umfeldbedingungen für das Bankgeschäft haben sich in den neunziger Jahren gravierend verändert. Zu erwähnen sind hier insbesondere die deutsche Wiedervereinigung, die fortschreitende Integration der Finanzmärkte auf europäischer und globaler Ebene, der rasche Fortschritt in der Informationstechnologie und die Zunahme der Wettbewerbsintensität.[227] Der konjunkturelle Rahmen war nach dem vereinigungsbedingtem Boom und nach der anschließenden Rezession ab 1994 geprägt von einem moderaten Wachstum. Die Zinslandschaft stellte sich insgesamt gesehen, angesichts des anhaltenden Zinsrückgangs, der nur 1994 unterbrochen wurde und der überwiegend normalen Zinsstruktur ebenfalls recht günstig dar.

Die Banken wurden vom europäischen Integrationsprozess vor allem durch die Schaffung des Binnenmarktes ab 1993, die Vorbereitung der Währungsunion sowie verschärfte Eigenkapitalvorschriften betroffen. Mit der Vollendung des Binnenmarktes und im Zuge der EWU-Vorbereitung verbesserten sich die Geschäftsmöglichkeiten der Banken in der EU („Europapass")[228]. Auf der anderen Seite nahm dadurch der Wettbewerb zu. Die zur Harmonisierung der bankaufsichtlichen Vorschriften und zur Herstellung gleicher Wettbewerbsbedingungen innerhalb der EU erlassenen Richtlinien schlugen sich insbesondere in drei Novellierungen des Gesetzes über das Kreditwesen nieder. Die für die Kreditwirtschaft in der ersten Hälfte der 90-er Jahre wichtigsten EU-Richtlinien (zweite Bankrechtskoordinierungs-, Eigenmittel-, Stabilitäts-, Konsolidierungs- und Großkreditrichtlinie) ermöglichten den „Europapass" für Kreditinstitute. Sie betrafen außerdem die Höhe des Eigenkapitals in Prozent der risikogewichteten Aktiva sowie Konsolidierungs- und Großkreditvorschriften. Vorschriften zur Eigenkapitalunterlegung von Markt- und Großkreditrisiken sind entsprechend der EG Kapitaladäquanzrichtlinie geregelt worden und mit der 6. KWG-Novelle Anfang 1998 in Kraft getreten. Außerdem wurden Wertpapierfirmen im Sinne des EG-Rechts der Solvenzaufsicht durch das Bundesaufsichtsamt für das Kreditwesen unterworfen. Diese Unternehmen

---

227 vgl. Heitmüller (1997), Seite 457.

228 Durch den „Europapass" können Institute mit nationaler Bankerlaubnis ihr Angebot von Dienstleistungen europaweit anbieten, obwohl sie weiterhin durch die Heimatbehörde beaufsichtigt werden.

haben wie Kreditinstitute den „Europapass".[229] Für die international tätigen Kreditinstitute hatten sich bereits etwas früher Änderungen aus den einschlägigen Empfehlungen des Baseler Ausschusses für Bankenaufsicht, eines Gremiums der G10-Notengouverneure, ergeben.

Im globalen Maßstab hat sich die bereits in den 80-er Jahren beobachtete gegenseitige Durchdringung und Abhängigkeit der nationalen Geld-, Kapital- und Devisenmärkte weiter intensiviert. Der Wettbewerb im Inland und mit dem Ausland hat sich als Folge der zunehmenden Ertragsorientierung der Anleger, der Deregulierung sowie der Kapitalverkehrsliberalisierung und der fortschreitenden Verbriefung weiter verschärft. Durch die bereits in den 60-er Jahren erfolgte frühzeitige Öffnung für ausländische Banken und die damalige Aufhebung von Zinsregulierungen war allerdings die deutsche Kreditwirtschaft gut auf die steigende Wettbewerbsintensität vorbereitet.

Der rasante Fortschritt in der Informationstechnologie war aber wohl der wichtigste Faktor für den zunehmenden Wettbewerbsdruck in den neunziger Jahren. Banken als Finanzdienstleister sind von den Änderungen in der Verarbeitung, Speicherung und Weitergabe von Informationen und den damit verbundenen Kosten besonders betroffen. Die Hürden für den Markteintritt konkurrierender Anbieter sind technisch bedingt gesunken, was sich vor allem beim Vertrieb der Bankdienstleistungen und im Zahlungsverkehr zeigt. Die Eintrittsbarrieren und somit die Gefahr des Markteintritts potentieller neuer Konkurrenten haben sich insofern geändert, als durch den Einsatz neuer Informationstechnologien die Erbringung der Bankdienstleistung zunehmend unabhängig vom Ort wird. Die Eintrittsbarriere „Aufbau eines Zweigstellennetzes" als Zugang zu Vertriebskanälen verliert wesentlich an Bedeutung.[230] So hat sich etwa der Wettbewerbsdruck auf die in der Fläche tätigen Bankengruppen durch die Direktbanken spürbar verstärkt.

Die deutschen Kreditinstitute reagierten auf die veränderten Rahmenbedingungen mit unterschiedlichen Anpassungsstrategien. Ihre weit überwiegende Ausrichtung als Universalbank mit ihrem typischen Risiko und Ertragsausgleich gab ihnen die Möglichkeit, flexibel auf Marktänderungen zu reagieren und Bankdienstleistungen entsprechend den jeweiligen komparativen Vorteilen in fast beliebiger Kombination anzubieten. So führte der zunehmende Wettbewerb im Kredit- und Einlagengeschäft zu einem forcierten Ausbau des zinsunabhängigen Geschäftes. Vor allem größere Banken bauen den Bereich des Investmentbankings stark aus. Zu diesem Geschäftsfeld zählt etwa die strukturierte Finanzierung von Großkunden, der Eigenhandel mit Wertpapie-

[229] vgl. Deutsche Bundesbank (Januar 1998), Seite 61 f.
[230] vgl. Mahler (1998), Seite 97 f.

ren, Devisen und Derivaten sowie Vermögensverwaltung. Entsprechend ist die Abhängigkeit der Ertragslage dieser Kreditinstitute von den Entwicklungen an den internationalen Finanzmärkten tendenziell gestiegen.

Als Reaktion auf den verschärften Wettbewerb kam es ferner zu einer Straffung des inländischen Filialnetzes und zu Fusionen, insbesondere innerhalb der jeweiligen Bankengruppe. Die Statistiken der Deutschen Bundesbank, wie sie in der Tabelle 15 dargestellt sind, zeigen einen erheblichen Rückgang der Anzahl von Kreditinstituten. Während 1976 noch 6.276 Kreditinstitute existierten, waren es 1997 nur noch 3.577. Mit Ausnahme des Jahres 1990, in welchem durch die deutsche Wiedervereinigung die Anzahl der Kreditinstitute stieg, ist ein kontinuierlicher Rückgang zu verzeichnen. Den prozentual größten Rückgang verzeichneten die Kreditgenossenschaften und die Privatbankiers. Regionalbanken und Zweigstellen ausländischer Banken konnten hingegen die Anzahl der Kreditinstitute erhöhen, wobei bei den Regionalbanken Umfirmierungen in andere Gesellschaftsformen zu berücksichtigen sind. Die gesunkene Zahl der Kreditinstitute ist eher auf Fusionen als auf Schließungen von bestehenden Instituten zurückzuführen. Es gab zum einen „offene Fusionen", an denen mindestens ein großer Marktteilnehmer beteiligt war. Ziel war die Bank an den Finanzmärkten neu zu positionieren oder sie auf eine Größe anwachsen zu lassen, die es ihr beispielsweise erleichtert, gewinnbringend in moderne Banktechnologien zu investieren oder in neuen Geschäftsbereichen tätig zu werden. Zum anderen fanden insbesondere zwischen kleineren Kreditinstituten „defensive Fusionen" statt, um Überkapazitäten abzubauen, die Eigenkapital- und Großkreditvorschriften zu erfüllen oder Eigenkapitalprobleme zu lösen, die auf notleidende Kredite oder begrenzten Zugang zu dem neuen Aktienkapital zurückzuführen waren.[231]

[231] vgl. Europäische Zentralbank (April 1999), Seite 52.

Zahl der Kreditinstitute und ihrer Zweigstellen

	Kreditinstitute						Zweigstellen						Bankstellen insg.					
Bankengruppe	1976	1981	1986	1990*	1990	1996	1976	1981	1986	1990*	1990	1996	1976	1981	1986	1990*	1990	1996
Insgesamt	6276	5052	4662	4170	4711	3675	37254	39821	39979	39807	43559	66663	43530	44873	44641	43977	48270	70338
Kreditbanken:	273	243	308	332	338	326	5830	5912	6382	6289	6552	7277	6103	6155	6690	6621	6890	7603
Großbanken	6	6	6	6	6	3	3040	3125	3118	3105	3234	3579	3046	3131	3124	3111	3240	3582
Regionalbanken	110	99	148	185	191	190	2480	2465	2911	2847	2976	3423	2590	2564	3059	3032	3167	3613
Zgst. ausl. Banken	49	55	62	60	60	74	39	46	36	34	34	42	88	101	98	94	94	116
Privatbankiers	108	83	92	81	81	59	271	276	317	303	308	233	379	359	409	384	389	292
Sparkassensektor:	661	610	601	586	781	620	16563	17285	17483	17521	19347	19331	17224	17895	18084	18107	20128	19951
Girozentralen	12	12	12	12	12	13	337	312	235	309	311	436	349	324	247	321	323	449
Sparkassen	649	598	589	574	769	607	16226	16973	17248	17212	19036	18895	16875	17571	17837	17786	19805	19502
Genossenschaftssektor:	5050	3943	3604	3046	3384	2510	14318	15846	15983	15800	17435	17019	19368	19789	19587	18846	20819	19529
Genossenschaftszentralen	12	10	7	4	4	4	77	47	48	31	33	42	89	57	55	35	37	46
Kreditgenossenschaften	5038	3933	3597	3042	3380	2506	14241	15799	15935	15769	17402	16977	19279	19732	19532	18811	20782	19483
Realkreditinstitute	40	38	37	36	36	34	29	31	29	49	58	305	69	69	66	85	94	339
Teilzahlungskreditinstitut	128	104					461	654					589	758				
Kreditinst. mit Sonderaufg.	19	16	16	16	18	17	31	74	80	82	98	79	50	90	96	98	116	96
Bausparkassen	19	20	20	23	23	34	21	18	20	61	63	3712	40	38	40	84	86	3746
nicht erfaßte Bankgruppen	86	78	76	131	131	133	1	1	2	5	6	18	87	79	78	136	137	151
Postbank						1						18922						18923

* Ohne neue Bundesländer

Tabelle 15: Zahl der Kreditinstitute und ihrer Zweigstellen[232]

232 vgl. Deutsche Bundesbank (Februar 1999, 1992, 1991, 1987, 1982, 1977), jeweils im Statistischen Teil. Seit 1998 wird die Gruppe „Privatbankiers" nicht mehr getrennt ausgewiesen.

Zwar hat sich die Anzahl der Kreditinstitute seit 1976 zunehmend verringert, jedoch ist die Anzahl der Zweigstellen erheblich angestiegen. Während die Geschäftsbanken 1976 noch 36.711 Zweigstellen unterhielten, waren es 1997 43.673. Es zeichnet sich also eine zunehmende Bankendichte ab, die sich jedoch auf immer weniger Institute verteilt. Im Vergleich zum europäischen Ausland gilt die deutsche Bankenlandschaft nach wie vor als zu zergliedert. Es teilen sich die zehn größten Institute gerade einmal 42 % des Marktes. Gegenüber Frankreich, wo fünf Banken über die Hälfte des Finanzsektors herrschen oder die Niederlanden, bei denen nur drei Geschäftshäuser 82 % des Geschäftes machen, gilt Deutschland als „overbanked".[233] Es ist zu vermuten, dass der Konzentrationsprozess zunehmend an Geschwindigkeit gewinnt. Der Konsolidierungsprozess im Finanzdienstleistungssektor ist zwar ein weltweites Phänomen, jedoch fand dieser bisher in erster Linie in der heimischen Kreditwirtschaft statt. Grenzüberschreitende Mergers and Acquisitions bei den großen Universalbanken waren eher die Ausnahme, obwohl es in jüngster Zeit einige derartige Transaktionen gegeben hat.[234] Es kann davon ausgegangen werden, dass die Einführung des Euro zu einem weiteren Anstieg grenzüberschreitender Geschäfte führen wird. Insbesondere durch den Wegfall der währungsbedingten Segmentierung des Marktes werden die Risiken und Kosten sowohl für die Anbieter als auch für die Nutzer von Finanzdienstleistungen verringert.[235] Auch die Bank für internationalen Zahlungsausgleich ist bei einer Untersuchung über die möglichen Auswirkungen der Europäischen Währungsunion auf den Wettbewerb am Primärmarkt für internationale Anleihen und Konsortialkredite zu dem Schluss gekommen, dass es einige Jahre nach der Einführung des Euros weniger, dafür aber größere Finanzinstitute als jetzt geben dürfte.[236]

Eine zum Größenwachstum alternative oder auch komplementäre Anpassungsstrategie ist gerade mit Blick auf den zusammenwachsenden europäischen Markt für Finanzdienstleistungen, die tendenziell erkennbare Spezialisierung und Rückbesinnung auf Kernkompetenzen. Gleichzeitig werden die Bemühungen zur weiteren Standardisierung von Bankprodukten und Automatisierung von Finanzdienstleistungen fortgesetzt, verbunden mit dem Abbau von Quersubventionierungen einzelner Produkte.

Der Trend zur Standardisierung und Automatisierung schlägt sich ferner in einer verstärkten Differenzierung der Vertriebskanäle nieder. Eine eher rück-

233 vgl. O.V. (Juni 1997a), Seite 26.

234 Als Beispiel sei die Zusammenführung der Deutschen Bank und Bankers Trust anzuführen.

235 vgl. Europäische Zentralbank (April 1999), Seite 57 und O.V. (1996a), Seite 6.

236 vgl. O.V. (1997b), Seite 24.

läufige Rolle ist derzeit für die traditionellen Zweigstellen abzusehen. Dem steht offenbar eine wachsende Bedeutung von Selbstbedienungseinrichtungen, Direktbanken und spezialisierten Filialen gegenüber, die sich stärker der Beratung bei Firmen bzw. Realkrediten sowie der Vermögensanlage und Verwaltung widmen.

Auf die zunehmende gegenseitige Abhängigkeit der nationalen Finanzmärkte und die wachsende Bedeutung des internationalen Geschäfts reagierten die deutschen Banken mit einem weiteren Ausbau ihrer ohnehin relativ starken Auslandspräsenz. Dies schlägt sich, wie aus der Tabelle 16 hervorgeht, vor allem im rasch wachsenden Geschäftsvolumen der Auslandsfilialen nieder. Zwischen 1990 und 1998 stieg die Zahl der rechtlich unselbständigen Auslandsfilialen von 103 auf 183, von denen rund 80 in EU-Ländern liegen.[237] Ihr Geschäftsvolumen erhöhte sich im gleichen Zeitraum um rund DM 1.839 Mrd. auf gut DM 2.195 Mrd. auf das sechsfache. In Relation zum Geschäftsvolumen der inländischen Institute nahm es von 7 % in 1990 auf rund 21,8 % in 1998 zu.[238]

[237] Gemessen am Geschäftsvolumen der Auslandsfilialen. Insgesamt entfielen rund 60 % auf Filialen in EU-Ländern, dabei allein 47 % aller Auslandsfilialen auf die Filialen in Großbritannien.

[238] Das Geschäftsvolumen aller inländischer Kreditinstitute betrug im Jahr 1990 DM 5.243,8 Mrd. und im Jahr 1998 DM 10.087,7 Mrd. Vgl. Deutsche Bundesbank (Februar 1999), Seite 8 f.

Auslandsniederlassungen inländischer Kreditinstitute		
	Anzahl	Geschäftsvolumen (in Mrd. DM)
Auslandsfilialen		
1990	103	356,8
1991	103	399,8
1992	121	470,1
1993	134	734,2
1994	146	878,7
1995	156	1110,0
1996	162	1305,6
1997	165	1837,4
1998	183	2195,3
Auslandstöchter		
1990	96	293,4
1991	91	321,4
1992	99	371,4
1993	98	459,3
1994	101	505,3
1995	117	576,7
1996	125	673,8
1997	131	764,9
1998	137	830,8

Tabelle 16: Auslandsniederlassungen inländischer Kreditinstitute[239]

Wie aus der Tabelle 16 weiter zu erkennen ist, sind die Auslandsfilialen rascher als die Auslandstöchter gewachsen. Deren Zahl nahm von 1990 bis 1998 um 41 auf 137 zu und deren Geschäftsvolumen stieg auf das Zweieinhalbfache (von DM 293 Mrd. in 1990 auf DM 830,8 Mrd. in 1998). Die Einführung des steuerlichen Zinsabschlages ab 1993 dürfte zur Ausweitung der Geschäftstätigkeit beigetragen haben. Ferner dürfte das relativ kräftige Wachstum der Auslandsfilialen mit dem „Europapass“ zusammenhängen. Ein weiterer Grund ist darin zu sehen, dass sich das Eigenkapital der Auslandsfilialen auf das Mutterinstitut bezieht und die Abwicklung höherer Kreditvoluminas im Ausland möglich geworden sind.

239 vgl. Deutsche Bundesbank (März 1998), Statistischer Teil, Seite 24 f. Seit dem 31.12.1998 ist eine Vergleichbarkeit der Zahlen nicht mehr gegeben.

Forderungen/Verbindlichkeiten inländischer Kreditinstitute gegenüber dem Ausland					
	Geschäftsvolumen	Kredite an ausländische Kreditinstitute und Nichtbanken		Einlagen an ausländische Kreditinstitute und Nichtbanken	
	in Mrd. DM	in Mrd. DM	in %	in Mrd. DM	in %
1990	5.412,4	589,9	10,9	329,0	6,1
1991	5.751,6	608,3	10,6	346,3	6,0
1992	6.143,1	623,4	10,1	422,8	6,9
1993	6.799,5	796,3	11,7	490,9	7,2
1994	7.205,7	747,7	10,4	583,8	8,1
1995	7.778,7	827,6	10,6	688,1	8,8
1996	8.540,5	940,9	11,0	760,0	8,9
1997	9.368,2	1.163,9	12,4	1.004,2	10,7
1998	10.355,5	1.385,2	13,4	1.266,0	12,2

Tabelle 17: Forderungen/Verbindlichkeiten inländischer Kreditinstitute gegenüber dem Ausland[240]

Das über die inländischen Kreditinstitute abgewickelte Geschäft mit Banken und Kunden im Ausland hat sich ebenfalls ausgeweitet, blieb aber, wie aus der Tabelle 17 zu sehen ist, deutlich hinter der Dynamik des über die Niederlassung geleiteten Auslandsgeschäfts zurück. Gemessen an den Krediten an ausländische Kreditinstitute und Nichtbanken hat sich zwar das Volumen seit 1990 von DM 589,9 Mrd. auf DM 1.385,2 Mrd. bis 1998 (entspricht einer Steigerung von 135 %) erhöht, bezogen auf das Geschäftsvolumen inländischer Kreditinstitute hat sich jedoch nur eine Steigerung von 10,9 % auf 13,4 % ergeben. Auch die Einlagen an ausländische Kreditinstitute und Nichtbanken haben sich im selben Zeitraum absolut gesehen von DM 329 Mrd. auf DM 1.266 Mrd. erhöht. In bezug auf das Geschäftsvolumen bleibt aber die Steigerungsrate von 100 % weit hinter der der Auslandsfilialen und Auslandstöchter zurück.

240 vgl. Deutsche Bundesbank (August 2000), Statistischer Teil, Seite 20 f. Seit 1998 ist die Vergleichbarkeit nicht mehr gegeben.

2.5. Betriebswirtschaftliche Entwicklungen

Mit dem vermehrten Einsatz von TK-Diensten steigt der Informationsgrad der Kunden über das Angebot der Banken. Beispielsweise stehen in den Treasury-Bereichen großer internationaler Firmenkunden den Banken Profis gegenüber, die sich aller Möglichkeiten der Informationsbeschaffung bedienen und den gleichen Marktüberblick haben wie die Banken.[241] Aber auch im Privatkundenbereich ergibt sich eine steigende Markttransparenz. Beispielsweise kann der Bankkunde über den Zugriff via Internet auf die verschiedenen Angebotsseiten die Konditionen einiger standardisierter Produkte verhältnismäßig einfach vergleichen. Diese relativ standardisierten Produkte, die über derartige Vertriebskanäle angeboten werden, dürften auch zu einer zunehmenden Preisempfindlichkeit der Abnehmer führen.

Wie bereits angedeutet, bringen neue mediengestützte Vertriebskanäle den Kunden eine zunehmende Unabhängigkeit vom Standort der Bank. Insbesondere im Privatkundenbereich sinken mit den Möglichkeiten des Homebanking die Umstellungskosten. Einzelne Bankgeschäfte können relativ einfach über diese neuen Vertriebswege mit verschiedenen Banken abgewickelt werden, ohne dass dabei deren Standort eine wesentliche Rolle spielt. Dies bedeutet, dass die Wettbewerbsvorteile, die in einem dichten Zweigstellennetz begründet sind, in Zukunft weniger Bedeutung haben dürften.

Die Änderung des Informationsstandes bzw. die Verringerung der Informationsasymmetrie unterstützt die Erhöhung der in den letzten Jahren zu beobachtender Kundensouveränität. Die deutschen Bankkunden befinden sich in einem Emanzipationsprozess. Steigende Anforderungen hinsichtlich Beratungs- und Betreuungsqualität sowie steigendes Renditebewusstsein sind die wesentlichen Faktoren, die zu dieser Entwicklung beitragen. Gute Konditionen sowie fachlich gute Beratung und Betreuung werden aus Kundensicht immer mehr als Basisvoraussetzungen für eine langjährige Geschäftsbeziehung angesehen. Ertragsstarke Produkte sowie die Kosten-/Nutzenbetrachtung stehen immer stärker im Vordergrund. Die traditionellen Spareinlagen haben für die Kunden nicht mehr die ursprüngliche Bedeutung; eine Änderung der Sparstrukturen hat stattgefunden. Ertragsstarke Produkte, wie z.b. Wertpapiere oder Versicherungsanlagen, gewinnen zunehmend an Bedeutung.

[241] vgl. Rauch (1996), Seite 103.

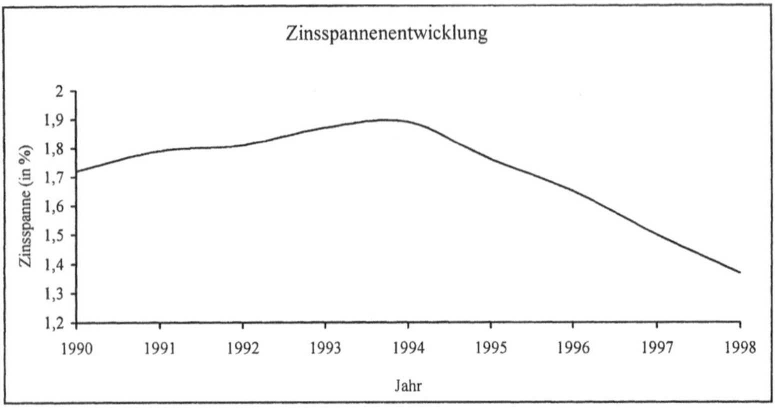

Abbildung 11: Zinsspannenentwicklung[242]

Aufgrund der verteuerten Passivseite und der nicht entsprechenden Erhöhung der Kreditzinsen hat sich, wie aus der Abbildung 11 zu erkennen ist, die Zinsspanne seit 1994 kontinuierlich nach unten bewegt und lag im Jahr 1999 nur noch bei 1,28 %. Gegenüber dem Jahr 1994 ergibt sich ein Zinsspannenverlust von 32,3 %. Der Druck auf die Preise, das Verlangen nach Qualität und nach sonstigen Leistungen werden tendenziell weiter zunehmen.[243] Hinzu kommt ein unmittelbarer Preisdruck auf Finanzdienstleistungsprodukte durch die Liberalisierung der Finanzmärkte.[244] Die zu beobachtende Zunahme von Mehrfachbankverbindungen und die nachlassende Bankloyalität dürfte auch nicht zuletzt mit den skizzierten Veränderungen im Zusammenhang stehen.[245] Entgegenwirken können die Banken diesen steigenden Kräften nur, indem sie sich diesen Herausforderungen stellen und auch weiterhin Maßnahmen zur Kundenbindung ergreifen, wie etwa eine Differenzierung durch eine qualitativ hochstehende Beratung.

Den Einfluss, den die neuen IK-Technologien auf die Gestaltung der Leistungskette sowie auf deren Relevanz für die verschiedenen Geschäftsfelder der Banken haben, wurde bereits aufgezeigt. Hieraus wurde ersichtlich, welchen Veränderungen die bestehenden Wettbewerber mit der vermehrten Nutzung neuer TK-Dienste unterworfen sind. Viele Bereiche des Bankgeschäftes nehmen nunmehr mit zunehmender IK-Technologie-basierten Leistungserstel-

---

242 vgl. Deutsche Bundesbank (September 2000), Seite 47 f.
243 vgl. Schulz/Iannance (1993), Seite 8.
244 vgl. Wichmann (1996), Seite 1.
245 vgl. Rauch (1996), Seite 116.

lungsprozessen den Charakter von Fixkostengeschäften an.[246] Der Aufbau neuer technologischer Infrastrukturen ist daher nur bei genügenden Volumina zu gerechtfertigen, wozu eine gewisse Größe und Eigenkapitalausstattung notwendig ist.[247] Berücksichtigt man den höheren Fixkostenanteil sowie den zunehmenden Margendruck, müssen zukünftig höhere Volumina abgewickelt werden, was andere Anforderungen an die Betriebsgrößen stellt.

Daneben sind effizientere Leistungserstellungsprozesse immer wichtiger. In diesem Zusammenhang sind die unter dem Begriff „lean banking" zusammengefassten Maßnahmen zu erwähnen. Durch Verlagerung der Bereiche nach außen (outsourcing), durch eine geringere Fertigungstiefe der Bankdienstleistungen, durch Zukauf von Fremdleistungen sowie durch eine flache Hierarchie in der Organisationsstruktur sollen die Kosten gesenkt werden. Durch Unternehmenszusammenschlüsse versucht man Kostendegressionen zu realisieren.[248] Die Tabelle 18 stellt die Entwicklung der allgemeinen Verwaltungskosten[249] seit 1991 dar. In absoluten Beträgen haben die allgemeinen Verwaltungskosten seit 1991 um 78,8 % auf DM 136,6 Mrd. in 1999 zugenommen. Auch hat sich in bezug auf das Zins- und Provisionsergebnis von 1994 bis 1999 eine prozentuale Steigerung von 2 % ergeben. Diese Entwicklung ist zum einen auf die sinkende Zinsspanne und anderseits auf die steigenden Verwaltungskosten zurückzuführen. Die Existenz von Größeneffekten kommt durch die 4. Spalte der Tabelle 18 zum Ausdruck, denn prozentual zum durchschnittlichen Geschäftsvolumen sind die Verwaltungskosten rückläufig gewesen. Die Größeneffekte haben allerdings nicht ausgereicht die sinkende Zinsspanne zu kompensieren.

---

[246] vgl. Picot (1996), Seite 54 f. und Steiner/Teixeira (1990), Seite 66 f.

[247] vgl. Rauch (1996), Seite 102.

[248] vgl. Jacquemin (1989), Seite 40.

[249] Die allgemeinen Verwaltungskosten beinhalten neben den Personalkosten alle anderen Verwaltungskosten, einschließlich Abschreibungen und Wertberichtigungen auf immaterielle Anlagewerte und Sachanlagen. Nicht enthalten sind Abschreibungen und Wertberichtigungen auf Leasinggegenstände.

Entwicklung der allgemeinen Verwaltungsaufwendungen			
	Allgemeine Verwaltungsaufwendungen		
	in Mrd. DM	in % zum Zins- und Provisions-ergebnis	in % des durchschnittlichen Geschäfts-volumen
1991	76,4	68,7	1,49
1992	83,7	67,8	1,50
1993	94,9	65,2	1,49
1994	98,8	61,4	1,39
1995	105,2	65,5	1,38
1996	110,0	64,7	1,29
1997	116,9	65,4	1,21
1998	125,2	67,9	1,16
1999	136,6	70,1	1,15

Tabelle 18: Entwicklung der allgemeinen Verwaltungskosten[250]

Höhere Fixkosten üben grundsätzlich gleichzeitig aber auch Druck auf Unternehmen aus, ihre Kapazitäten auszulasten. In Verbindung mit den bei einigen IK-basierten Leistungserstellungsprozessen, insbesondere bei den komplett IK-technologisch abgebildeten Leistungsketten und der eigentlichen Anwendung vorgelagerter Wertschöpfungsstufen[251] auftretenden Größenvorteile, lässt auch unter diesem Aspekt eine Intensivierung des Wettbewerbs erwarten. Auf der anderen Seite werden jedoch vielfach Kapazitäten aufgebaut, die nur begrenzt möglichem Branchenwachstum gegenüber stehen und zu Überkapazitäten führen. In Verbindung mit diesen Leistungserstellungsprozessen zugrundeliegenden Kostenstrukturen kann dies zu einem Verdrängungswettbewerb führen.[252] Angesichts der hohen Investitionen in Informations- und Kommunikationssysteme und der dafür notwendigen Eigenmittel wird zukünf-

[250] vgl. Deutsche Bundesbank (September 2000), Seite 47 f.

[251] Bei derartigen Prozessen handelt es sich im Grunde genommen um einen TK-Dienst, der in diesem Fall bankrelevante Informationen überträgt. Bei derartigen, TK-basierten Prozessen der Leistungserstellung wird entsprechend auch von „Prozessen mit Mehrwertdienstcharakter" gesprochen, mit den entprechenden Implikationen, wie insbesondere die einige TK-Dienste vorgelagerter Wertschöpfungsstufen kennzeichnenden Skaleneffekte. Vgl. Picot (1996), Seite 67.

[252] vgl. Picot (1996), Seite 56.

tig eine Zunahme der Wettbewerbsintensität auch aufgrund von Überkapazitäten erwartet.

Die dargestellten Entwicklungen und Anforderungen zeigen, dass es für kleinere Institute immer schwieriger wird, unabhängig zu bleiben. Der zunehmende Margendruck sowie die überlebensnotwendigen Kostendegressionen lassen sich nur über eine angemessene Betriebsgröße realisieren, die aber wiederum eine bestimmte Eigenkapitaldecke erfordert. Nicht zuletzt dürfte darin ein Grund für die Aufgabe der rechtlichen Selbständigkeit kleinerer Institute liegen. Auch kann darauf aufbauend eine weitere Zunahme des Konzentrationsprozesses erwartet werden.

2.6. Positionierung der Anbieter von Finanzdienstleistungen

Zu den eigentlichen Anbietern von Finanzdienstleistungen zählen ausschließlich Banken. Betrachtet man jedoch Bankdienstleistungen als originäre und derivative Finanzdienstleistungen, müssen Nearbanks[253] und Nonbanks[254] mitberücksichtigt werden. Unter originären Finanzdienstleistungen versteht man Dienstleistungen, die zur Erfüllung einer oder mehrerer finanzwirtschaftlicher Funktionen beitragen oder ihre Erfüllung ganz übernehmen. Derartigen Funktionen sind bei den privaten Haushalten das Einnehmen und Ausgeben von Geldern, das Sparen und die Vermögensbildung und die Verteilung der Gelder im Sinne von Transaktionen. Neben der reinen Produktkomponente umfasst der Begriff „Finanzdienstleistungen“ auch eine Beratungskomponente. Diese Funktion oder derivative Finanzdienstleistung genannt, wird überwiegend als qualitatives Merkmal oder Nebenleistung einer einzelnen Marktleistung gesehen.[255]

Diese Finanzdienstleistungen werden durch die Finanzintermediäre erbracht, zu denen vorwiegend die Banken zählen. Aber auch Nearbanks, wie Bausparkassen, Kreditkartenorganisationen, Kapitalanlagegesellschaften, Wertpapierbroker, Leasinggesellschaften und Factoringgesellschaften sowie Nonbanks, wie Versicherungen und Handelsunternehmen, bieten originäre

[253] Unter Nearbanks sind Unternehmen und Institutionen zu verstehen, die nicht direkt zum Bankensektor rechnen, jedoch den Bankgeschäften ähnliche Geschäfte betreiben. Vgl. Büschgen (1997), Seite 935.

[254] Unter Nonbanks sind Unternehmen des reinen Nichtbankensektors zu verstehen. Sie betreiben in mehr oder weniger großem Umfang bestimmte Bankgeschäfte, um den Absatz ihrer eigentlichen Hauptleistung zu fördern oder auch als zusätzliche Ertragsquelle. Soweit dies nicht über Tochtergesellschaften mit Banklizenz erfolgt, ist dies in Deutschland nicht möglich. Vgl. Büschgen (1997), Seite 950.

[255] vgl. Wentlandt (1993), Seite 25 f.

und derivative Finanzdienstleistungen an und stehen somit in Konkurrenz zu dem Angebot der Banken.[256]

Banken	- Großbanken - Regionalbanken - Privatbankiers - Sparkassen - Genossenschaftsbanken - Spezialkreditinstitute - Direktbanken
Nearbanks	- Bausparkassen - Kreditkartenorganisationen - Kapitalanlagegesellschaften - Wertpapierbroker - Leasinggesellschaften - Factoringgesellschaften
Nonbanks	- Versicherungen - Handelsunternehmen

Tabelle 19: Anbieter von originären und derivativen Finanzdienstleistungen

Neben den originären und derivativen Finanzdienstleistungen gibt es auch noch die atypische Finanzdienstleistungen, bei denen die Beratung nicht mehr einzelnen Leistungsarten zuordenbar ist. Bei dieser Form steht nicht der Verkauf von Produkten, sondern ausschließlich die Beratungsleistung im Vordergrund. Es wird die Beratungsleistung als solche honoriert, ohne dass für einen Verkauf Provisionseinnahmen erhoben werden. Zu den Anbietern dieser atypischen Finanzdienstleistungen gehören vorwiegend Freiberufler, wie Steuerberater, Wirtschaftsprüfer, Finanzberater und Rechtsanwälte.[257] Sie unterscheiden sich demnach im Leistungsangebot erheblich und können mit den originär und derivativen Finanzdienstleistungsanbietern nicht direkt verglichen werden.[258]

Aufgrund der Allfinanzbewegung[259] haben sich eine Vielzahl von Instituten gegenseitig beteiligt bzw. kooperieren im Marketing. Beispielsweise haben sich im öffentlich rechtlichen und im genossenschaftlichen Sektor große Finanzdienstleistungsverbundgruppen gebildet, die mit Bausparkassen, Kapitalanlagegesellschaften, Versicherungen, etc. feste Kooperationen eingegangen

256 vgl. Stracke (1992), Seite 40.
257 vgl. Stracke (1992), Seite 40.
258 vgl. Wentlandt (1993), Seite 25 f.
259 vgl. Ellgering (1990), Seite 442.

sind. Großbanken haben häufig eigene Bausparkassen gegründet und sich bei Versicherungsunternehmen beteiligt. Zusätzlich zu diesen Erscheinungen im Marketing bahnt sich auf der Produktionsebene eine Substitutionskonkurrenz im Lebensversicherungsbereich in Form von Wertpapier-, Immobilienfonds, langfristigen Sparplänen, von Immobilienbesitz als Altersvorsorge und von Bausparen als flexibler Spareinlage an.[260] So stellt beispielsweise bei der Allianz AG die Vermögensverwaltung eines ihrer Kerngeschäftsfelder dar.[261]

Als Konsequenz dieser Entwicklung wird sich die Konkurrenzsituation in den Finanzdienstleistungsmärkten für alle Anbieter erheblich verschärfen. Mehr und mehr entwickeln sich die Märkte zu Käufermärkten. Die Wettbewerbsintensität nimmt zu. Bei diesen Marktverhältnissen kommt es für die Anbieter entscheidend darauf an, sich klar von den Konkurrenten zu unterscheiden und die Kundenprobleme besser zu lösen als die Mitbewerber.[262]

Diese stark vereinfachte aktuelle Marktsituation deutet bereits eine gewisse Problematik der eindeutigen Positionierung im Wettbewerbsumfeld an. Betrachtet man bei den Möglichkeiten einer Positionierung bzw. Neupositionierung die Angebots- und Beratungsdimension, ergibt sich durch die Kombination beider Anbietermerkmale ein zweidimensionaler Raum. Abbildung 12 zeigt beispielhaft eine mögliche Grobpositionierung der gegenwärtigen Finanzdienstleister, aus der hervorgeht, wo Privatbankiers derzeit positioniert sind. Hinsichtlich der dargestellten Marktpositionierung fällt auf, dass sich im Rahmen des sogenannten „strategischen Korridors", auf den sich in der jetzigen Situation alle Unternehmens- und Marketingstrategien konzentrieren, künftig eine verstärkte Polarisierung von Allfinanz- und Spezialfinanzanbietern ergeben wird. Während die Mehrzahl der Unternehmen aufgrund der skizzierten Entwicklungsdynamik ihre Positionierung in die beiden oberen Quadrate verschieben, werden sich Spezialanbieter aufgrund begrenzter Ressourcen und dem Ziel einer Beibehaltung ihrer Nischenstrategie weiterhin eher auf die unteren Quadrate konzentrieren. Es ist davon auszugehen, dass sich Privatbankiers zur Verbesserung ihrer Wettbewerbsposition weiter nach rechts bewegen werden.

---

260 vgl. Stracke (1992), Seite 41 f.

261 vgl. O.V. (1999a), Seite 29.

262 vgl. Wentlandt (1993a), Seite 405 f.

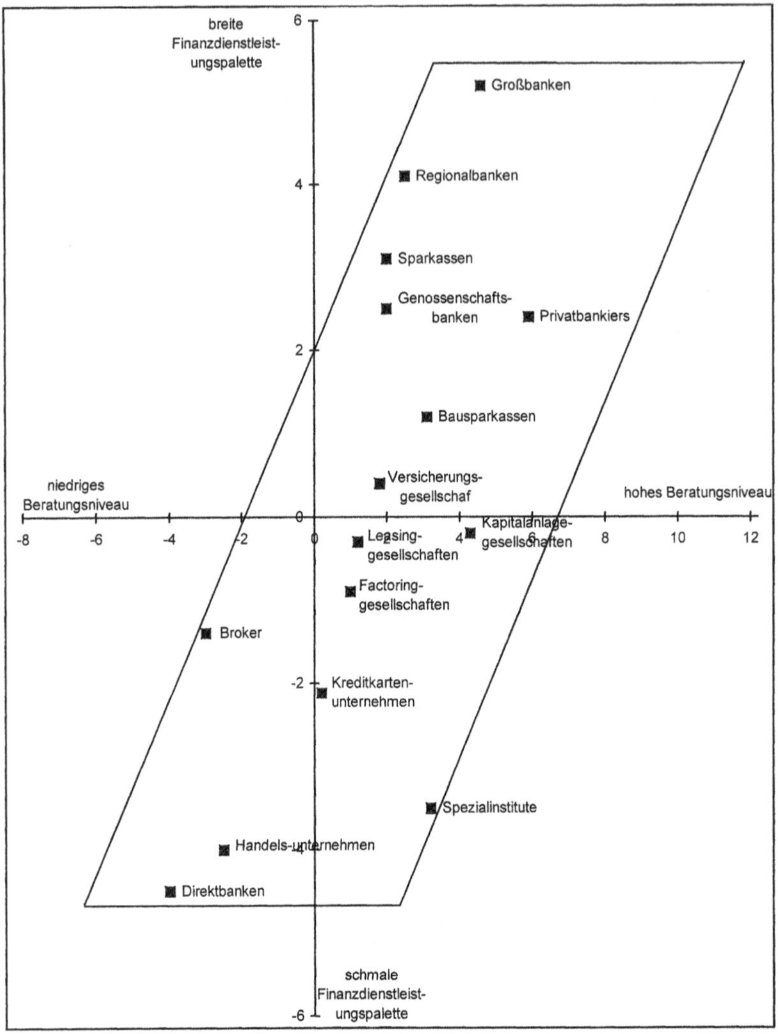

Abbildung 12: Positionierung von originären und derivativen Finanzdienstleistungsanbieter

Über die Angebots- und Beratungsdimensionen hinaus bildet die räumliche Abdeckung ein drittes Positionierungskriterium. Hierbei wird entschieden, ob der Finanzdienstleister lokal, regional, national oder international tätig sein oder tätig werden soll. In der Mehrzahl der Praxisfälle ist gegenwärtig aufgrund von Markt-Stagnationstendenzen und der zunehmenden Globalisierung der Märkte eindeutig eine Tendenz zur Erweiterung des Absatzgebietes feststellbar. Viele große deutsche Finanzdienstleister, wie beispielsweise die deutschen Großbanken und Versicherungsgesellschaft, verfügen im fortgeschrittenen Stadium bereits über internationale und globale Vertriebsnetze.

3. Determinanten der Wettbewerbsstrategien

3.1. Definitionen

3.1.1. Strategie

Der Strategiebegriff ist zunehmend zu einem Modebegriff geworden, der häufig alles das beschreiben soll, was sich einer konkreten Erfassung entzieht. So hat der Begriff „Strategie", der etwa Mitte des 20. Jahrhunderts im Rahmen der Spieltheorie in die Betriebswirtschaftslehre aufgenommen wurde,[263] in der Literatur höchst unterschiedliche Abgrenzungsversuche erfahren.[264] Von Unternehmungsberatungen wird der Begriff „Strategie" oft als „Kräfte auf die entscheidenden Stellen konzentrieren" oder „von Anfang an so handeln, dass am Ende Erfolg eintritt" beschrieben, was jedoch kaum als Ansatz eines Definitionsversuches eingestuft werden kann. In abstrakter Form kann die Strategie als ein Muster von Entscheidungen[265] oder Aktionen und Handlungen[266] umschrieben werden. Dieses Muster lässt sich als ein Handlungsprogramm einer Unternehmung auffassen[267], d.h. Strategien bilden Verhaltensrichtlinien[268]. Sie sind Grundsatzentscheidungen, die sicherstellen sollen, dass die übergeordneten Unternehmensziele unter Beachtung der Umweltgegebenheiten und der Unternehmensressourcen erreicht werden.[269] Bei Strategien handelt es sich somit um grundsätzliche Entscheidungen über die Vorgehensweise zur Zielerreichung, was sie letztendlich zu einem Mittel der Zielerreichung macht. Die Unternehmensziele hingegen bilden den Ausgangspunkt.[270]

Strategische Entscheidungen haben nicht nur eine besondere Bedeutung für das Unternehmen, sondern sind auch äußerst komplex und schlecht strukturiert.[271] Damit wird gleichzeitig deutlich, dass strategisch nicht alleine mit der Langfristplanung gleichzusetzen ist, sondern dass in der „Stärke und Dauer der Erfolgswirkung" das relevante Kriterium zu sehen ist.[272] So betont dann auch Gälweiler, dass es nicht weiterführe, wenn alle Entscheidungen, die für

263 vgl. Gälweiler (1987), Seite 56; Neumann/Morgenstern (1973), Seite 79.

264 vgl. Bracker (1980), Seite 219 f; Hinterhuber (1996), Seite 17 f; Kreikebaum (1997), Seite 17 f; Welge/Al-Laham (1992), Seite 165 f.

265 vgl. Mintzberg (1978), Seite 935.

266 vgl. Mintzberg/Waters (1985), Seite 257.

267 vgl. Heß (1991), Seite 47 f.

268 vgl. Ansoff (1990), Seite 31.

269 vgl. Hofer/Schendel (1989), Seite 25; Noetel (1993), Seite 55; Segler (1981), Seite 237.

270 vgl. Adrian (1989), Seite 27; Heß (1991), Seite 48; Kolks (1990), Seite 28; Schreyögg (1984), Seite 133.

271 vgl. Arnold (1981), Seite 290.

272 vgl. Gutenberg (1971), Seite 140.

die Zukunft einer Unternehmung wichtig seien oder alle Entscheidungen mit langfristiger Wirkung als strategisch eingestuft werden.[273]

Strategische Entscheidungen dienen der dauerhaften Unternehmenssicherung. Ein Hauptanliegen jeder Strategie ist in der Erschließung und Sicherung von Erfolgspotentialen zu sehen.[274] Aus diesen Überlegungen resultiert, dass es sich bei Strategien nicht um exakt quantifizierbare Sachverhalte handeln kann, sondern lediglich um „quantitative Vermutungen", d.h. das herauszuziehende Zahlenmaterial ist lediglich mit „hinreichender Genauigkeit" zu schätzen.[275] Im Rahmen von Strategien erlangen damit qualitative Erwägungen eine besondere Bedeutung.[276]

Alle Strategien haben gemeinsam, dass sie sich auf das Verhältnis zwischen Organisation und Umwelt beziehen.[277] Strategien können damit als Verhaltensmuster[278] beschrieben werden, die unter Beachtung der Umwelt und der Ressourcen bestrebt sind, Erfolgspotentiale zu erschließen und zu sichern. Sie stellen gleichzeitig den Rahmen für die taktische und operative Ebene dar.

3.1.2. Strategietypologie

In der Literatur liegt eine fast unüberschaubare Anzahl unterschiedlicher Einteilungen von Strategien vor. Die folgende Tabelle 20 gibt einen Überblick über die unterschiedlichen Ansatzpunkte, wobei eine Vollständigkeit nicht vorliegt.[279]

---

273 vgl. Gälweiler (1987), Seite 56.
274 vgl. Gälweiler (1979), Seite 253; Köhler (1981), Seite 264.
275 vgl. Hering (1995), Seite 5.
276 vgl. Kreikebaum (1997), Seite 18.
277 vgl. Werkmann (1989), Seite 27.
278 vgl. Görgel (1992), Seite 9.
279 vgl. Adrian (1989), Seite 27 f.; Kolks (1990), Seite 49; Kreikebaum (1997), Seite 58; Hax/Majluf (1991), Seite 41 f.

Kriterium	Strategien
Betrachtungsebene	Unternehmensstrategie Geschäftsfeldstrategie Funktionalstrategie
Strategisches Grundprinzip/ Basis des Wettbewerbs-vorteils	Kostenführerschaftsstrategie Differenzierungsstrategie Konzentrationsstrategie
Funktionsbereich	Beschaffungsstrategie Produktionsstrategie Absatzstrategie F&E-Strategie Investitionsstrategie Finanzierungsstrategie Personalstrategie
Zielpruppenabdeckung	Globale Strategie Konkrete Strategie
Marktverhalten	Beeinflussungsstrategie Anpassungsstrategie
	Angriffsstrategie Verteiligungsstrategie
	offensive Strategie defensive Strategie
Produkt-Markt-Kombination	Marktdurchdringung Marktentwicklung Produktentwicklung Diversifikation
Entwicklungsrichtung	Wachstumsstrategie Schrumpfungsstrategie Stabilisierungsstrategie Selektive Strategie
intendiert-nicht intendiert realisiert-nicht realisiert	Unrealized Strategy Deliberate Strategy Emergent Stratcgy

Tabelle 20: Strategieausprägungen[280]

[280] Unter globaler Strategie ist die grundsätzliche Handlungsorientierung der Unternehmung und ihre Geschäftseinheiten als Ganzes zu verstehen. Bei der konkreten Strategie geht es um die Festlegung der strategischen Handlungsorientierung gegenüber einzelnen Zielgruppen.

Von zentraler Bedeutung für die weiteren Überlegungen ist die Untergliederung in Unternehmensstrategien, Geschäftsfeldstrategien und Funktionalstrategien[281], wie sie aus Abbildung 13 hervorgehen.

Als vierte Kategorie wird teilweise die „geschäftspolitische Strategie" erwähnt, die sich mit der Legitimation unter Einbindung der Unternehmung in die Gesamtwirtschaft und die Gesellschaft befasst. Gemäß Görgel soll diese Strategieebene die Frage beantworten, welche Haltung das Unternehmen zu den existierenden und sich abzeichnenden gesellschaftlichen Problemen einzunehmen hat, welchen allgemeinen Auftrag das Unternehmen erfüllen will und welche Geschäftsgrundsätze hierbei gelten sollen.[282] Für die weiteren Überlegungen ist diese Strategieebene nicht von Interesse, so dass auf eine Thematisierung verzichtet werden kann. Dem gegenüber sollen die drei anderen Strategietypen, die letztendlich eine Strategiehierarchie bilden, weiter spezifiziert werden.

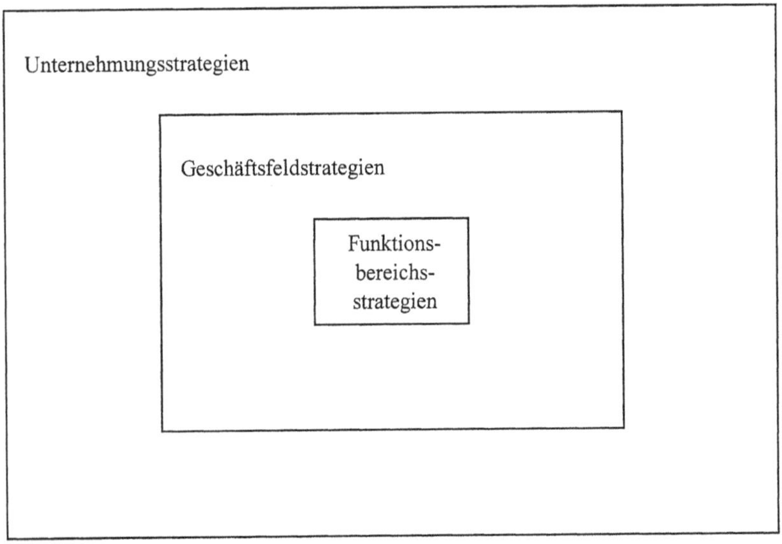

Abbildung 13: Strategiehierarchie

[281] vgl. Ansoff (1979), Seite 30 f.; Fombrun(1983), Seite 193; Görgel (1992), Seite 20 f.; Hax/Majluf (1991), Seite 62; Hinterhuber (1990), Seite 60 f.; Hofer/Schendel (1989), Seite 12; Welge/Al-Laham (1993), Seite 195 und Seite 199; Wheelen/Hunger (1995), Seite 7 f.

[282] vgl. Görgel (1992), Seite 21.

Die Unternehmensstrategien geben Antwort auf die Frage, in welchen Märkten oder Geschäftsfeldern eine Unternehmung aktiv werden möchte. Es geht somit um die Aufteilung der Gesamtaktivitäten auf strategische Geschäftseinheiten, wobei man als Ergebnis ein Portfolio von Geschäftseinheiten erhält.

Bei der Bildung von Geschäftsfeldern stellen gewöhnlich die Produkte die Bezugsbasis dar. Es geht um die Festlegung von Produkt-Markt-Kombinationen (strategische Geschäftseinheit). Es werden klar abgrenzbare Subeinheiten in dem Unternehmen zu strategischen Geschäftseinheiten generiert.[283] Den strategischen Geschäftseinheiten obliegt damit die Aufgabe, Wettbewerbsvorteile langfristig zu erhalten bzw. zu verbessern. Sie sollen dazu beitragen, eine vorteilhafte Wettbewerbsposition zu erreichen und den Unternehmenserfolg zu sichern. Die Produkt-Markt-Kombination wird damit zum zentralen Aktionsparameter. In diesem Kontext wird von Wettbewerbsstrategien gesprochen.[284] Wettbewerbsstrategie ist die Wahl von offensiven oder defensiven Maßnahmen, die geeignet erscheinen, eine gefestigte Branchenposition zu schaffen um mit den Wettbewerbskräften fertig zu werden und am Markt bestehen zu können.[285] Die Wettbewerbsstrategie gibt eine Antwort auf die Frage nach der Art und Weise, wie eine Unternehmung sich mit einer Wettbewerbssituation auseinandersetzt.[286]

Im Gegensatz zu den bisher dargestellten Strategietypologien beziehen sich die Funktionalstrategien auf richtungsorientierte Teilbereiche, wie etwa der Beschaffung, Produktion und des Absatzes.[287] So zielt etwa die Produktionsstrategie auf die Entscheidungstatbestände, die sich aus der Produktionsaufgabe, der Produktionsstruktur und dem Produktionsprozess ergeben.[288] Diese Sichtweise, die insbesondere auf die Wertkette und durch die zunehmende Bedeutung technologischer Aspekte im Rahmen strategischer Überlegungen forciert wurde[289], wird jedoch in der Literatur kontrovers diskutiert. Demgegenüber spricht Schreyögg explizit nicht von Funktionalstrategien, sondern

---

283 „Strategische Geschäftseinheiten“ sind als organisatorische Subsysteme anzusehen, denen strategische Subautonomien zugesprochen werden. Vgl. Werkmann (1989), Seite 167. „Strategische Geschäftseinheiten“ nach Produkt-Markt-Kombinationen setzen voraus, dass die Einheiten unabhängig voneinander sind und die einzelnen Produkt-Markt-Kombinationen klar abgrenzbar sind. Ferner müssen sich mit ihnen Wettbewerbsvorteile erzielen lassen. Vgl. Abell (1980), Seite 18 f. und 169 f.; Adrian (1989), Seite 82; Felzmann (1982), Seite 44; Köhler (1981), Seite 272 f.

284 vgl. Kolks (1990), Seite 17; Porter (1989), Seite 17.

285 vgl. Porter (1999a), Seite 25 f.

286 vgl. Olemotz (1995), Seite 32.

287 vgl. Kolks (1990), Seite 30; Welge/Al-Laham (1992), Seite 250 f.

288 vgl. Gröger (1992), Seite 101.

289 vgl. Welge/Al-Laham (1992), Seite 257 f.

von funktionalen Programmplänen[290] und Hinterhuber von funktionalen Politiken[291] und ordnet sie dem Bereich der Taktik zu. Letztendlich wird jedoch zunehmend auf die Bedeutung der Produktion im Rahmen einer erfolgreichen Umsetzung von Geschäftsfeldstrategien hingewiesen, woraus die Notwendigkeit einer Abstimmung resultiert.[292]

3.1.3. Wettbewerbsvorteile

Wettbewerbsvorteile sind Positionsvorteile eines Anbieters im Vergleich zur Konkurrenz.[293] Dies bedeutet, dass sie aus dem Vergleich zwischen der Konkurrenz resultieren und damit keine absoluten Vorteile darstellen.[294] Ein strategischer Wettbewerbsvorteil ist nach Simon dann gegeben, wenn sich der Vorteil für den Kunden auf ein wichtiges Leistungsmerkmal bezieht, das von dem Kunden tatsächlich wahrgenommen wird und von der Konkurrenz nicht schnell einholbar ist, d.h. eine gewisse Dauerhaftigkeit aufweist.[295]

Damit kann letztendlich jedes, für eine Erfolgsposition relevantes Umfeld- und Unternehmensmerkmal, wie beispielsweise Preis, Qualität, Flexibilität, Individualität, Service, usw. als strategischer Vorteil gesehen werden.[296] Aus Sicht der Unternehmung gehen Wettbewerbsvorteile mit der Konsequenz einher, dass sich ein reaktionsfreier Gestaltungsspielraum, d.h. ein quasi monopolistischer Spielraum ergibt, in dem eine geringe Nachfrageelastizität gegeben ist.[297] Dieser monopolistische Bereich führt bei einem heterogenen Polypol zu einer doppelt geknickten Preis-Absatz-Funktion, die der Unternehmung die Möglichkeit bietet, am Markt ähnlich einem Monopolisten zu agieren. Damit ist es notwendig, nicht nur seine Wettbewerbsvorteile, sondern die sich daraus ergebenden Gestaltungsspielräume zu erkennen. In dieser Sichtweise lassen sich Wettbewerbsvorteile dann als quasi monopolistische Spielräume interpretieren, die sich für eine bestimmte Marktleistung einer Unternehmung ergeben.[298]

---

290 vgl. Schreyögg (1993), Seite 124 f.
291 vgl. Hinterhuber (1990), Seite 24.
292 vgl. Noetel (1993), Seite 220 und Skinner (1974), Seite 115 f.
293 vgl. Engelhardt/Freiling (1995), Seite 11.
294 vgl. Zäpfel/Pölz (1987), Seite 257 f.
295 vgl. Simon (1988), Seite 464 f.
296 vgl. Krüger/Homp (1996b), Seite 4.
297 vgl. Faix/Görgen (1994), Seite 164 und Schreyögg (1993), Seite 27.
298 vgl. Faix/Görgen (1994), Seite 163.

Aus Nachfragersicht liegt dann eine überlegene Leistung vor, wenn entweder der Preis einer Leistung bei gegebenem Nutzen niedriger oder der Nutzen bei gegebenem Preis höher ist, als dies bei der Konkurrenz der Fall ist.[299]

Nach Porter sind Wettbewerbsvorteile entweder Differenzierungs- oder Kostenvorteile und zwar bezogen auf ein Produkt oder Geschäftsfeld.[300] Zur Identifikation von Wettbewerbsvorteilen schlägt Porter die sogenannte Wertkette (value chain) vor, die ein Instrument zur Unterstützung der unternehmerischen Aktivitäten und deren Wechselbeziehungen ist.[301] Mit ihrer Hilfe lässt sich die Unternehmung gedanklich durchdringen und disaggregieren, wie dies in Abbildung 14 dargestellt ist.

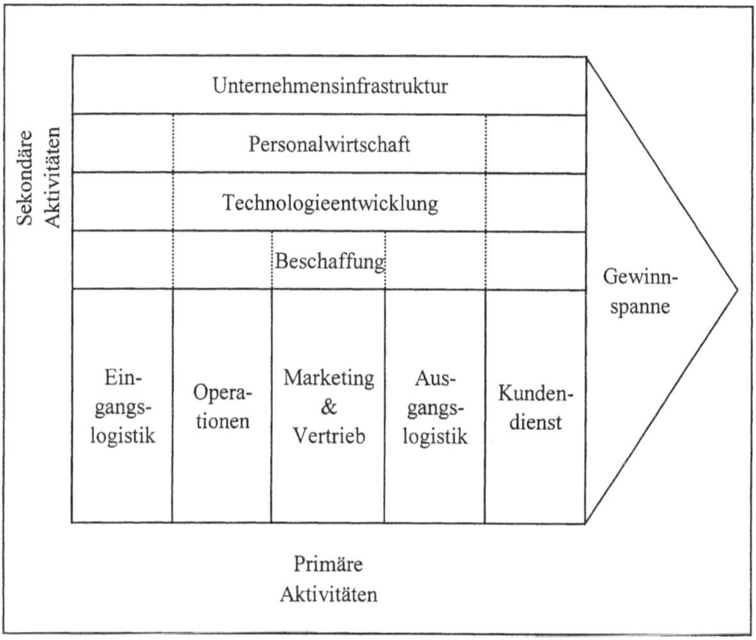

Abbildung 14: Wertkette nach Porter

Die Wertkette ist damit ein System von miteinander verknüpften Aktivitäten, wobei nicht ganz ohne Willkür zwischen primären und sekundären Wertschöpfungsaktivitäten unterschieden wird. Während erstere die Bausteine des Leistungsprozesses, wie Eingangslogistik, Leistungserstellung (Operationen),

[299] vgl. Rollberg (1996), Seite 14 f.
[300] vgl. Porter (1999b), Seite 70 f.
[301] vgl. Porter (1999a), Seite 63 f.; Esser (1991), Seite 194; Görgel (1992), Seite 27.

Ausgangslogistik, Marketing/Vertrieb und Kundendienst umfassen, gehören zu den sekundären Aktivitäten Beschaffung, Technologieentwicklung, Personalwirtschaft und Infrastruktur. Welche Aktivitäten für die Erreichung von Wettbewerbsvorteilen von besonderer Bedeutung sind, hängt von der einzelnen Unternehmung und der jeweiligen Branche ab. Dabei wird jede Aktivität auf ihre Wertschöpfung geprüft und in eine psychische und eine informationsverarbeitende Komponente zerlegt.

Die Forschungen Porters, die sich überwiegend den Erfolgsfaktoren von Industriebetrieben widmen, berücksichtigen nicht die strukturellen Besonderheiten des Bankensektors. Das Wertkettenkonzept kann deshalb nicht unmodifiziert auf Kreditinstitute angewandt werden. Porter selbst weist darauf hin, dass Wertketten von Branche zu Branche, ja häufig sogar von Unternehmen zu Unternehmen verschieden sind. Bezeichnungen für Wertaktivitäten sind willkürlich und sollten so gewählt werden, dass sie die beste Einsicht in den Geschäftsbetrieb ermöglichen. Die von Porter genannten Aktivitäten führen im Dienstleistungsgewerbe oft zur Verwirrung, da Operationen, Marketing und Kundenbetreuung häufig verknüpft sind.[302]

Die unterstützenden Wertaktivitäten bereiten bei der Übertragung auf den Bankensektor weniger Probleme als die primären Aktivitäten. Wie in allen Unternehmen umfasst die Wertaktivität „Unternehmensinfrastruktur“ auch bei den Kreditinstituten alle zentralen Dienste, die im Zusammenhang mit dem gesamten Unternehmen stehen und auf alle Aktivitäten Einfluss haben, wie Planung, Verwaltung, Rechnungswesen und Organisation, Betriebsklima, Unternehmenskultur, etc. Charakteristisch für Privatbankiers ist die Unabhängigkeit und die Führung durch Eigentümerpersönlichkeiten, was die Unternehmensinfrastruktur prägt und sie von Instituten anderer Gruppierungen deutlich unterscheidet. Die Aktivität „Personalwirtschaft“ der Kreditinstitute umfasst die Einstellung, die Aus- und die Fortbildung von Mitarbeitern. Qualifikation und Persönlichkeit der Mitarbeiter sind für den Erfolg einer Bank entscheidend. Zur unterstützenden Tätigkeit „Technologieentwicklung“ zählt Porter jegliche Aktivitäten, die auf Produkt- und Verfahrensverbesserungen zielen. Da im Bankenbereich kaum Forschungs- und Entwicklungsabteilungen bestehen, setzt sich die Technologieentwicklung dort aus Aufgaben der Datenverarbeitung, Informationsübermittlung und des Electronic Banking zusammen. Sie spielt sowohl im Markt- als auch im Betriebsbereich eine Schlüsselrolle. Schwieriger gestaltet sich die Übertragung des Funktionsbereichs „Beschaffung“. Wenn man vom Einkauf von Betriebsmitteln absieht, ist aufgrund der genannten bankleistungsspezifischen Eigenarten kein Beschaffungsbereich im

---

[302] vgl. Porter (1999), Seite 76.

eigentlichen Sinne vorhanden.[303] Im Finanzdienstleistungssektor ist die Bereitstellung finanzieller Mittel, also die Beschaffung von Eigenkapital unter diese Wertaktivität zu subsumieren. Vor dem Hintergrund der erhöhten Eigenkapitalanforderungen stellt bei vielen Privatbankiers insbesondere die Beschaffung von Eigenkapital einen Engpass dar.

Ungleich problematischer als die Übertragung der unterstützenden Aktivitäten ist die Anwendung der primären Aktivitäten auf den Bereich der Kreditinstitute. Der Funktionsbereich „Eingangslogistik" bezieht sich bei Porter auf Tätigkeiten in Zusammenhang mit Empfang, Lagerung, Distribution von Produktionsfaktoren. Die Aktivität, „Operationen" befasst sich mit der Umwandlung der Inputs in die endgültige Produktform, während die Aktivität, „Ausgangslogistik" mit der Aufgabe der Sammlung, Lagerung und physischen Distribution der Produkte an die Abnehmer betraut ist. In den Bereich „Marketing und Vertrieb" fallen alle Maßnahmen der Absatzförderung der Produkte. Der Kundendienst schließlich befasst sich mit der Werterhaltung der Produkte. Die inhaltliche Beschreibung der fünf primären Funktionsbereiche verdeutlicht, dass sich diese Aktivitäten an den Verhältnissen in Industrieunternehmen orientieren. Aufgrund der fehlenden Materialverarbeitung und der Doppelfunktion des Einlagengeschäfts als Bankfinanzierung und Absatz der Bankleistung „Geldanlage" existiert im Bankenbereich keine klare funktionale Organisation.[304] Die Bereiche Eingangs- und Ausgangslogistik fallen in der Regel im Bankbetrieb zusammen. Sie umfassen die Ein- und Ausgänge von Bargeld, Geldsurrogaten und sonstigen Dokumenten und Informationen auf Datenträgern (Zahlungsverkehr). Diese Aktivitäten sind zudem kaum vom Bereich Operationen zu trennen, der im Bankbetrieb gleichzusetzen ist mit der Erstellung und Abwicklung von Bankleistungen.[305] Die Operationen wiederum sind eng verflochten mit den Marketing- und Vertriebsaktivitäten. Dazu zählen die Bedienung, Beratung und Betreuung der Kunden. Hierdurch erscheint auch eine Abgrenzung zu den Kundendienstaktivitäten für den Bankbetrieb nicht geeignet, da diese Marketing- und Vertriebscharakter besitzen.[306]

Die Besonderheiten des Bankbetriebes machen es erforderlich, den Inhalt der Wertaktivitäten zu modifizieren. Geeigneter erscheint es, die primären Aktivitäten der Kreditinstitute kundenorientiert in einen Marktbereich und einen Marktfolgebereich zu gliedern. Der Marktbereich umfasst die Akquisition und Betreuung der Kunden mit dem Ziel die bankbetrieblichen Leistungen abzusetzen. Darüber hinaus umfasst der Marktbereich – analog dem Marketing-

303 vgl. Kapitel 2.1.2., Seite 60 f.
304 vgl. Hahn (1977), Seite 75; Liebau (1981), Seite 66 f.
305 vgl. Sauer (1990), Seite 213.
306 vgl. Sauer (1990), Seite 213.

Mix - die Bereiche Produktpolitik, Distributionspolitik, Kommunikationspolitik und Preispolitik. Dem Marktfolgebereich sind alle mit der Abwicklung des Kundengeschäftes einschließlich des Zahlungsverkehrs zusammenhängenden Aufgaben zuzuordnen.[307] Demzufolge orientiert sich der Marktbereich an dem Porterischen Termini Marketing & Vertrieb, wenn er auch mit dem Begriff von Porter nicht gleichzusetzen ist. Der Marktfolgebereich ist dagegen mit den von Porter als Ein- und Ausgangslogistik bezeichneten Aktivitäten zuzuordnen, wobei auch hier ein gleichsetzen nicht möglich ist. Die Operationen sind je nach Ausprägung dem Markt- oder Marktfolgebereich zuzuordnen. So ist etwa die Beratung bei einer Kreditfinanzierung eindeutig dem Marktbereich zuzuordnen, während die Prüfung des Kreditantrages dem Marktfolgebereich zufällt.

Damit stellt sich unmittelbar die Frage nach den Quellen von Wettbewerbsvorteilen. In einem umfassenden Ansatz gehen Day/Wensley von folgendem Modell aus.[308] Der Ausgangspunkt für Positionsvorteile sind demnach überlegene Fähigkeiten und Ressourcen[309], die dann Marktanteil und Profitabilität erzeugen. Dadurch wird die Unternehmung in die Lage versetzt, weitere Investitionen zur Aufrechterhaltung ihrer Wettbewerbsvorteile tätigen zu können. Diese zirkuläre Betrachtung unterstreicht ferner, dass Wettbewerbsvorteile nicht durch einmalige Investitionen entstehen, sondern permanent der Pflege und ständiger Reinvestitionen bedürfen.[310] Wettbewerbsvorteile führen damit im Vergleich zur Konkurrenz zu nachhaltigen überdurchschnittlichen Erfolgen, d.h. in einer mikroökonomischen Betrachtung ergibt sich eine spezifische, dauerhafte und strategiebedingte Rente.[311]

In der Literatur existieren aber, wie aus der Abbildung 15 hervorgeht, zwei unterschiedliche Ansätze, mit denen versucht wird, das Entstehen von Wettbewerbsvorteilen zu begründen.[312]

---

307 vgl. Pachali (1990), Seite 9; Weinkauf (1988), Seite 14; Baumert (1988), Seite 40.

308 vgl. Day/Wensley (1988), Seite 2 f.; Day/Wensley (1983), Seite 87 f.; Haedrich/Thomczak (1996), Seite 12 f.

309 vgl. Haedrich/Jenner (1995), Seite 31.

310 vgl. Faix/Görgen (1994), Seite 161.

311 vgl. Bowmann (1974), Seite 47.

312 vgl. Krüger/Homp (1996b).

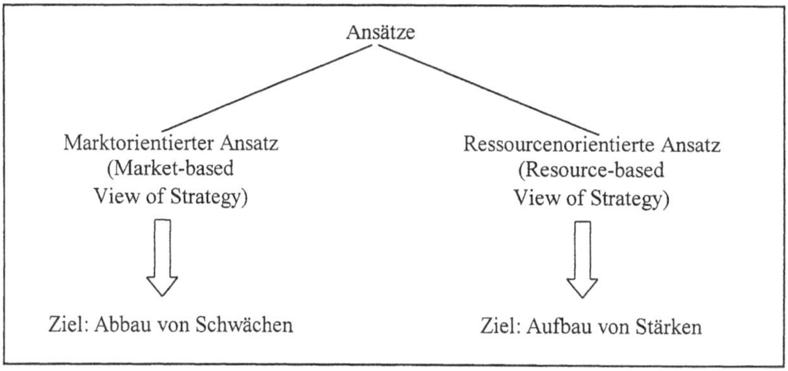

Abbildung 15: Ansätze zur Erklärung von Wettbewerbsvorteilen

Beiden Ansätzen liegen unterschiedliche Paradigmen zugrunde, wie aus Abbildung 16 hervorgeht.[313]

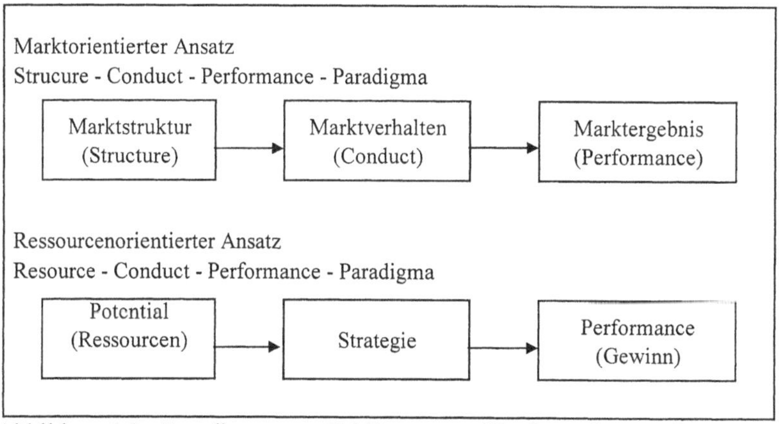

Abbildung 16: Paradigmen zur Erklärung von Wettbewerbsvorteilen

Der aus der Industrieökonomik stammende marktorientierte Ansatz versucht Beziehungen zwischen der Marktstruktur und der durchschnittlichen Branchenrendite herzustellen. Überdurchschnittliche Gewinne werden auf der Grundlage unvollkommener Märkte erklärt.[314] Schreyögg erweitert diese Sichtweise, indem er auf die interdependenten Beziehungen zwischen Structure, Conduct und Performance hinweist und damit die Marktstruktur nicht mehr nur als eine Restriktion für unternehmerisches Handeln sieht, sondern diese

313 vgl. Friedrich (1995), Seite 345 und Schreyögg (1993), Seite 59.
314 vgl. Bamberger/Wrona (1996), Seite 146; Minderlein (1989), Seite 95 f.

auch zum Gegenstand strategischer Veränderungen macht.[315] Dem gegenüber erklärt der ressourcenorientierte Ansatz den Erfolg der Unternehmung aus einer internen Perspektive. Er sieht in der Einzigartigkeit der Ressourcen, verstanden als spezifische Kompetenzen, den Ursprung von Wettbewerbsvorteilen.

In der Literatur herrscht weitgehend Einigkeit darüber, dass sich diese beiden Ansätze nicht gegenseitig ausschließen, sondern ergänzen.[316] Auch Porter unterstreicht diesen Sachverhalt letztendlich mit seinem Ansatz der Wertkette und betont darüber hinaus, dass der ressourcenorientierte Ansatz den marktorientierten Ansatz zu ergänzen vermag.[317] Dem gegenüber lehnen Engelhardt/Freiling eine Kombination dieser Ansätze ab, weil ihnen die „wissenschaftstheoretische Kompatibilität" fehle, ohne diese jedoch in differenzierter Weise auszuführen.[318] So weisen Bamberger/Wrona nach, dass das dem marktorientierten Ansatz zugrundeliegende Aussagesystem unmittelbar Beziehungen zum Ressourcenansatz aufweist. Dies wird beispielsweise bei Eintritts- und Austrittsbarrieren als Merkmal der Branchenstruktur deutlich, da diese unter anderem durch die Ressourcenausstattung der Unternehmungen einer Branche bestimmt werden. Ebenso lässt sich der marktorientierte Ansatz mit seinen Aussagen zu strategischen Gruppen und damit zur Unterschiedlichkeit von Unternehmungen durch den Ressourcenansatz spezifizieren.[319]

Erfolgsfaktoren (externe Sicht) und Erfolgspotential (interne Sicht) beeinflussen sich folglich gegenseitig und bestimmen damit letztendlich die Erfolgsposition der Unternehmung.[320] Aus marktorientierter Sicht versucht das Unternehmen die Kundenbedürfnisse im Vergleich zur Konkurrenz besser zu befriedigen, um so Vorteile zu erlangen. Darauf aufbauend kann dann der Ressourcenaufbau erfolgen. Dem gegenüber verfügt bei der ressourcenorientierten Sicht das Unternehmen über spezifische Ressourcen und Fähigkeiten und versucht diese gezielt zu kombinieren, um eine Erfolgsposition zu erreichen (Erfolgspotentialaufbau). Damit stellt sich die weitgehende Frage nach einer Integration von markt- und ressourcenorientiertem Ansatz, wobei in der Literatur von „marktorientierten Kernkompetenzen" gesprochen wird.[321] Gemeinsam ist zunächst beiden Ansätzen, dass sie auf die Befriedigung von Kunden-

---

315 vgl. Schreyögg (1993), Seite 55.
316 vgl. Bamberg/Wrona (1996); Seite 147; Buchholz/Olemotz (1995), Seite 3; Krüger/Homp (1996a), Seite 5.
317 vgl. Porter (1999a), Seite 106 f.
318 vgl. Engelhardt/Freiling (1995), Seite 19.
319 vgl. Bamberger/Wrona (1996), Seite 146.
320 vgl. Buchholz/Olemotz (1995), Seite 3; Thiele (1997), Seite 5 f. und Seite 65 f.
321 vgl. Krüger/Homp (1996a), Seite 6 f.

bedürfnissen abzielen, d.h. die Generierung eines Nutzens intendieren.[322] In der kombinativen Sicht sollen sich Markt- und Unternehmensanalyse ergänzen und unter Beachtung der situativen Gegebenheiten wechselnde Schwerpunkte bilden. Der situative Ansatz besagt, dass dann, wenn eine bestimmte Situation gegeben ist, die Maßnahme A oder B am geeignetsten ist, um ein Ziel zu erreichen. Grundlage ist damit eine umfassende und sorgfältige Situationsanalyse.[323]

Jedes Kreditinstitut sollte folglich Markt- und Ressourcensicht gleichermaßen beachten, da einerseits der Markt über die Relevanz von Ressourcen entscheidet und andererseits die Ressourcen entscheidend die Wettbewerbskräfte beeinflussen. Die marktorientierte Sicht setzt am externen und die ressourcenorientierte Sicht am internen Erfolgspotential an. Abbildung 17 gibt diesen kombinativen Ansatz wieder.[324]

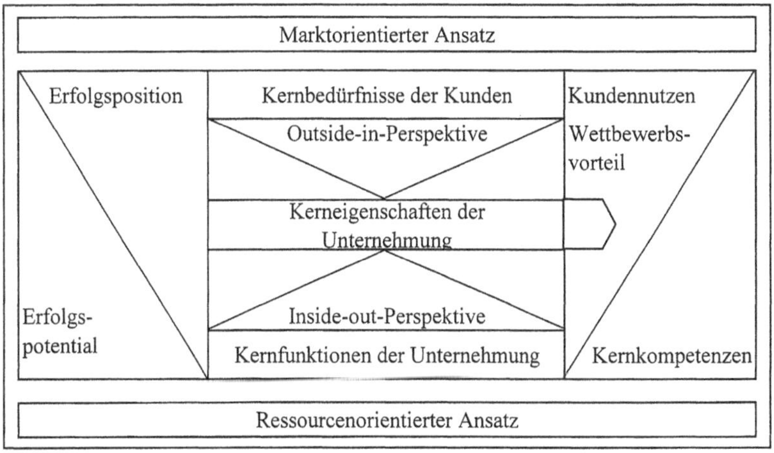

Abbildung 17: Ansatz marktorientierter Kernkompetenzen

Die Kerneigenschaften, Merkmale die einen besonderen externen Nutzen stiften, bilden dabei das konventionelle Verbindungselement dieser Ansätze. Kerneigenschaften sind damit einzelfallbezogene strategische Vorteile, die ein Kreditinstitut von anderen abhebt, d.h. sie letztendlich unverwechselbar macht (z.b. Zuverlässigkeit, technische Überlegenheit). Kreditinstitute müssen für ihre Kernkompetenz die Bedürfnisse identifizieren, von denen die Abschluss-

322 vgl. Buchholz/Olemotz (1995), Seite 27 f.

323 vgl. Ulrich/Fluri (1995), Seite 30 f.

324 vgl. Krüger/Homp (1996a), Seite 9.

entscheidung maßgeblich abhängt (Kernbedürfnisse).[325] Je mehr Kernkompetenzen zur Befriedung der Kernbedürfnisse beitragen, desto größer ist der Wettbewerbsvorteil. Nachdem die Kernbedürfnisse der Nachfrager sehr unterschiedlich sein können, sollte das Kreditinstitut entsprechend seiner Kernkompetenzen die Kundengruppen ansprechen, deren Kernbedürfnisse durch die vorhandenen Kernkompetenzen am besten befriedigt werden können.

3.2. Marktorientierte Ansätze

Durch die Arbeiten von Porter wurde die wettbewerbsstrategische Diskussion in erheblichem Maße geprägt. In den weiteren Überlegungen wird er deshalb als Ausgangspunkt herangezogen, aber darüber hinaus auch deswegen, weil seine Arbeiten nicht nur äußerst kontrovers diskutiert wurden, sondern auch eine Fülle weiterer Untersuchungen initialisiert haben.

3.2.1. Der Ansatz von Porter

Ziel der Wettbewerbsstrategie ist es, dass eine Unternehmung sich so positioniert, dass es sich gegen Wettbewerbskräfte bestmöglichst verteidigen oder diese zum eigenen Vorteil beeinflussen kann.[326] Ausgangspunkt Porters ist der Gedanke, dass ein Markt in unterschiedlicher Weise bedient werden kann, wobei er generell zwischen Hochpreissegmenten und Niedrigpreissegmenten unterscheidet.[327] Noetel führte die starke Verbreitung der Typologie von Porter darauf zurück, dass diese relativ einfach nachvollziehbare strategische Empfehlungen formuliere.[328]

Werden die beiden Kriterien „angestrebter strategischer Wettbewerbsvorteil" und „Breite der Marktabdeckung" herangezogen, dann ergeben sich die in Abbildung 18 dargestellten generischen[329] Wettbewerbsstrategien nach Porter.[330]

---

325 vgl. Krüger/Homp (1997), Seite 66 f.

326 vgl. Friedrich (1995a), Seite 323.

327 vgl. Porter (1979), Seite 215 f.

328 vgl. Noethel (1993), Seite 59.

329 Eine generische Strategie ist dadurch gekennzeichnet, dass sie zu einer Performance führt, die über dem Branchendurchschnitt liegt. Spezifische Umweltfaktoren können dabei die Stärke, nicht aber die Art der Beziehung verändern, d.h., sie sind Moderatorvariablen. Vgl. Fleck (1995), Seite 39 f; Kühn (1996), Seite 113.

330 vgl. Porter (1999b), Seite 75.

Breite der Marktabdeckung		angestrebter strategischer Wettbewerbsvorteile: Kosten	angestrebter strategischer Wettbewerbsvorteile: Differenzierung
	hoch	umfassende Kostenührerschaft	Differenzierung
	niedrig	Kostenfokus	Differenzierungsfokus

Abbildung 18: Generische Wettbewerbsstrategien nach Porter

Abbildung 18 zeigt vier generische Strategietypen, die nach Porter die einzigen Wege für eine Unternehmung darstellen, die fünf Wettbewerbskräfte seines Branchenstrukturmodells zu kontrollieren, um auf diese Weise überdurchschnittliche Erträge zu realisieren.[331] Auf der Grundlage von Porter hängen Struktur und Rentabilität einer Branche von fünf Wettbewerbskräften ab. Bei diesen Wettbewerbskräften handelt es sich um „potentielle neue Konkurrenten", „Lieferanten", „Abnehmer", „Ersatzprodukte (Substitutionsprodukte)" und „Rivalität unter den Anbietern".[332]

Ziel der Kostenführerschaft ist die Minimierung der realen Stückkosten bei angemessener Qualität der Leistung, d.h. der marktübliche Qualitätsstandard muss beachtet werden. Faktoren wie überdurchschnittliche Qualität, Kundennähe und Lieferservice erlangen damit den Charakter von Nebenbedingungen. Grundlage dieser Strategie ist die Ausnutzung von Kostenvorteilen in allen Bereichen auf der Basis von Erfahrungskurveneffekten und Betriebsgrößenersparnissen (Economies of Scale). Von „Economies of Scale" spricht man, wenn mit einer Kapazitätsausweitung positive Veränderungen der Produktionsbedingungen verbunden sind und dadurch die Herstellstückkosten abnehmen.[333] Die Erfahrungskurven beschreiben dagegen ein dynamisches Phänomen, das die kumulierte Stückzahl als Ausdruck der Erfahrung betrachtet und mit zunehmender Erfahrung die Herstellstückkosten gesenkt werden können.[334]

---

331 vgl. Friedrich (1995a), Seite 323.

332 vgl. Porter (1999b), Seite 34 bzw. Mason (1939) und Bain (1956).

333 vgl. Bohr (1993), Seite 375 f.

334 vgl. Henderson (1984), Seite 19 f.; Bauer (1986), Seite 1 f.; Hentze/Brose/Kammel (1993), Seite 171 f.; Hieber (1991); Kloock/Sabel/Schuhmann (1987), Seite 3 f; Wacker (1980).

Voraussetzung für die Realisierung einer Kostenführerschaft ist ein weitgehend homogenes Produkt, so dass der Preis zum ausschlaggebenden Faktor für Kaufentscheidungen wird. Wenn dabei jedoch von der Voraussetzung ausgegangen wird, dass der Erfahrungsvorsprung nicht imitierbar ist, können Wettbewerbsvorteile, die über den Preis erzielt werden, tendenziell einfacher attackiert werden als solche, die etwa durch Prozessinnovationen erlangt wurden.

Nach Porter dürfte es damit in einer bestimmten Branche nur einen Kostenführer geben. Die Empirie zeigt jedoch, dass häufig mehrere Unternehmungen einer Branche ähnliche Kostenstrukturen aufweisen. Porter geht davon aus, dass mit zunehmendem Produktionsvolumen über die Realisierung von Erfahrungskurven die Stückkosten sinken und ein Kostenvorteil erzielt wird, der bei Weitergabe an den Kunden wieder ein höheres Produktionsvolumen mit sich bringt. Die Tatsache, dass es nicht nur einen einzigen Kostenführer geben muss, ist dadurch zu begründen, dass die Einsparungen, die aus den Erfahrungskurven resultieren, pro Zeiteinheit tendenziell geringer werden und die Zeitspannen für die Verdoppelung der kumulierten Produktionsmenge zunimmt. Dadurch bedingt kommt jedes Unternehmen an die Grenze, wo weitere erfahrungskurvenbedingten Kostenvorteile zu keinem bzw. nur marginalem Wachstum der Produktionsmenge führt. An diesem Punkt passen sich schließlich die Kostenstrukturen der anbietenden Unternehmen an.[335]

Dem gegenüber erlangt eine Unternehmung Differenzierungsvorteile, wenn sie eine Leistung anbietet, die seitens der Nachfrage als einzigartig wahrgenommen wird.[336] Die Unternehmung versucht folglich, sich durch die Strategie der Differenzierung von den Erzeugnissen der Konkurrenten abzusetzen, z.b. durch überlegene Produktqualität, Kundenservice, Standortvorteile, Logistikleistungen, technologisches Image, usw., also durch zusatznutzenstiftende Leistungen. Ziel der Differenzierungsstrategie ist folglich, die Erlangung einer Einzigartigkeitsposition, die es der Unternehmung ermöglicht, innerhalb eines absatzpolitischen Spielraumes zu agieren, ohne hierdurch negative Auswirkungen auf den Absatz befürchten zu müssen.[337] Dabei sind selbstverständlich auch die Kosten zu beachten.

Die Differenzierung geht mit einer abnehmenden Preiselastizität einher und verschafft der Unternehmung folglich einen preispolitischen Korridor. Gefah-

---

335 vgl. Fleck (1995), Seite 45.

336 Die Differenzierungsstrategie wird durch die PIMS-Studie (Profit Impact of Market Strategies) unterstützt, in der ein Zusammenhang zwischen Produktqualität und ROI aufgezeigt wird. Einen Überblick über das PIMS-Programm geben Buzzel/Gale (1989), Seite 93 f.

337 vgl. Hinterhuber (1990), Seite 76 f.

ren dieser generischen Strategieform können darin bestehen, dass der Preisunterschied zwischen Differenzierer und Kostenführer seitens des Nachfragers als zu groß empfunden wird oder dass durch den Konkurrenten der Differenzierungsvorteil imitiert wird.

Bei der Konzentrations- oder Nischenstrategie werden die gleichen Vorteilstypen thematisiert, wobei die zugrundeliegende Branche segmentiert wird, so dass sich entsprechende Abnehmergruppen ergeben. Es wird damit das Ziel verfolgt, auf der Grundlage einer Konzentration auf eine spezifische Zielgruppe oder Marktnische ein vorteilhafteres Preis-Nutzen-Verhältnis zu realisieren.[338]

3.2.2. Outpacing-Strategie

Im Gegensatz zu Porter postulieren Gilbert/Strebel mit der Outpacing-Strategie eine kombinative Verknüpfung der beiden Strategietypen Kostenführerschaft und Differenzierung und zwar in der Abhängigkeit von der jeweiligen Wettbewerbsphase.[339] Ausgangspunkt ist zunächst die Entscheidung zwischen Kostenführerschaft, d.h. Senkung der Stückkosten oder Differenzierung, d.h. Erhöhung des Produktnutzens für den Nachfrager. Darauf aufbauend ist dann in Abhängigkeit von der jeweiligen Wettbewerbssituation ein rechtzeitiger Wechsel zwischen diesen Strategietypen zu vollziehen, um auf diese Weise Wettbewerbsvorteile zu erlangen.[340]

Die Autoren nennen zwei zentrale Phasenübergänge für eine strategische Geschäftseinheit, die als Varianten der Outpacing-Strategie zu sehen sind. Zum einen die „standardization" und zum anderen die „rejunivation". Bei der „standardization" verfolgt die Unternehmung eine Differenzierungsstrategie, wobei es ihr gelungen ist, einen höheren Produktnutzen im Markt zu etablieren. Auf dieser Basis vollzieht sie dann einen Übergang auf eine Kostenführerschaftsstrategie. Dem entgegen geht die zweite Variante „rejunivation" von einer Kostenführerschaftsstrategie aus und die Unternehmung wechselt zu einer Differenzierung, in dem sie auf der Basis von Innovationen und Marktdifferenzierung entsprechende Nutzungssteigerungen realisiert. Gilbert/Strebel gehen dabei davon aus, dass ein Wechsel von der Differenzierung zur Kostenführerschaft, also die Variante „standardization", typisch für Innovatoren ist,

---

338 vgl. Rollberg (1996), Seite 16.

339 Der Outpacing-Strategies-Ansatz zeigt damit eine Nähe zum Industrieentwicklungsmodell von Abernathy/Utterback (1978), Seite 40 f. Zentrale Aussage dieses Ansatzes ist, dass sich der Schwerpunkt der Innovationstätigkeit einer Unternehmung im Verlauf des Marktlebenszyklus von den Produkt- zu den Prozessinnovationen verlagert.

340 vgl. Gilbert/Strebel (1987), Seite 28.

während ein Wechsel von der Kostenführerschaft zur Differenzierung, also die Variante „rejunivation", typisch für Nachahmer ist.[341]

Bei beiden Vorgehensweisen muss die Unternehmung den einmal erreichten Vorteil, welchen sie bei der Verfolgung der ursprünglichen Strategie realisiert hat, halten und die andere Vorteilsdimension erhöhen. Abbildung 19 gibt diese Zusammenhänge wieder, in dem die zeitliche Abfolge der beiden Dimensionen „Produktnutzen" und „Kostenvorteil" unterschiedlich bearbeitet werden.

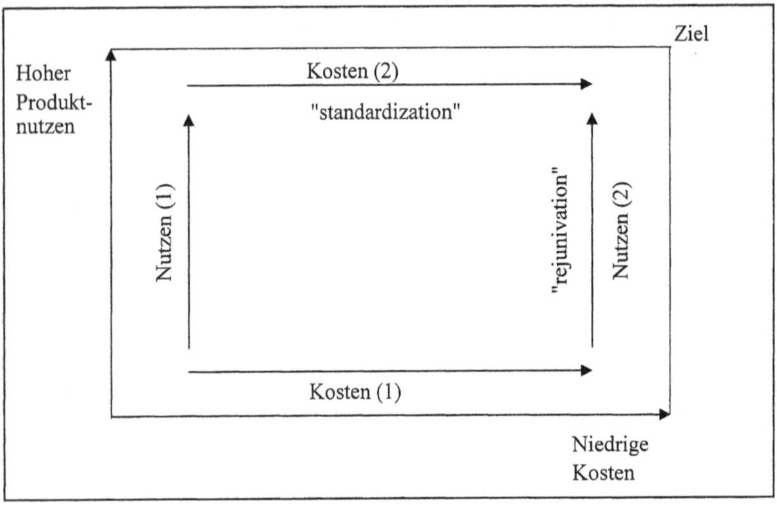

Abbildung 19: Outpacing-Strategie-Ansatz

Damit bringen Gilbert/Strebel explizit eine dynamische Komponente in die Diskussion der Wettbewerbsstrategien. Wesentlich ist, dass sie nicht eine gleichzeitige Verfolgung der unterschiedlichen Strategien, sondern eine zeitliche Abfolge in Abhängigkeit von Verlauf und Phase des Wettbewerbsprozesses empfehlen, die daher auch als sukzessive Vorgehensweise bezeichnet wird (Strategy-shift). Somit wird dem Sachverhalt Rechnung getragen, dass sich das wettbewerbsrelevante Umfeld ständig verändert und für die Unternehmung die Notwendigkeit besteht, diesen Veränderungen nicht in reaktiver Weise Rechnung zu tragen, sondern antizipativ.[342] Im Gegensatz zu Porter, der keinen Strategiewechsel beschreibt, muss bei diesem Ansatz die Unternehmung „rechtzeitig" zwischen den alternativen Wettbewerbsstrategien wechseln, um einen entsprechenden Vorsprung vor den Konkurrenten erzielen zu

341 vgl. Gilbert/Strebel (1987), Seite 28 f.
342 vgl. Kleinaltenkamp (1987), Seite 31.

können. Ziel ist es dann, den Nachfragern bei geringen Kosten zugleich einen hohen Nutzen zu stiften. Kleinaltenkamp betont in diesem Zusammenhang, dass es für eine Unternehmung auch Gründe geben kann, den Wechsel auf eine Kostenführerschaftsstrategie nicht zu vollziehen, sondern aus dem Markt „auszusteigen“ um dem „Preiskampf mit Billiganbietern“ zu entgehen oder durch entsprechende Verbesserungen des Produktes die Grenzen der Nutzenstrategie zu verschieben, wodurch nachfolgende Anbieter in bezug auf die Nutzenhöhe „hinterherhinken“.[343] Im zweiten Fall kann die Differenzierungsstrategie solange weiterverfolgt werden, bis der erhöhte Nutzen von anderen Konkurrenten erreicht werden kann und weitere Verbesserungen nicht mehr möglich sind. Durch diese Vorgehensweise wird es für den Nachfolger schwierig, diesen ständigen Veränderungsprozess zu folgen. Letztendlich entzieht sich der „Führer“ auf diese Weise dem Preiswettbewerb.

Ein weiterer Aspekt ist in der Hintereinanderschaltung der Outpacing-Strategie-Konzeption zu sehen. In dieser Situation können weitere Kostensenkungen vor allem durch Prozessinnovationen bewirkt werden, so dass es möglich ist, das hohe Nutzenniveau beizubehalten. Ein höheres Nutzenniveau wird hingegen über entsprechende Produktinnovationen (Verbesserungsinnovationen) erreicht.[344]

Auch wenn dieser Ansatz den Zeitpunkt eines Strategiewechsels ex ante nicht zu operalisieren vermag und folglich lediglich als Grundlage für eine ex post-Erklärung herangezogen werden kann, ist es das wesentliche Verdienst von Göbert/Strebel, einerseits eine dynamische Betrachtungsweise initiiert zu haben und andererseits am Marktprozessdenken anzusetzen.[345]

3.2.3. Dynamische Produktdifferenzierung

Bei den Strategien von Porter wird vernachlässigt, dass sich die Einstellungen der Kunden über die Zeit hinweg ändern und andere Produkte nachgefragt werden. Dynamische Entwicklungen im Kundenverhalten bleiben unberücksichtigt. Je breiter und tiefer jedoch ein Produktionssortiment ist, um so größer ist die Wahrscheinlichkeit, dass die Kundenbedürfnisse wechseln. Dabei wird die Änderungsproblematik um so gravierender, je individueller die Problemlösungen sind. Bei Eintritt eines „ungeplanten“ Erzeugniswechsels treten hohe Erzeugniswechselkosten auf. Durch den Aufbau von Flexibilitätspotentialen

---

[343] vgl. Kleinaltenkamp (1987), Seite 44 f.
[344] vgl. Kleinaltenkamp (1987), Seite 50.
[345] vgl. Kleinaltenkamp (1987), Seite 51.

soll erreicht werden, dass sogenannte „programmierte" Erzeugniswechsel kostengünstig durchgeführt werden können.[346]

Die Strategie „dynamische Produktdifferenzierung" liegt vor, wenn der Erzeugniswechsel als strategische Maxime aufgefasst und dafür Wechselpotentiale gezielt aufgebaut werden. Im Mittelpunkt dieser Strategie steht die Fähigkeit zum Wechseln, d.h. das ganze Potential der Unternehmung ist darauf ausgerichtet, wechselnde Bedürfnisse der Kunden über die Zeit hinweg erfüllen zu können. Das Konzept stellt somit eine Verlagerung der Betrachtung auf die Voraussetzung eines Strategiewechsels dar, wobei Kaluza seinen Schwerpunkt auf die fertigungs- und informationstechnischen Voraussetzungen legt. In einer neueren Veröffentlichung erweitert Kaluza seine Sichtweise und nimmt neben dem Gestaltungsfeld Technik auch die Felder Organisation und Mensch in seine Betrachtung auf, die es dann simultan zu berücksichtigen gilt.[347] Neben den strategischen Erfolgsfaktoren Zeit, Kosten und Qualität erlangen darüber hinaus die Faktoren Erzeugnisvielfalt und Flexibilität Bedeutung, wobei der Flexibilität eine besondere Stellung im Erfolgsfaktorenset zugestanden wird. Die von Porter genannte Differenzierungsstrategie ist demgegenüber als statische Differenzierung zu betrachten, da sie darauf gerichtet ist, unterschiedliche Kundenbedürfnisse zum gleichen Zeitpunkt zu befriedigen.

Im Rahmen der dynamischen Produktdifferenzierungsstrategie konzentriert sich das Interesse der Unternehmung auf die Durchführung der Erzeugniswechsel und den Aufbau eines optimalen Erzeugniswechselpotentials. Die Unternehmung versucht durch den Aufbau eines optimalen Erzeugniswechselpotentials ein hohes akquisitorisches Potential im Sinne Gutenbergs aufzubauen. Es wird dadurch angestrebt, das Image eines „Change Masters" zu erlangen.[348]

Aus der Abbildung 20 ist zu ersehen, dass im Rahmen der Strategie „dynamische Produktdifferenzierung" nicht nur eine hohe Differenzierung angestrebt wird, um damit einen hohen Produktnutzen zu erreichen, sondern es wird gleichzeitig versucht, die Erzeugnisse zu relativ niedrigen Kosten herstellen zu können. Zu berücksichtigen ist, dass die Kostensenkung nicht mit Hilfe der traditionellen Erfahrungskurve über die kumulierten Erzeugnismengen erreicht werden soll, sondern z.b. mit Hilfe einer Erfahrungskurve des „Wechselns".[349] D.h. durch die Vielzahl der Erzeugniswechsel lernt man, was über die Erfahrungskurven wiederum zu Kostenvorteile führt. Die Differenzierung

---

[346] vgl. Kaluza (1989), Seite 29 f.
[347] vgl. Kaluza (1996), Seite 203 f.
[348] vgl. Kaluza (1989), Seite 30.
[349] vgl. Wildemann (1986), Seite 6 f.

wird bei dieser Strategie nicht nur über eine hervorragende Produktqualität und eine hohe Servicequalität zu erzielen versucht, sondern Wettbewerbsvorteile werden mit Hilfe einer größeren Variantenvielfalt, individuellen Lösungen und über eine hohe Veränderungsgeschwindigkeit angestrebt.

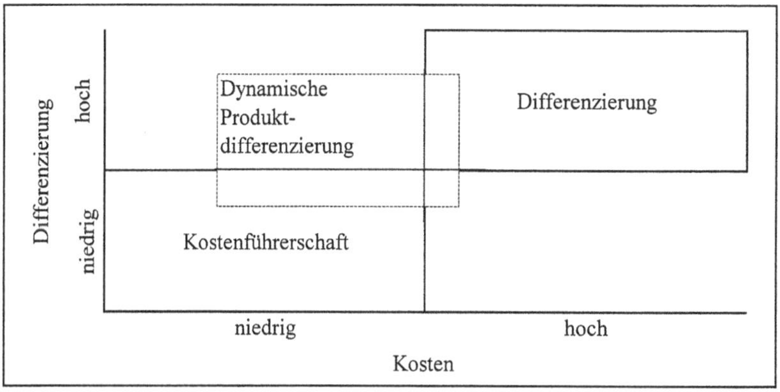

Abbildung 20: Einordnung der Dynamischen Produktdifferenzierung

Die differenziert von Kaluza ausgearbeiteten fertigungstechnischen sowie informations- und kommunikationstechnologischen Ausgestaltungsformen zur Unterstützung der jeweiligen Wettbewerbsstrategie werden in Abbildung 21 dargestellt. Es lässt sich erkennen, dass die Realisierung unterschiedlicher Wettbewerbsstrategien weitgehendst vom Einsatz der Fertigungstechnik und der damit verbundenen IK-Technologie abhängt. Anzumerken ist, dass sich Kaluza ausschließlich mit produzierenden Industrieunternehmen beschäftigt hat und die dargestellten Ausgestaltungsformen nicht auf Kreditinstitute übertragbar sind.[350] Eine nähere Analyse dieser Ausgestaltungsformen kann deshalb vernachlässigt werden.

---

350 vgl. Kaluza (1995), Seite 93.

Wettbewerbsstrategie	Handlungsmaxime für Produktion	Fertigungstechnik	Information- und Kommunikations- technologie	
Kostenführerschaft	Produktivität	Flexible Transferstraße	CAM-System als Insellösung	↔
Konzentration:				
1. Kostenführerschaft	Produktivität	Flexibles Fertigungssystem	CAM-System als Insellösung	↔
2. Differenzierung	Anpassungsfähigkeit	Flexible Fertigungszelle	CAD/CAM Schwerpunkt Neukonstruktion, CAQ	↔
Differernzierung	Anpassungsfähigkeit	Flexibles Fertigungssystem	CAD/CAM Schwerpunkt Neukonstruktion, CAQ	↔ CIM
Outpacing Strategy	Produktivität/ Anpassungsfähigkeit	Flexibles Fertigungssystem/ Flexible Fertigungszelle	CAM-System als Insellösung/ CAD/CAM Schwerpunkt Neukonstruktion, CAQ	↔
Dynamische Produktdifferenzierung	Optimale Erzeugniswechsel	Flexible Fertigungszelle/ Flexible Fertigungsinsel	CAD/CAP Neu- und Anpassungskons- konstruktion, CAQ	↔

Abbildung 21: Wettbewerbsstrategien und neue Technologien

Wesentlich erscheint, dass Kaluza auf die wettbewerbsstrategische Bedeutung des Erzeugniswechselpotentials hingewiesen hat und dabei ebenfalls davon ausgeht, dass ein Strategiewechsel möglich ist.

3.2.4. Der Ansatz von Miles/Snow

Unter Wettbewerbsstrategien verstehen Miles/Snow generell Anpassungsmuster an spezifische Kontextsituationen für die jeweiligen strategischen Geschäftseinheiten.[351] Der Ansatz baut auf drei Grundannahmen auf:

- Organisationen nehmen aktiv Einfluss auf ihre Umwelt und stehen dieser nicht passiv gegenüber.
- Die Wahl bestimmter Prozesse und der Struktur hängt eng mit der Wahl der Marktstrategie zusammen.
- Bei strategischen Umorientierungen wirken die gewählten Strukturen und Prozesse als Restriktionen.

Darauf aufbauend entwickelt Miles/Snow den sogenannten „adaptive Cycle", der die Problemkreise Produkt-Markt-Bereich („unternehmerisches Problem"), Technologien („technologisches Problem") und Unternehmensstrukturen und Prozesse („administratives Problem") umfasst.

Abbildung 22 gibt diesen Anpassungsprozeß wieder, wobei es um die Abstimmung der Strategie mit dem internen und externen Kontext der Unternehmung geht.[352]

---

[351] vgl. Miles/Snow (1989), Seite 7 f.

[352] vgl. Miles/Snow (1989), Seite 21 f.

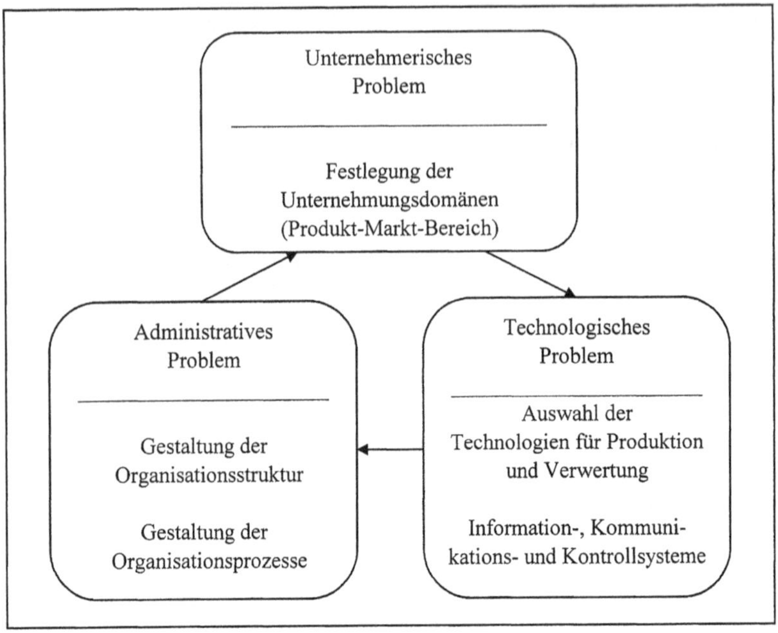

Abbildung 22: Der „adaptive cycle" nach Miles/Snow

Dieser Anpassungsprozeß kann in unterschiedlicher Weise erfolgen, wobei die Autoren idealtypische strategische Grundorientierungen formulieren[353], die sich in drei Wettbewerbsstrategien niederschlagen.[354]

Bei der Wettbewerbsstrategie „Defender" bearbeitet die Unternehmung einen begrenzten und stabilen Produkt-Markt-Bereich mit einer kosteneffizienten Technologie und einer hochspezialisierten und formalisierten Organisationsstruktur. Die Organisationsstruktur ist in der Regel funktionsorientiert. Der „Defender" bearbeitet somit ein relativ stabiles Marktsegment mit geringer Dynamik, indem er ein relativ umfassendes Produktprogramm anbietet. Seine Verteidigung ist dabei aggressiv und auf den Preis und exzellenten Kundendienst ausgerichtet. Produktentwicklungen, die er in geringem Umfang betreibt, orientieren sich an den existenten Produkten (Verbesserungsinnovationen).

---

353 Miles/Snow erwähnen vier idealtypische Orientierungen, wobei sie den vierten Typus als „Reagierer" bezeichnen, der sich dadurch auszeichnet, dass er Strategie, Struktur und Prozesse nicht konsistent aufeinander abstimmt, so dass auf seine weitere Behandlung verzichtet wird.

354 vgl. Miles/Snow (1989), Seite 38 f.

Unter dem Strategietyp „Prospector“ verstehen Miles/Snow eine Unternehmung, die ständig auf der Suche nach neuen Marktchancen ist. Der Produkt-Markt-Bereich ist durch ein breites und sich ständig weiterentwickelndes Tätigkeitsfeld gekennzeichnet. Entsprechend heterogen sind dann auch die zum Einsatz gelangenden Technologien, d.h. es ist ein flexibles Produktionspotential zur Herstellung dieses breiten Produktprogramms bereitzustellen. Als Organisationsstruktur liegt häufig eine Spartenorganisation vor, die eine relativ geringe Arbeitsteilung und Formalisierung aufweist.

Schließlich führen Miles/Snow den Strategietyp des „Analyzer“ auf. Dabei versucht die Unternehmung als „früher follower“ erfolgreiche Produktinnovationen des Prospectors zu lokalisieren und zu nutzen und gleichzeitig eine relativ stabile Produkt-Markt-Basis, wie sie für den „Defender“ typisch ist, aufrechtzuerhalten. Voraussetzung hierfür ist ein hybrid strukturiertes Technologiesystem mit einem „dualen technologischen Kern“, der sowohl stabile als auch flexible Komponenten aufweist. Er arbeitet einerseits in stabilen und andererseits in dynamischen Bereichen, so dass eine „hybride Domäne“ vorliegt. Dem Hybridcharakter entspricht eine Matrix-Struktur als organisatorische Gestaltungsoption, in der primär effizienzorientierte funktionale Arbeitsgruppen mit primär leistungsorientierten Produktgruppen kombiniert werden. Der Kombinationstyp „Analyzer“ unterscheidet sich somit als dritte Strategieoption von den Extremtypen „Defender“ und „Prospector“ und versucht, die Vorteile der „reinen“ Strategieformen zu vereinen.

Eine vergleichsweise Gegenüberstellung zum wettbewerbsstrategischen Ansatz von Porter zeigt eine tendenzielle Kompatibilität zwischen dem Defender und der Kostenführerschaft einerseits und zwischen dem Prospector und dem Differenzierer andererseits. Die Kostenführerschaft und der Defender weisen einen eng begrenzten und relativ stabilen Produkt-Markt-Bereich, eine dominante Kostensenkungsorientierung und einen hohen Zentralisierungsgrad auf. Demgegenüber weist ein Prospector und ein Differenzierer einen häufigeren Produkt- und Programmwechsel, eine dominante Orientierung an Kundennutzungssteigerung und einen hohen Dezentralisierungsgrad auf. Für den Strategietyp Analyzer gibt es im Vergleich zum Ansatz von Porter kein Äquivalent. Dies liegt daran, dass Porter von einer prinzipiellen Unvereinbarkeit seiner generischen Strategien ausgeht und der Analyzer einen Kombinationstyp der „elementaren“ Strategietypen Prospector und Defender darstellt. Dabei erachten Miles/Snow den Analyzer als eine grundsätzliche gleichwertige Strategiealternative zu den „Elementartypen“. Ermöglicht wird dieser Kombinationstyp durch sogenannte „Hybridstrukturen“ im Rahmen der organisatorischen Gestaltungen (z.B. Matrixstrukturen) und einem „dualen technologischen

Kern".[355] Darüber hinaus nehmen Miles/Snow den situativen Kontext der Unternehmung explizit in ihre Überlegungen auf.

Abschließend ist festzustellen, dass der Ansatz von Miles/Snow zwar die wettbewerbsstrategische Diskussion maßgeblich beeinflusst hat, aber nicht unerhebliche Schwachpunkte aufweist.[356] Die Typologie basiert auf Klassifikationskriterien, die theoretisch kaum begründet werden und damit letztendlich intransparent bleiben. Die postulierte Verbindung zwischen Innovationsorientierung/Anpassungsflexibilität und Preise der Marktabdeckung erscheint deshalb problematisch, weil letztere nicht zwingend mit einer spezifischen Wettbewerbsstrategie verbunden sein muss. Obwohl Miles/Snow den Produkt-Markt-Bereich explizit nennen und sich damit auf die Ebene der strategischen Geschäftseinheiten beziehen, betont Werkmann, dass es letztendlich unklar bleibt, auf welche Ebene (Geschäftsfeldebene/Unternehmensebene) das strategische Verhalten bezogen ist.[357]

Insgesamt bleibt damit festzustellen, dass die Analyse von Miles/Snow, wie alle anderen auch, Schwächen aufweist. Ihr wesentlicher Verdienst ist aber, darauf hingewiesen zu haben, dass es mit dem „Analyzer" zumindestens grundsätzlich möglich ist, eine hybride Strategie zu verfolgen und somit einen „stuck in the middle" zu gehen. Eine ausführliche Beschreibung dieses Phänomens zeigt das folgende Kapitel und die Abbildung 23.

3.2.5. Hybride Strategien

Der Ansatz von Porter beschreibt zwei grundsätzliche Strategietypen, wobei sich ein Unternehmen für die jeweilige strategische Geschäftseinheit für eine der beiden Strategien (Kostenführerschaft oder Differenzierung) entscheiden muss. Porter geht dabei von einer prinzipiellen Unvereinbarkeit seiner generischen Strategietypen aus. Sollte das Unternehmen nicht eindeutig eine der beiden Strategien verfolgen, besteht für das Unternehmen die Gefahr, dass es in die Position „stuck in the middle" gerät, welches letztendlich eine ungünstige Situation darstellt. Die „Porterkurve", wie sie in Abbildung 23 dargestellt wird, gibt diesen Sachverhalt vereinfacht wieder.[358] Dabei sind in der Literatur unterschiedliche Darstellungen dieser Kurve zu beobachten. Teilweise wird auf der Abszisse der relative Marktanteil abgetragen. In diesem Fall muss die in der Abbildung 23 dargestellte Strategiezuordnung modifiziert werden. Die

---

355 vgl. Miles/Snow (1989), Seite 73 f.

356 vgl. Werkmann (1989), Seite 105 f.

357 vgl. Werkmann (1989), Seite 107.

358 Zu einer modelltheoretischen Analyse des Zusammenhangs von Marktanteil und ROI vgl. Zäpfel/Brunner (1985), Seite 566 f.

Differenzierungs- und Kostenführerschaftsstrategie sind dann links (Nische) als auch rechts (Gesamtmarkt) des Bereiches „stuck in the middle“ einsetzbar. Andererseits befindet sich die „Porterkurve“ im Bereich „stuck in the middle“ in verschiedenen Darstellungen unterhalb der Abszisse, was letztendlich bedeutet, dass dieser Bereich mit einem negativen ROI verbunden ist. Dieser Fall kann zwar in einer konkreten Situation eintreten, ist aber nicht generell gültig. Vielmehr soll nur ausgesagt werden, dass der Bereich „stuck in the middle“ einen niedrigeren ROI aufweist als bei den anderen Bereichen.[359]

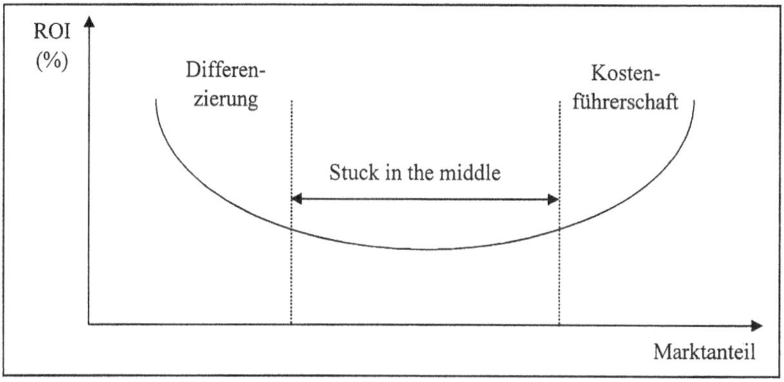

Abbildung 23: Porterkurve

Die „Porterkurve“ verdeutlicht letztendlich, dass diejenigen Unternehmen, die sich für eine dieser zwei Strategien entscheiden und diese auch verfolgen, bessere Ergebnisse realisieren als diejenigen, die sich nicht für eine der beiden Optionen entscheiden. Der wesentliche Grund hierfür ist darin zu sehen, dass die unterschiedlichen Strategietypen untereinander widersprechende Maßnahmen bedingen. Die Begründung dieser Unvereinbarkeitshypothese liegt damit in den notwendigen unterschiedlichen organisatorischen und technologischen Erfordernissen, die sich z.b. in der unterschiedlichen Ausgestaltung der Anreizsysteme, der Produktionsorganisationen oder in den zum Einsatz gelangten Produktionsaggregaten niederschlagen.[360] Nach Görgel führt eine kombinative Verknüpfung beider Strategien letztendlich zu der Gefahr, dass sich die Wettbewerbsvorteile beider Typen gegenseitig neutralisieren.[361]

[359] vgl. Nieschlag/Dichtl/Hörschgen (1997), Seite 919.
[360] vgl. Rollberg (1996), Seite 17.
[361] vgl. Görgel (1992), Seite 208.

Trotz der von Porter dargestellten Unvereinbarkeitshypothese erläutert er drei Situationen, in denen eine gleichzeitige Realisierung von Kostenführerschaft und Differenzierung möglich zu sein scheint:[362]

- Wenn die Konkurrenten „zwischen die Stühle“ geraten sind und somit keinen Strategietyp konsequent verfolgen können und auf beiden Feldern angreifbar sind.
- Wenn die Kosten weitgehend von Marktanteilen oder Verflechtungen[363] beeinflusst werden und eine Unternehmung, bedingt durch ihren hohen Marktanteil, einen Kostenvorteil erreicht, ohne dafür ihre Differenzierungsaktivitäten einstellen zu müssen, oder
- wenn eine Unternehmung bahnbrechende Innovationen[364] einführt. Gleichzeitig betont Porter aber, dass wenn die Konkurrenten die Innovation ebenfalls einführen, sich das Unternehmen wieder für einen der beiden Strategietypen entscheiden muss.

Trotz der von Porter genannten Ausnahmen wird bei diesem Ansatz von der grundsätzlichen Unvereinbarkeit der beiden Strategietypen ausgegangen. Diese Aussage, wie teilweise bereits beschrieben, hat in der Literatur eine äußerst kontroverse Diskussion ausgelöst. So betonen einige Autoren[365], dass es durchaus Wettbewerbssituationen geben könne oder zumindest solche denkbar seien, bei denen die Strategietypen, Kostenführerschaft und Differenzierung verknüpfbar sind und heben hervor, dass neben das Management des Kundennutzens auch das Management der Produktkosten treten müsse.

Während Görgel den Wechsel von der Kostenführerschaft zur Differenzierung und von der Differenzierung zur Kostenführerschaft als den sogenannten „strategy-shift“ analysiert und dabei zu dem Ergebnis gelangt, dass eine computergestützte Fertigung grundsätzlich in der Lage sei, einen Strategiewechsel mit zu vollziehen[366], betonen andere Autoren, dass es durchaus möglich sei,

---

362 vgl. Porter (1999a), Seite 47 f.

363 Kostenführerschaft und Differenzierung lassen sich gleichzeitig erreichen, wenn es erhebliche Verflechtungen zwischen Industriezweigen gibt die ein Wettbewerber für sich nutzen kann, andere aber nicht. Verflechtungen ohne Entsprechung bei den Konkurrenten können Differenzierungskosten senken oder hohe Differenzierungskosten ausgleichen. Vgl. Porter (1999a), Seite 48.

364 Durch die Einführung bedeutsamer technologischer Innovationen kann ein Unternehmen gleichzeitig sowohl seine Kosten senken als auch die Differenzierung steigern und damit vielleicht beide Strategien verwirklichen. Neue automatische Fertigungsverfahren können diesen Effekt ebenso hervorrufen, wie neue Informationssysteme zur rechnergeschützten Logistik oder Produktgestaltung. Vgl. Porter (1999a), Seite 48.

365 vgl. Albach (1990), Seite 783 f.

366 vgl. Görgel (1992), Seite 192 f.

beide strategische Optionen gleichzeitig zu realisieren.[367] Diese Sichtweise wird unter dem Begriff „Hybride Wettbewerbsstrategien“ intensiv diskutiert, wobei teilweise zwischen sequentieller und simultaner Verfolgung differenziert wird.[368]

Nach Krüger/Homp hängt es von der konkreten Ausgangssituation ab, inwieweit eine sequentielle Kombination der Strategietypen möglich ist. Nach den Ansätzen dieser Autoren hat ein Kostenführer zunächst kein Potential, um eine Differenzierungsstrategie zu entwickeln. Gelingt es aber dem Kostenführer, eine Differenzierungskompetenz aufzubauen und entsprechende finanzielle Mittel zu akkumulieren, hätte er die Möglichkeit zu einer simultanen Kombination. Der Differenzierer hingegen scheint durch eine Übertragung der vorhandenen Kompetenzen grundsätzlich in der Lage zu sein, eine bessere Kostenposition zu erlangen. Der Anbieter hat die Möglichkeit, über „economies of scale“ einen entsprechenden Kostenvorteil aufzubauen. Er kann eine simultane Verfolgung dann erreichen, wenn er gleichzeitig in der Lage ist, sein Differenzierungspotential aufrecht zu erhalten.[369]

Görgen/Kerkom arbeiten hingegen konkrete Handlungsempfehlungen für einen Strategiewechsel heraus und weisen darauf hin, dass ein Strategiewechsel zwar nötig und möglich sei, es sich aber um einen äußerst riskanten und langwierigen Weg handle. Görgen/Kerkom stellen die von Porter generierten Strategien als Extrempositionen dar und gehen davon aus, dass zumindestens theoretisch alle Kombinationen von Kostenführerschaft und Differenzierung möglich sind. Wie Abbildung 24 zeigt, können die Unternehmungen eine Vielzahl von Positionen einnehmen, die jedoch unternehmensspezifisch zu hinterfragen sind.

---

367 vgl. Fleck (1995), Seite 21 f.; Werkmann (1989), Seite 204 f.
368 vgl. Krüger/Homp (1996a), Seite 19 f.
369 vgl. Krüger/Homp (1996a), Seite 19 f.

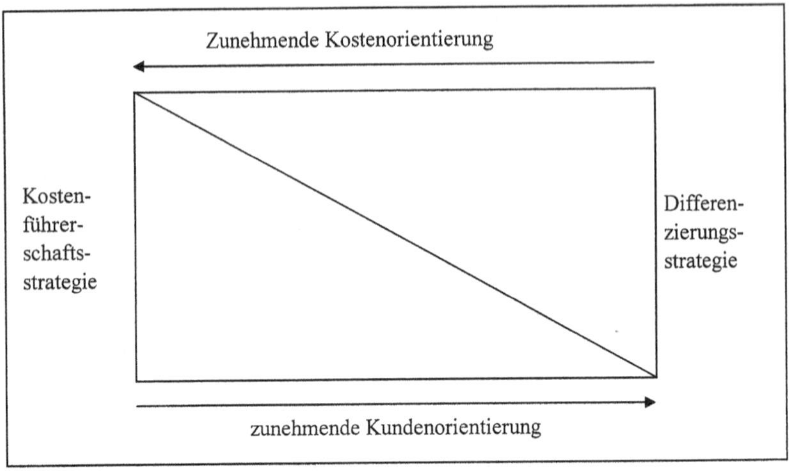

Abbildung 24: Kontinuum der Wettbewerbsstrategien

Bei einer simultanen Verfolgung beider Strategietypen wird nur eine eingeschränkte Möglichkeit der Realisierung gesehen.[370] Die simultane Verfolgung beider Strategien liegt etwa dann vor, wenn ein Anbieter in einer Preisklasse die beste Leistung anzubieten oder innerhalb einer bestimmten Qualitätsklasse die kostengünstigere Leistung anzubieten versucht.[371] Von Krüger/Homp wird hervorgehoben, dass ein Übergang von einer sequentiellen zu einer simultanen Kombination der Strategietypen analytisch denkbar sei, wobei der Differenzierungsvorteil durch Kernkompetenzen (Ressourcen) und der Kostenvorteil durch das sogenannte Kernprodukt, das durch Mehrfachnutzung entsprechende Degressionseffekte bewirken kann, ausgelöst wird.[372] Beide Autoren gehen davon aus, dass die Differenzierung eine gute Ausgangslage ist, sowohl für eine sequentielle als auch für eine simultane Vorgehensweise. Durch Mehrfachnutzung oder den Transfer von Kernkompetenzen kann versucht werden, ein entsprechendes Kostensenkungspotential zu erreichen.

Ein weiterer Faktor, der neben den Kriterien Kosten und Qualität, welche unter anderem die Grundlage für die von Porter generierten Wettbewerbsstrategien darstellen, ist die „Zeit", die immer stärker ins Zentrum des Interesses gelangt.[373] Die Basis dieses Ansatzes liegt in der Reaktionsfähigkeit gegenüber Marktveränderungen (Flexibilität) und der Fähigkeit zur Verkürzung der

370 vgl. Krüger/Homp (1996a), Seite 20.
371 vgl. Görgen/Kerkom (1991), Seite 61 f.
372 vgl. Krüger/Homp (1996 a), Seite 20.
373 vgl. Bonus (1998), Seite 41 f; Braun (1991), Seite 51 f.

Produktlebenszyklen. Darauf aufbauend wird die strategische Bedeutung des Faktors „Zeit" für die Erzielung von Wettbewerbsvorteilen herausgestellt. Zwischen den wettbewerbsstrategischen Optionen von Porter könnte die Zeit ein verbindendes Element darstellen und damit einen Beitrag zur Realisierung hybrider Wettbewerbsstrategien leisten.[374] So kann eine Zeitführerschaft einerseits als eine spezifische Ausprägung der Differenzierung gesehen werden und andererseits für eine Kostenführerschaft auf der Basis der Erfahrungskurven relevant sein. D.h. die Zeit erlangt in dieser Interpretation eine strategieübergreifende Bedeutung, so dass die Unvereinbarkeitshypothese aus einer erweiterten Perspektive neue Impulse erlangt. Grundlage für eine Überwindung der Unvereinbarkeitshypothese ist der Aufbau einer Fähigkeit des Wandels. Der Wandel umfasst dabei sowohl organisatorische als auch technologische, d.h. informationstechnologische und fertigungstechnologische Aspekte.

Die simultane Strategieverfolgung ist nicht als gebotene Strategieoption herausgestellt, sondern muss lediglich als weitere Option zu den generischen Strategien mit der Unvereinbarkeitshypothese verstanden werden. Simultaneität resultiert nicht einfach aus dem Sachverhalt, dass die Schlüsselfaktoren unterschiedlichen strategischen Grundpositionen zuzuordnen sind, sondern aus einem organisatorischen und technologischen Unterstützungspotential. So zeigen insbesondere neuere organisatorische Konzepte und Produktionstechnologien, dass sie grundsätzlich in der Lage sind, die unterschiedlichen Anforderungen an die beiden Strategietypen zumindestens in ihren Auswirkungen zu vereinen und nur dies wird im Rahmen einer simultanen Strategieverfolgung behauptet. Die Unvereinbarkeitshypothese wird nicht generell verworfen, sondern ihr wird eine weitere These an die Seite gestellt, d.h. letztendlich sind beide Thesen situationsbezogen von Bedeutung. Anliegen dieser hybriden Vorgehensweise ist es dann auch nur zu zeigen, dass es grundsätzlich unter bestimmten Bedingungen möglich ist, simultan vorzugehen. Demnach weist eine simultane Strategieverfolgung keine inkonsistentbedingten Wettbewerbsnachteile auf und kann je nach situativem Kontext auch überlegen sein.[375]

Mit dieser Kontroverse beschäftigen sich neben den theoretisch konzeptionellen Überlegungen eine Vielzahl empirischer Untersuchungen. So gelangen z.b. Dess/Davis zu dem Ergebnis, dass die Unternehmungen, die eine dominante Strategieverfolgung realisieren, signifikant erfolgreicher seien als solche, bei denen dies nicht gegeben sei. Die Untersuchung unterstützt folglich

---

[374] vgl. Benkenstein (1997), Seite 147; Buchholz/Olemotz (1995), Seite 15; Frese/Werder (1994), Seite 19 f.

[375] vgl. Fleck (1995), Seite 32.

die Unvereinbarkeitshypothese von Porter.[376] Die Untersuchungen von White gelangen hingegen zu dem Ergebnis, dass von den untersuchten Unternehmen zumindestens ein Teil in der Lage war, mit einer kombinativen Strategieverfolgung von Kostenführerschaft und Differenzierung Wettbewerbsvorteile zu realisieren und gemessen am ROI sogar erfolgreicher waren als Unternehmungen mit einer dominanten Strategieverfolgung.[377] Eine dritte Gruppe von Autoren kam letztendlich zu dem Ergebnis, dass Unternehmungen, die dominant eine Kombination aus Kosten- und Differenzierungsstrategien verfolgen, in der Regel erfolgreicher sind, als diejenigen, die eine dieser beiden Alternativen isoliert favorisieren.[378] Die empirischen Untersuchungen zeigen, dass eine simultane Strategieverfolgung zumindestens eine weitere denkbare Option darstellt und nicht grundsätzlich als unterlegen anzusehen ist.

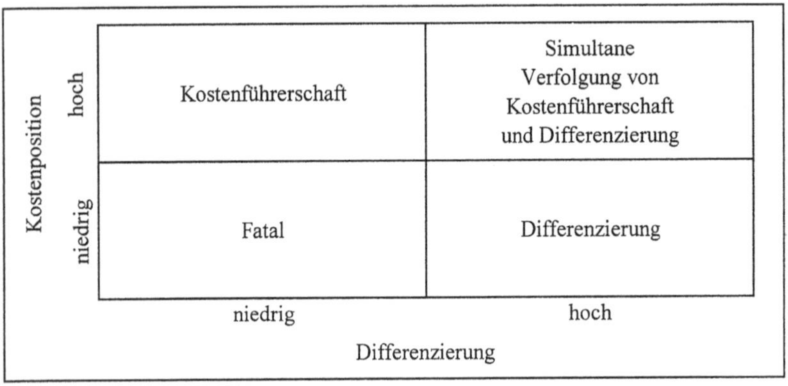

Abbildung 25: Strategieoptionen

Wie aus Abbildung 25 hervorgeht, gibt es grundsätzlich vier Strategieoptionen. Die beiden Felder mit einseitiger dominanter Ausprägung entsprechen weitgehend den Vorteilstypen, wie Porter sie beschrieben hat. Dem gegenüber wird die Situation als „fatal“ bezeichnet, wenn beide Vorteilsdimensionen die Ausprägung „niedrig“ haben. In dieser Situation verfügt das Unternehmen über keinen Wettbewerbsvorteil, was letztendlich auch der von Porter mit „stuck in the middle“ bezeichneten Situation äquivalent sein dürfte.[379] Das vierte Feld verfügt hingegen bei beiden Vorteilstypen über hohe Werte und repräsentiert folglich den Typ der „hybriden Strategie“.

---

376 vgl. Dess/Davis (1984), Seite 457 f.

377 vgl. White (1986), Seite 217 f.

378 vgl. Gaitanides/Westphal (1991), Seite 247 f.; Miller/Friesen (1986), Seite 37 f.; Phillips/Chang/Buzzell (1983), Seite 26 f.

379 vgl. Fleck (1995), Seite 22 f.

3.3. Ressourcenorientierte Ansätze

3.3.1. Grundlagen

Grundgedanke des ressourcenorientierten Ansatzes ist es, dass strategische Vorteile nicht in Kostenvorteilen oder zusatznutzenden Faktoren gesucht werden sollen, sondern in den Ressourcen und Fähigkeiten, die es geschickt und effizient zu kombinieren gilt.[380] Das Management muss sich dabei auf die Gestaltung von Ressourcen und Fähigkeiten konzentrieren, um ein Wissen zu erwerben, das dem Wettbewerber verborgen bleibt und so zu schwer imitierbaren Vorteilen verhilft. Dabei handelt es sich nicht um die Ressourcen, die für die Unternehmungen leicht und weitgehend über die Märkte zu beschaffen sind. Diese würden nicht zu einer dauerhaften Unterschiedlichkeit von Unternehmungen und darauf aufbauenden Wettbewerbsvorteilen beitragen. Folglich handelt es sich um Ressourcen, die nicht ohne weiteres für die Unternehmungen zugänglich sind, d.h. um Ressourcen mit „strategischem Wert", wie dies vor allem bei immateriellen Faktoren (z.B. Patenten) der Fall ist.[381]

Der ressourcenorientierte Ansatz geht von der Annahme aus, dass überdurchschnittliche Gewinne und Wettbewerbsvorteile letztendlich aus unterschiedlichen Faktorausstattungen stammen. Diese Faktorausstattungen resultieren aus der geschichtlichen Entwicklung der Unternehmen.[382] Der ressourcenorientierte Ansatz ist als „Dach" zu verstehen, der alle Ansätze und Modelle erfasst, die auf dem Versuch basieren, den Erfolg von Unternehmungen auf die Existenz von Ressourcen zurückzuführen.[383] Zwar gibt es bisher keine geschlossene Gesamtdarstellung, jedoch herrscht weitgehend Einigkeit dahingehend, dass die größte Bedeutung nicht den geschäftsfeldspezifischen Ressourcen zukommt, sondern den Ressourcen, die einen „unternehmensumspannenden Charakter" aufweisen.[384]

Um nach diesem Ansatz langfristige Wettbewerbsvorteile zu erreichen und zu sichern, müssen die Ressourcen folgende Prämissen erfüllen: Zum einen müssen die Ressourcen einen Wert besitzen, d.h. Effizienz und Effektivität[385] der Unternehmung verbessern, zum anderen müssen sie knapp sein, d.h. es muss

---

[380] vgl. Krüger/Homp (1996a), Seite 3; Thiele (1997), Seite 44 f. und Seite 71; Zehnder (1997), Seite 28 f.

[381] vgl. Friedrich (1995), Seite 327; Rasche/Wolfrum (1994), Seite 503.

[382] vgl. Bamberger/Wrona (1996), Seite 131 f.

[383] vgl. Rasche/Wolfrum (1994), Seite 502.

[384] vgl. Rasche/Wolfrum (1994), Seite 511.

[385] Unter Effizienz und Effektivität versteht man einen möglichst hohen Zielereichungsgrad, wobei sich Effizienz mehr operativ und Effektivität mehr strategisch orientiert. Vgl. Bohr (1993), Seite 855 f.

eine begrenzte Verfügbarkeit gegeben sein. Weitere Prämissen sind die mangelnde Imitierbarkeit und die Nichtsubstituierbarkeit.[386] Während die mangelnde Imitierbarkeit durch das Unternehmen selbst beeinflussbar ist, bestehen bei der Nichtsubstituierbarkeit kaum Einflussmöglichkeiten. Aus diesen Überlegungen resultieren letztendlich die Einzigartigkeit und die Ausdifferenzierung der Unternehmensressourcen.[387]

Eine grundlegende Annahme der Vertreter des ressourcenorientierten Ansatzes ist, dass ein dauerhafter Wettbewerbsvorteil nur auf einer unternehmensspezifischen Ressourcenbasis möglich ist, die dadurch für den strategischen Erfolg primäre Bedeutung erlangt. Die Unternehmung wird somit als ein spezifisches Bündel von Ressourcen interpretiert. Zu der marktorientierten Sichtweise liegt folglich der entscheidende Unterschied darin, dass nicht mehr die Positionierung im Markt den Ausgangspunkt für den Bedarf an Ressourcen bildet, sondern dass ein Ressourcenpotential aufgebaut wird, das dann eine günstige Position im Markt ermöglicht. Sie stellen die Wurzeln der Wettbewerbsfähigkeit dar, während die Produkte die Früchte dieser Wettbewerbsfähigkeit sind.[388]

3.3.2. Managementzyklus von Kernkompetenzen

Wie jeder Managementprozess lässt sich auch das Kernkompetenzmanagement in einzelne Phasen aufteilen. Unter Kernkompetenzen versteht man dabei einzigartige Bündel von Fähigkeiten und Technologien, die es einer Unternehmung ermöglichen, Wettbewerbsvorteile zu erlangen.[389]

Ausgangspunkt des Kernkompetenzmanagements bildet die Identifikation, d.h. die Bestimmung der relevanten Kernkompetenzen.[390] Als Orientierungshilfe können folgende Fragen helfen:

- Was können wir überhaupt?
- Was können wir besser als die Konkurrenten?
- Worauf lässt sich unser Können übertragen?

---

[386] vgl. Bamberger/Wrona (1996), Seite 135 f.; Buchholz/Olemotz (1995), Seite 18 f.; Krüger/Homp (1996b), Seite 8 f.; Rasche/Wolfrum (1994), Seite 503 f.; Thiele (1997), Seite 46 f.

[387] vgl. Rasche (1993), Seite 425.

[388] vgl. Hamel/Prahalad (1997), Seite 306.

[389] vgl. Hamel/Prahalad (1995), Seite 199 und Hamel/Prahalad (1997), Seite 302.

[390] vgl. Krüger/Homp (1997), Seite 92 f.

Es wird die Bildung von „Kompetenz-Identifikationsteams" empfohlen, da die Identifikation von Kernkompetenzen äußerst schwierig ist.[391] In diese Teams sollten nicht nur Mitarbeiter unterschiedlicher Bereiche, sondern auch möglichst Lieferanten und Kunden, sowie sogenannte „Schlüsselpersonen" einbezogen werden. Als Instrumente können Kreativitätstechniken, wie beispielsweise Brainstorming, die Delphi-Methode und Szenario-Analysen eingesetzt werden.

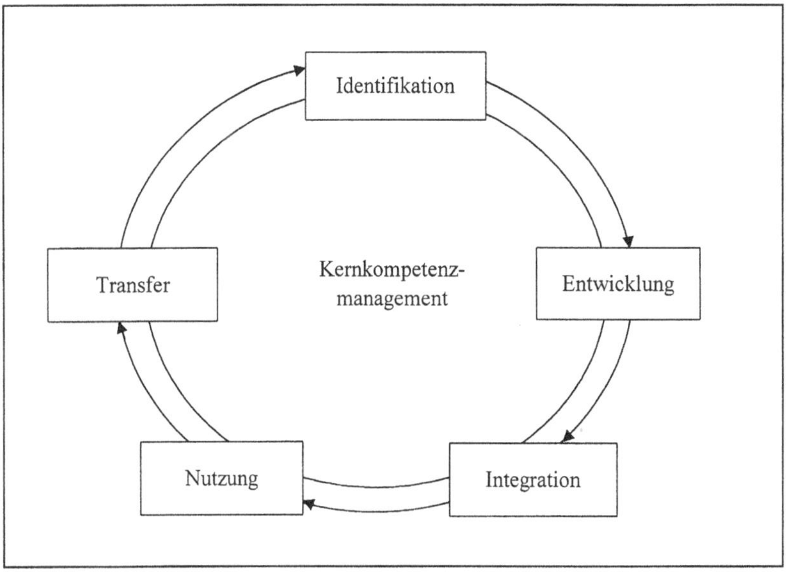

Abbildung 26: Zyklus des Kernkompetenzmanagement

Eine Aufteilung der möglichen Phasen zeigt die Abbildung 26. In der Phase der Entwicklung geht es einerseits darum, existente Kernkompetenzen zu festigen und auszubauen und andererseits, neue Kompetenzen zu entwickeln (Kompetenzinnovation). Die zielgerichtete Bündelung der Kompetenzen erfolgt im Rahmen der Integration. Mit Maßnahmen, die darauf gerichtet sind, Prozesse abzustimmen und Aktivitäten in Prozesse zu integrieren, sollen die identifizierten Stärken optimal genützt werden. Letztendlich sollen die Kompetenzen am Markt ökonomisch ausgeschöpft werden. Als letzte Phase, die gleichzeitig den Beginn eines neuen Zyklus darstellt, ist die Transferphase zu nennen. Ihre Aufgabe ist es, die Kernkompetenzen auf andere Produkte, Kunden und Regionen zu übertragen. Dieser Managementzyklus lässt sich darüber hinaus mit dem Produktlebenszyklusmodell verbinden, wobei hervorzuheben

[391] vgl. Thiele (1997), Seite 77 f.

ist, dass Kernkompetenzen einen längeren Lebenszyklus aufweisen als Produkte.[392]

3.3.3. Kompetenzportfoliokonzepte

Die Entwicklung von Kernkompetenzen ist auf das „organisationale Lernen" zurückzuführen, woraus die Forderung ableitbar ist, die Lernbereitschaft und Fähigkeit einer Unternehmung zu erhöhen.[393] Als Grundlage ist es notwendig, die Kernkompetenzen zu positionieren, um dann darauf aufbauend Handlungsempfehlungen zu formulieren. Es hat sich dabei die Portfoliomethode durchgesetzt, so dass entsprechende Portfolios für Kernkompetenzen, auch Kompetenz-Produkt-Matrix genannt, entwickelt wurden. Die Vorgehensweise von Hamel/Prahalad, wie sie in Abbildung 27 dargestellt ist, bildet dabei eine Grundlage.[394]

Kernkompetenz	Märkte: bestehend	Märkte: neu
neu	herausragende Position: Welche neuen Kernkompetenzen müssen wir aufbauen, um unsere Exklusivposition in unseren derzeitigen Märkten zu schützen und auszubauen?	Mega-Chancen: Welche neuen Kernkompetenzen müßten wir aufbauen, um an den spannendsten Märkten der Zukunft teilnehmen zu können?
bestehend	Lücken füllen: Welche Chancen haben wir unsere Position auf den bestehenden Märkten zu verbessern, indem wir unsere bestehenden Kernkompetenzen besser nutzen und ausschöpfen?	Weiße Flecken: Welche neuen Produkte könnten wir schaffen, indem wir unsere derzeitigen Kernkompetenzen in kreativer Weise neu einsetzen oder anders kombinieren?

Abbildung 27: Kompetenz-Produkt-Matrix nach Hamel/Prahalad

[392] vgl. Krüger/Homp (1997), Seite 95.

[393] vgl. Friedrich (1995), Seite 336.

[394] vgl. Hamel/Prahalad (1997), Seite 341.

Die Kompetenz-Produkt-Matrix gibt somit keine Hinweise darauf, welche strategischen Handlungsempfehlungen in den jeweiligen Feldern relevant sein können, sondern vielmehr stellt sie primäre Fragen zur Ermittlung des Ist-Zustandes. Hinterhuber/Stuhec modifizieren hingegen den Ansatz von Hamel/Prahalad und definieren strategische Handlungsempfehlungen, wie sie in Abbildung 28 dargestellt sind.[395]

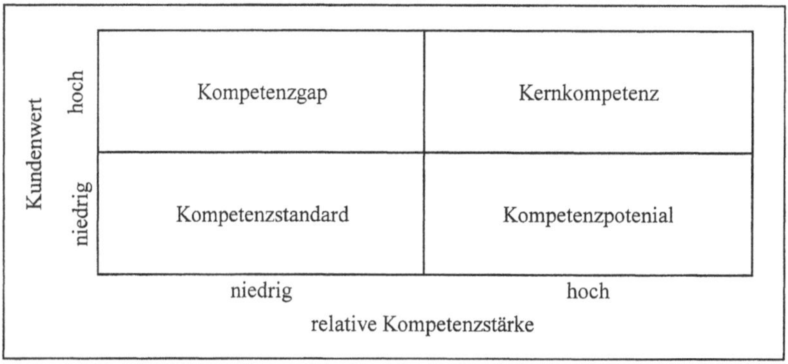

Abbildung 28: Kernkompetenzportfolio

Bei diesem Ansatz gilt der Grundsatz: „Je höher die Bedeutung einer Kernkompetenz für den Kunden wird und je stärker die relative Stellung einer Kompetenz ist, desto eher muss man sie im Haus pflegen und weiterentwickeln."[396] Wie aus dem Kernkompetenzportfolio in Abbildung 28 zu entnehmen ist, entwickeln die Autoren vier Situationen, aus denen unterschiedliche Handlungen empfohlen werden. Das Feld „Kompetenzstandard" dient der Aufrechterhaltung des normalen Geschäftsbetriebes oder der Abrundung des Leistungsspektrums. Mit dem Kompetenzstandard lässt sich kein Wettbewerbsvorteil erzielen. Die durch einen „Kompetenzgap" gekennzeichnete Situation bedeutet, dass das Unternehmen nach entsprechenden Verbesserungsmöglichkeiten Ausschau hält. Die Situation „Kompetenzpotential" zeigt hingegen, dass das Kompetenzpotential der Marktentwicklung angepasst werden muss. Die mit „Kernkompetenz" bezeichnete Situation zeigt die eigentlichen Kernkompetenzen des Unternehmens, die es zu pflegen und weiterzuentwickeln gilt.

Albach schlägt eine mehrstufige Vorgehensweise vor, die auf den Überlegungen von Ansoff/Leontiades[397] aufbauen. Ausgangspunkt dieses Ansatzes ist

---

[395] vgl. Hinterhuber/Stuhec (1997), Seite 8 f.; Thiele (1997), Seite 84 f.

[396] vgl. Hinterhuber/Stuhec (1997), Seite 10.

[397] vgl. Ansoff/Leontiades (1976).

eine Ressourcenmatrix und eine Produktmatrix, die dann mittels einer Gesamtbeurteilung in eine Ressourcen-Geschäftsfeld-Matrix überführt werden. Auf dieser Grundlage ist dann eine Identifikation kritischer Geschäftsfeld-Ressourcen-Kombinatio-nen möglich.[398]

Buchholz/Olemotz gehen einen Schritt weiter und stellen ein Geschäftsfeld-Kernkompetenz-Portfolio auf. Es handelt sich dabei ebenfalls um einen Multifaktoransatz, der als interne Dimension die Ausprägungen der Basiskompetenzen und als externe Dimension, die von Porter angeführten Wettbewerbskräfte heranzieht.[399]

Der Ansatz der Kernkompetenzen geht mit dem Effekt einher, dass der Stellenwert unternehmerischer Funktionsbereiche im Rahmen strategischer Überlegungen deutlich zunimmt. Auf der anderen Seite steckt hinter diesem Ansatz die Überzeugung, dass eine Orientierung an den Kundenbedürfnissen und Märkten langfristig keine Erfolgsstrategie garantiert, da diese ständigen Veränderungen unterliegen und eine einseitige marktliche Orientierung lediglich Projekte mit geringem Innovationsgrad hervorbringt.[400]

Reiß/Beck streben die Entwicklung eines umfassenden Kernkompetenzmanagement mit den Aufgabenfeldern Erkennen, Einsetzen, Entwickeln, Erwerben, Erhalten und Entlernen an.[401] Eine Bestandsaufnahme der gegebenen Kernkompetenzen setzt zunächst das Erkennen voraus, um sie dann in einem zweiten Schritt optimal einzusetzen. Existente Kernkompetenzen müssen darüber hinaus ständig weiterentwickelt werden, wodurch das Kernkompetenzmanagement ein dynamisches Management impliziert. Diese Entwicklung von Kernkompetenzen bedingt ein integriertes Portfolio-Verbundsystem, in dem die Interdependenzen zwischen Programmstruktur, Programmressourcenstruktur und Ressourcenstruktur aufgezeigt werden.[402] Zum Erwerb fehlender Kompetenzen sind entsprechende Strategien zu formulieren. Hierfür kommen einerseits interne Lernprozesse und andererseits Kooperationen, z.b. in Form von strategischen Allianzen in Frage. Einmal geschaffene Kernkompetenzen sind aber, um sie zu erhalten, zu pflegen. Tragen Kernkompetenzen zu keinem Wettbewerbsvorteil mehr bei, dann muss die Unternehmung auch in der Lage sein, sich von überholtem Wissen zu trennen (entlernen).

---

[398] vgl. Albach (1978), Seite 709 f.
[399] vgl. Buchholz/Olemotz (1995), Seite 31 f.
[400] vgl. Osterloh (1994), Seite 50.
[401] vgl. Reiß/Beck (1995), Seite 39 f.
[402] vgl. Reiß/Beck (1995), Seite 42.

Auch wenn das Kernkompetenzkonzept ein einleuchtender Ansatz ist, darf nicht verkannt werden, dass die Entwicklung und Pflege von Kernkompetenzen an Grenzen stößt, ähnlich wie dies beim Konzept der Unternehmenskultur der Fall ist. Eine absolute Gestaltbarkeit der Kernkompetenzen erscheint damit kaum möglich. Ein weiterer Aspekt ist, dass der ressourcenorientierte Ansatz ein „strukturkonservatives Konzept“[403] darstellt, d.h. dass es veränderungsresistent ist, weil nach dem Grundsatz verfahren wird, dass sich das, was sich in der Vergangenheit bewährt hat, auch für die Zukunft eignet und damit als erhaltenswert zu betrachten ist. Gerade hierin ist ein Argument zu sehen, das für eine ergänzende oder komplementäre Betrachtung der Produkt-Markt-Sicht spricht. Die meisten Autoren[404], die sich mit Kernkompetenzen beschäftigen, sind der Ansicht, dass der ressourcenorientierte Ansatz nicht an die Stelle der Produkt-Markt-Perspektive treten soll, sondern sich die unternehmensinterne und die unternehmensexterne Sicht der Industrieökonomie gegenseitig ergänzen soll.

3.4. Strategische Optionen der Privatbankiers

Zur Generierung von Wettbewerbsvorteilen unterscheidet man grundsätzlich, wie dargestellt, zwischen dem marktorientierten und ressourcenorientierten Ansatz. Für Privatbankiers stellt sich somit die Frage, welchen Ansatz sie bei der Gewinnung von Wettbewerbsvorteilen verfolgen sollten. Durch die Liberalisierung des Finanzmarktes und die zunehmende Globalisierung intensivieren sich die Marktkräfte und der Kundennutzen tritt immer mehr in den Vordergrund. Hinzu kommt ein verändertes Kundenverhalten, was es nach Ansicht des Autors unumgänglich macht, sich an den Kundenbedürfnissen zu orientieren, um langfristig wettbewerbsfähig zu bleiben. Es muss daher der marktorientierte Ansatz in den Vordergrund gestellt werden. Wie auch Porter meint, kann es betriebsspezifische Ressourcen geben, die ein Unternehmen in bestimmten Situationen bzw. bei der Befriedigung verschiedener Kundenbedürfnisse bevorteilt. Es darf deshalb der ressourcenorientierte Ansatz nicht außer acht gelassen werden. Er ergänzt vielmehr nach Ansicht des Autors den marktorientierten Ansatz.

Aus den dargestellten Wettbewerbsstrategien ergeben sich unterschiedliche Anhaltspunkte für die Festlegung einer Wettbewerbsstrategie. Mit Ausnahme der „dynamischen Produktdifferenzierung“ unterscheiden letztendlich alle marktorientierten Ansätze in gleicher weise. Während Porter von der Unvereinbarkeitshypothese ausgeht, erachten die anderen Ansätze eine sequentielle

---

403 vgl. Reiß/Beck (1993), Seite 46.

404 vgl. Friedrich (1995), Seite 343; Hamel/Prahalad (1997), Seite 352; Rasche (1993), Seite 426.

bzw. simultane Kombination der Kostenführerschaft und der Differenzierung als möglich. Als erste Strategie ist nach Porter die strategische Option der Kostenführerschaft zu diskutieren. Ziel dieser Strategie ist es, die Finanzdienstleistungen mit den im Vergleich zur Konkurrenz niedrigsten Stückkosten herzustellen. Drückt man im Bankensektor die Stückkosten als Relation von Verwaltungskosten zum Geschäftsvolumen aus, verfügt der Sparkassensektor, wie aus der Abbildung 29 hervorgeht, über die niedrigsten Stückkosten. Durch frühzeitigen IT-Einsatz und konsequente Rationalisierung in Verbindung mit hohen Marktanteilen[405] haben sie seit Jahren die Position des Kostenführers inne. Darüber hinaus ist die Gewährträgerhaftung als kostenloses Eigenkapital zu sehen, so dass gegenüber anderen Kreditinstituten die Eigenkapitalkosten wesentlich niedriger sind.

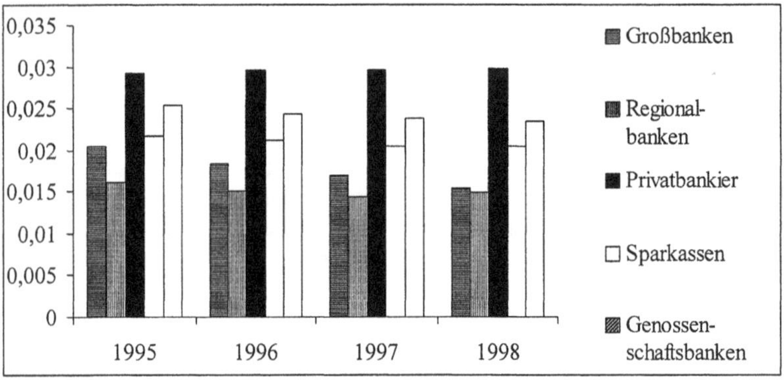

Abbildung 29: Verwaltungskosten gemessen am Geschäftsvolumen zwischen 1995 und 1998[406]

Während die Großbanken durch große Kostensenkungserfolge inzwischen nahe an den Kostenführer heranreichen, weisen die Privatbankiers mit Abstand den höchsten prozentualen Verwaltungsaufwand auf. Um die Strategie der Kostenführerschaft durchzusetzen, wäre es für die Privatbankiers zunächst erforderlich, den derzeitigen großen Kostennachteil auszugleichen, bevor Kostenvorteile aufgebaut werden könnten. Letztendlich kann die Kostenführerschaft aber nur über größere Marktanteile und durch das Ausnützen von Betriebsgrößen- und Erfahrungskurveneffekten erzielt werden. Eine erhebliche Steigerung des Geschäftsvolumens wäre unumgänglich. Dem widerspricht

[405] Gemesen am Geschäftsvolumen hatte der Sparkassensektor in 1998 einen Marktanteil von 47,74%. Auch in Bezug zu den Bankstellen hatte der Sparkassensektor in 1997 mit 42,0% die Marktführerschaft inne. Vgl. Abbildung 1 und Tabelle 3.

[406] vgl. Deutsche Bundesbank (Juli 1999), Seite 52 f. Seit 1998 wird die Gruppe „Privatbankiers“ nicht mehr getrennt erfasst.

aber, dass ein Großteil der Privatbankiers nur regional tätig und dadurch auch nur regional bekannt sind. Ferner wären zur Bewältigung eines wesentlich höheren Geschäftsvolumens erhebliche Investitionen sowohl in der Vertriebsstruktur als auch im technischen Bereich, insbesondere im IK-Sektor erforderlich. Die Abwicklung eines wesentlich größeren Geschäftsvolumens erfordert aber auch die Bereitstellung eines ausreichend hohen haftenden Eigenkapitals. Das haftende Eigenkapital müsste bei dieser Strategievariante stark aufgestockt werden, um im Hinblick der gesetzlichen Vorschriften überhaupt größere Volumina abwickeln zu können. Bei gleichzeitigem Erhalt der Selbständigkeit impliziert dieser Ansatz eine enorme Finanzierungskraft im Gesellschafterkreis der Privatbankiers. Die Beschaffung von Eigenkapital stellt jedoch bei den Privatbankiers einen Engpassfaktor dar, was dazu geführt hat, dass bereits die Erfüllung der Eigenkapitalvorschriften gem. 6. KWG-Novelle zu Problemen geführt hat. Die strategische Option der Kostenführerschaft scheidet demnach für diese Bankengruppe weitgehendst aus.

Eine weitere Strategievariante stellt die Differenzierung dar. Über zusatznutzenstiftende Leistungen wird versucht, eine Einzigartigkeitsposition aufzubauen, die letztendlich den Kunden einen höheren Nutzen bringt. Wie die Entwicklungstendenzen im Kundenverhalten gezeigt haben, gibt es hierzu mehrere Ansatzpunkte. Beispielsweise werden aufgrund höher verfügbarer Einkommen „höherwertige“ Anlagearten nachgefragt. Es werden neue Ansprüche an die Kunden-Bank-Beziehung gestellt, wobei im Markt eine zunehmende Trennung zwischen „Transaktionsbanking“ und „Relationshipbanking“ zu erkennen ist. Gerade in dem Bereich „Relationshipbanking“ bieten sich Differenzierungsstrategien an, da diese auf der persönlichen Beziehungsebene und einer individuellen Beratung basiert. Durch eine qualifizierte Beratung und Betreuung können ebenso wie durch ein persönliches Beziehungsmanagement zwischen Kunde und Bank Differenzierungsvorteile generiert werden. Auch treten Faktoren wie Flexibilität und Individualität der Beratung- und Produktleistung immer stärker in den Vordergrund. Genau diese Faktoren kann der Privatbankier durch seine Betriebsstruktur und Betriebsgröße bieten. Hinzu kommen schnelle Entscheidungswege und ein hoher Identitätsgrad von Kapital und Geschäftsleitung, was zu einer besonders guten Kunden-Bank Beziehung führen kann.

Die dritte von Porter genannte Strategie, die Schwerpunktstrategie, bezieht sich einerseits auf die Kostenführerschaft andererseits auf die Differenzierung. Sie erfordert die Konzentration eines Differenzierungs- oder Kostenschwerpunkts entweder auf einen Teil des Produktprogramms, auf eine bestimmte Kundengruppe oder einen geografisch abgegrenzten Markt. Wie bereits erläutert, muss für einen Privatbankier jede Kostenführerschaft als unrealistisch eingestuft werden. Die Schwerpunktstrategie in diese Richtung scheidet deshalb auch von vorne herein aus, wohingegen ein Schwerpunkt auf Differenzierung durchaus sinnvoll sein kann. Zwar bieten Privatbankiers oft eine breite Produktpalette an und agieren somit als Universalbank, jedoch haben sie teilweise Schwerpunkte in der Produktpalette gesetzt und sich in bestimmten Produktgruppen spezifische Kenntnisse mit zusatznutzenstiftender Wirkung angeeignet. Eine Konzentration auf Produktgruppen, in denen ein außergewöhnlich hohes Know How vorhanden ist, kann die Ertragslage wesentlich verbessern. Auch kann die Differenzierung nach verschiedenen Kundengruppen nicht grundsätzlich ausgeschlossen werden. So verkörpert beispielsweise ein Privatbankier schon allein über das Image eine gewisse Verbundenheit zu vermögenden Privatkunden und zu mittelständischen Unternehmen.

Im Bankensektor betreiben bislang die Großbanken eine erfolgreiche Differenzierungsstrategie. Durch ihr Image und ihren Vorsprung in qualifizierten und beratungsintensiven Geschäftsfeldern wie dem Auslandsgeschäft, der Industriefinanzierung oder dem Investmentbanking gelang es ihnen, erhebliche Wettbewerbsvorteile zu erzielen. Aufgrund ihrer nachhaltigen Kostensenkungserfolge ist es nicht ausgeschlossen, dass die Großbanken von der Differenzierung zur Kostenführerschaft wechseln oder beide Strategien gleichzeitig anwenden eine hybride Strategie verfolgen. Eine Kombination der Kostenführerschaft und der Differenzierung ist jedoch für Privatbankiers nicht vorstellbar, da eine Kostenführerschaft wie bereits erwähnt, nicht durchführbar erscheint. Sollten sich Privatbankiers nicht auf ihre Differenzierungsvorteile konzentrieren, besteht nach Ansicht des Autors die Gefahr, „zwischen die Stühle“ bzw. in eine „fatale“ Situation zu geraten („stuck in the middle“).[407]

Stellt man sich die Frage, welche Ressourcen eines Privatbankiers die Stellung im Markt positiv beeinflussen und auch im Rahmen einer Differenzierungsstrategie einen strategischen Wert erlangen können, muss die Unabhängigkeit im Sinne der in Kapitel 1.1.2. genannten Definition genannt werden. Demnach ist der Privatbankier weitgehendst unabhängig von fremdem Kapital und in seinen unternehmerischen Entscheidung frei. Im Gegensatz zu allen anderen Instituten im Markt erfüllen Privatbankiers die Eigenschaften eines eigentümergeführten Unternehmens und unterscheiden sich demnach grundsätzlich

---

[407] In Deutschland gibt es einen Privatbankier, die SchmidtBank KGaA, die über eine Tochtergesellschaft, der Consors Discount Broker AG, eine Strategie der Kostenführerschaft verfolgt. Durch aggressive Preisgestaltung und starkes Marktwachstum ist die Consors AG zwischenzeitlich zum Marktführer geworden. Anzumerken ist jedoch, dass die Consors AG am Markt selbständig agiert und ein differenziertes Erscheinungsbild zur SchmidtBank KGaA hat. Auch wird die Aktie der Consors AG am Neuen Markt gehandelt und es besteht aus der Rechtsform keine persönliche Haftung eines Gesellschafters, so dass der Charakter eines „klassischen“ Privatbankiers nicht gegeben ist.

von managementgeführten Unternehmen. Die Prämissen des ressourcenorientierten Ansatzes, nämlich dass die Ressource „Unabhängigkeit“ die Effizienz und Leistungsfähigkeit verbessert, begrenzt verfügbar und nicht substituierbar ist, kann bejaht werden. Zwar ist die Effizienz und Leistungsfähigkeit grundsätzlich von den Fähigkeiten des Bankiers selbst abhängig, jedoch gibt es nur eine begrenzte Anzahl dieses Typs und ist auch nicht von anderen Instituttypen nachahmbar.

Zusammenfassend bleibt festzuhalten, dass Privatbankiers nur über eine Differenzierungsstrategie mit oder ohne Schwerpunkt Wettbewerbsvorteile generieren können und eine langfristige Existenzberechtigung haben. Dynamische Strategien, die Kostenführerschaft und Differenzierung kombinieren scheiden im Hinblick der Betriebsgrößen und der begrenzten Eigenkapitalbeschaffung grundsätzlich aus. Eine dynamische Strategie hinsichtlich der Differenzierungsschwerpunkte ist dagegen möglich. Betriebsspezifische Ressourcen[408] dürfen dabei nicht vergessen werden. Vielmehr müssen sie so gestaltet und gepflegt werden, dass sie zur Erfüllung eines Zusatznutzen beitragen bzw. diesen überhaupt erst ermöglichen.

[408] vgl. Kapitel 4.3.

4. Sicherung oder Erzeugung relativer Wettbewerbsvorteile von Privatbankiers

4.1. Marktsegmentierung

4.1.1. Definition und Aufgaben der Marktsegmentierung

Unter Marktsegment wird ein Teilmarkt bzw. ein Ausschnitt eines Gesamtmarktes verstanden.[409] Bei der kundenorientierten Marktsegmentierung können Kundengruppen, die sich durch ihr Kauf-, Verwendungs- und Informationsverhalten unterscheiden, Marktsegmente darstellen. Bei produktorientierter Marktsegmentierung stellen die Produktarten oder Marken, die nur für Teile des Gesamtmarktes geeignet sind, oder Auftragsgrößenklassen als Teilabsatzsegmente die Marktsegmente dar. Aus der Perspektive, dass Absatzmärkte immer durch Willenszentren, d.h. Personen oder Organisationen, die Nachfrage artikulieren, gebildet werden, ist die kundenmarktbezogene Marktsegmentierung die Abbildungsebene mit dem größten Generalisierungsgrad. Die anderen dargestellten Merkmale wie Produktarten, Auftragsgrößenklassen, usw. lassen sich immer auf bestimmte Kundengruppen und deren Produktartenpräferenzen sowie deren Einkaufsverhalten zurückführen.

Marktsegmentierung befasst sich mit der unternehmenspolitischen Aufgabenstellung der Auswahl und Bearbeitung von Teilmärkten. Ausgehend von der noch kontextunabhängigen Möglichkeit der Differenzierung von Märkten nach unterschiedlichsten Kriterien werden daher Abbildungsvarianten, Marktauswahl und Marktbearbeitungsformen Gegenstand unternehmerischer Entscheidungen.[410] Auslösendes betriebswirtschaftliches Moment ist die Anwendung des Ökonomitätsprinzips. Entweder ist, um den größtmöglichen Nutzen zu erzielen, bei knappen Kapazitäten über deren Einsatz angesichts unterschiedlicher Teilmärkte oder Marktbearbeitungsalternativen zu entscheiden oder, im Sinne eines Verfahrensvergleiches, eine möglichst gute Input-Output-Relation bei der Entscheidung über unterschiedliche marktbezogene Vorgehensweisen zu suchen. Marktsegmentierung umfasst daher Entscheidungstatbestände bzw. Aufgabenbereiche, die Grundsatz- bzw. Vorentscheidungscharakter haben. Sie sind ranglogisch den Instrumentalentscheidungen vorgelagert, die ja bereits auf bestimmte Zielgruppen bzw. Zielpersonen orientiert sind.[411]

---

409 vgl. Seiler (2000), Seite 96 und Nieschlag/Dichl/Hörschgen (1997), Seite 835.

410 vgl. Freter (1983), Seite 17 f.

411 vgl. Pepels (1998), Seite 99 f.

Marktsegmentierung kann unter Berücksichtigung der bisherigen Überlegungen als ein Aufgabenbereich verstanden werden, der mehrere verkettete Teilaufgaben bzw. Teilentscheidungsprozesse beinhaltet. Die erste Aufgabe ist die Abbildung des Marktes bzw. die Erstellung des Marktmodells durch Anwendung eines Systems von Merkmalen, die geeignet sind, die Menge der Marktsubjekte zu beschreiben. Durch die Zusammenfassung gleichartiger Merkmale und Merkmalsausprägungen zu Teilmärkten in Relation zu davon unterschiedlichen Teilmärkten, wird der Markt merkmalsmäßig abgebildet und in relativ homogene Teile gegliedert. Diese Merkmale werden Segmentierungsvariablen oder Segmentierungskriterien genannt.[412]

Darüber hinaus dient die Abbildung von Märkten bzw. über das angedeutete typologische Verfahren von Teilmärkten, abgesehen von der Abbildungsfunktion, einer operationalen Darstellung von Alternativen. Die Marktsegmentierung schafft also Grundlagen für weitere Entscheidungen. Alternative Segmente, Segmentumfänge bzw. der undifferenzierte Gesamtmarkt stellen den Alternativraum für die Selektion von Zielmärkten, Zielgruppen, usw., und die darauf aufbauenden Marktbearbeitungsformen dar.[413]

Schließlich ist als weitere Aufgabe die Selektionsentscheidung zu nennen. Unter Berücksichtigung von Zielen und Nebenbedingungen ist eine Auswahlentscheidung aus alternativen Teilmärkten bzw. eine Entscheidung zwischen der Bearbeitung des Gesamtmarktes und der Bearbeitung von Teilmärkten zu treffen. Daraus resultiert eine Marktbearbeitungsstrategie unter den Aspekten der Differenzierung. Man unterscheidet dabei zwischen der undifferenzierten, der differenzierten und der konzentrierten Marktbearbeitung. Während sich die undifferenzierte Marktbearbeitung, auch wenn der Markt nach verschiedenen Kriterien und deren Ausprägungen differenziert beschreibbar ist, aufgrund der ziel- und restriktionen-abhängigen Beurteilung keine differenzierte Bearbeitung wählt, werden bei der differenzierten Bearbeitung die Teilmärkte mit unterschiedlichen Maßnahmen in den absatzpolitischen Instrumenten bearbeitet. Bei der konzentrierten Marktbearbeitung werden aus dem Gesamtmarkt einzelne Teilmärkte ausgewählt oder ein Teilmarkt selektiv bearbeitet.[414] Zusätzlich zu den dargestellten Marktbearbeitungsstrategien in Abhängigkeit von der Selektionsentscheidung ist bezüglich der Marktbearbeitung zu entscheiden, mit welchem Aktivitätsgrad man das Segment bearbeitet und welche Instrumentalbereiche betroffen sind.[415]

---

412 vgl. Freter (1983), Seite 20.
413 vgl. Diller (1994), Seite 733.
414 vgl. Freter (1995), Seite 1810 f.
415 vgl. Diller (1994), Seite 735 f.

4.1.2. Anforderungen an die Segmentierungskriterien

Alle unternehmensbezogenen und umweltabhängigen Nebenbedingungen können einschränkend für die zu wählenden Marktbearbeitungsformen und damit für die situativ zweckmäßige Segmentauswahl sein. Diese generellen Nebenbedingungskategorien wirken sich daher unter dem Aspekt der spezifischen Teilaufgaben der Marktsegmentierung aus. Die im folgenden dargestellten Schritte der Prüfung auf die Zulässigkeit von Segmentierungsalternativen stellen auf die aufgabenspezifischen Auswirkungen von Situationsbedingungen ab. Jeder der Prüfbereiche entscheidet über die Segmentierungsalternativen unter Berücksichtigung von Wirtschaftlichkeitszielen. Ist für eine zu prüfende Differenzierungsalternative eine der Voraussetzungen nicht erfüllt, ist entweder mit Streuverlusten zu rechnen oder die ausgewählte Segmentierungsalternative zu wechseln und neuerlich zu überprüfen.

4.1.2.1. Homogenität

Die Konstruktion von Zielgruppen über ein Segmentierungsmodell, d.h. die Auswahl von Kundengruppen aufgrund möglicher Merkmalszuordnungen, beruht auf der Hypothese der relativen Verhaltenskonstanz und der Existenz gruppenspezifischer unterschiedlicher Verhaltensformen quasi gesetzmäßiger Art. Es gilt die Annahme, dass die über Merkmale gebildeten Gruppen bis zu einem gewissen Grad gleichartiges und konstantes Verhalten aufweisen. Wenn Angehörige einer merkmalsgleichen Gruppe die Anforderung relativ homogenen Verhaltens in relevanten Bereichen des Informations-, Kauf- und Reaktionsverhaltens auf Beeinflussung erfüllen, ist die Möglichkeit einer gezielten Bearbeitung der Gruppen gegeben. Das Segmentierungskriterium indiziert eine gruppenspezifische Verhaltenstendenz, wie sie bereits erwähnt wurde.[416]

Damit im Zusammenhang ist auch die Forderung einer ausreichenden Differenzierung zu anderen Segmentalternativen bzw. Gruppen zu sehen. Ein selektives Bearbeiten der Segmente ist nur bei einer Segmentierungsalternative sinnvoll, die einen solchen Grad an Unterschiedlichkeit zwischen den potentiellen Gruppen aufweist. Auch erscheint die differenzierte Gestaltung absatzpolitischer Instrumentalkombinationen als möglich und ökonomisch sinnvoll.[417]

---

[416] vgl. Koschnik (1997), Seite 2104.
[417] vgl. Freter (1983), Seite 43 f.

4.1.2.2. Messbarkeit

Das Problem der Messbarkeit von Merkmalen oder Eigenschaften der Merkmalsträger umfasst einerseits die anwendbaren Skalen und andererseits das Messverfahren. So ist beispielsweise sowohl die Wahl der Maßskala als auch die Erfassung bei demografischen Kriterien, wie Altersgruppen, Geschlecht, Berufsgruppen und Einkommensklassen relativ einfach. Mit messmethodischen Spezialproblemen und einem relativ höheren Erhebungsaufwand der zumeist notwendigen Primärerhebungen ist bei der Berücksichtigung von Persönlichkeitsmerkmalen, Einstellungen, Motivationen, Rollenverhaltensmerkmalen zu rechnen. In Einzelfällen ist bereits die Erarbeitung sinnvoller Ausprägungsgrenzen nur durch Experimental- und Beobachtungsverfahren möglich. Der Standard der Methoden in der Konsumverhaltensforschung lässt Persönlichkeits- und Verhaltensmerkmale zu. Allerdings ist der Erhebungsaufwand an den Zieldimensionen Inhalt, Genauigkeit, Zeitbedarf und Kosten zu messen.[418]

Eine weitere methodische Schwierigkeit und Notwendigkeit ergibt sich durch die Analyse möglicher Interdependenzen zwischen einzelnen Merkmalskategorien, deren Gesetzmäßigkeit bzw. Korrelation bei der Erstellung des Segmentierungsmodells berücksichtigt werden muss.[419]

4.1.2.3. Zuordenbarkeit und Erreichbarkeit

Über Kommunikations- und Distributionskanäle sollten die über Segmentierungskriterien definierten Segmente erreichbar sein.[420] Bei der Erstellung eines Segmentierungsmodells und der beabsichtigten differenzierten Marktbearbeitung ist mit typischen Ausgangssituationen zu rechnen. Im ersten Fall wird von einer bekannten Gruppe von möglichen Nachfragern ausgegangen. Innerhalb dieser namentlich oder persönlich bekannten Gruppe wird durch Anlegen von Segmentierungskriterien eine Auswahl und Differenzierung unterschiedlicher Gruppen getroffen. Im Falle eines auf diesem Wege erstellten Segmentierungsmodells ist man in der Lage, die betrachteten Merkmale eindeutig einem Merkmalsträger zuzuordnen und damit sofort den gezielten, individuellen Einsatz der Marketinginstrumente vorzunehmen.

Im zweiten Fall sind vorerst die Merkmalsträger nicht bekannt, sondern die Segmentierungskriterien werden im theoretischen Segmentierungsmodell isoliert vom Realmarkt ausgewählt. Im Falle identifizierbarer Marktsegmente ist

---

418 vgl. Diller (1994), Seite 739.
419 vgl. Freter (1995), Seite 1808 f.
420 vgl. Diller (1994), Seite 739.

es jedoch möglich, die gewählten Merkmale oder Merkmalskombinationen eindeutig bestimmten Merkmalsträgern zuzuordnen und auch den Einsatz des Marketinginstrumentariums innerhalb der Grenzen unvermeidlicher Streuverluste auf die so differenzierten Kunden der Zielgruppe zu lenken.

Im dritten Fall jedoch, ist weder von real bekannten Merkmalsträgern auszugehen, noch kann die Zuordnung zu eindeutig identifizierbaren individuellen Merkmalsträgern erfolgen. Es können zwar Existenz und Umfang von Zielgruppen innerhalb einer Gesamtpopulation festgestellt werden, die konkreten Einzelpersonen sind in der Regel jedoch nicht in jedem Fall ohne weiteres identifizierbar. Da im Falle nicht identifizierbarer Merkmalsträger keine direkte Ansprechbarkeit gegeben ist, können segmentorientierte Maßnahmen nur nach dem Prinzip des Selbstselektionsverhaltens erfolgen. In diesem Falle wird eine absatzpolitische Maßnahme in ihrer inhaltlichen Gestaltung aufgrund der im Segmentierungsmodell ausgewählten Merkmale auf eine Zielgruppe abgestimmt. Es ist nicht auszuschließen, dass Personen erreicht werden, die der Zielgruppe nicht angehören. Man nimmt jedoch an, dass die Merkmalsträger, auf die eine gewählte Merkmalskombination des Segmentierungsmodells zutrifft, sich aufgrund der Gestaltung in höherem Maße als die Nichtmerkmalsträger angesprochen fühlen und dadurch ein Selbstauswahlmechanismus in Gang gesetzt werden kann. In diesem Fall trifft das Prinzip der Selbstselektion als Ausgleich gegenüber Streuverlusten aufgrund mangelnder Identifizierbarkeit zu.

4.1.2.4. Wirtschaftlichkeit

Die differenzierte Bearbeitung von Teilmärkten entspricht der selektiven Widmung von zu kalkulierenden Faktoreinsätzen. Die Wirtschaftlichkeit eines Abrechnungsbereichs, wie z.b. ein Absatzsegment, kann über eine kosten- und ertragsmäßige Beurteilung der Segmentierungsalternative unter Berücksichtigung der antizipierten Entwicklung des Segmentes und des unternehmensspezifischen Bedingungsrahmens beurteilt werden. Einem zu setzenden ertragsmäßigen Anspruchsniveau stehen alternative Segmentierungs- und Instrumentalvarianten gegenüber. Aus der Sicht der Wirtschaftlichkeit von Absatzsegmenten kann der Anbieter zumeist einer stark differenzierten Warennachfrage nicht mit dem gleichen Differenzierungsgrad entsprechen, sondern muss in einem Homogenisierungsprozess alternative Marktsegmente zusammenfassen und Entscheidungsregeln für die Selektion von einzelnen Teilabsatzsegmenten festlegen. Die Beurteilung der Wirtschaftlichkeit ist bereits bei der Prüfung der anderen Segmentierungsprämissen zu berücksichtigen. Sie kann daher nicht als isolierte Phase eines Beurteilungsprozesses gesehen werden. Beispielsweise ist auch die Erfassung von Daten zur Bestimmung von Homogenität, Erreichbarkeit und Zuordenbarkeit von Merkmalen, die Kostenwirksamkeit eines höheren Genauigkeitsgrades, gewünschter Aktualität der Daten, etc. zu berücksichtigen. Kosten der Datenerfassung sind segmentbezogen als Input einer Segmentierungsalternative anzusehen.[421]

4.1.3. Segmentierung des deutschen Finanzdienstleistungsmarktes

4.1.3.1. Auswahl der Segmentierungskriterien

Biologische, geografische und soziodemografische Bestimmungsfaktoren zur Strukturierung von Finanzdienstleistungsmärkten, wie z.b. Geschlecht, Alter, Beruf, Einkommen, Wohnort, Haushaltsgröße, usw., waren bereits den Vertretern der klassischen Wettbewerbstheorie geläufig.[422] Mit der Heranziehung dieser ersten Kategorie von Trennvariablen begnügt man sich i.d.R. immer dann, wenn es sich grundsätzlich um die Inanspruchnahme oder Nichtinanspruchnahme einer Dienstleistung handelt. Dies kann dann der Fall sein, wenn soziodemografische Merkmale in einem erkennbaren Zusammenhang mit der Inanspruchnahme von Finanzdienstleistungen stehen. So benötigt beispielsweise ein Berufsanfänger ein Lohn- und Gehaltskonto. Diese Strukturierung des Finanzdienstleistungsmarktes nach jungen und alten Personen, Alleinstehenden und Verheirateten, usw. schafft durchaus die Möglichkeit, eine Finanzdienstleistung etwa speziell für junge Leute zu konzipieren, sie auf bestimmte Lebensphasen auszurichten oder sie den finanziellen Möglichkeiten der Zielgruppe anzupassen. Es wird aber nicht erklärt, weshalb demografisch gleichstrukturierte oder auch heterogene Gruppen gleiches, ähnliches oder völlig unterschiedliches Verhalten an den Tag legen.

Ein häufig beschrittener Weg besteht deshalb in der Erfassung des beobachtbaren Kaufverhaltens, das z.b. in vorhandenen Institutspräferenzen, in der Kundenloyalität bzw. im Institutswechsel, in der Abschlusshäufigkeit, der Verbrauchsintensität und in der Wahl des Abschlussortes zum Ausdruck kommt. Die Differenzierung der Verbraucher nach Maßgabe ihres Kaufverhaltens baut auf der Überlegung auf, dass man durch eindeutige Bestimmung der Symptome eines beobachteten Zustands, meistens auf dessen Verursachensfaktoren schließen kann. Das Verbraucherverhalten erscheint jedoch erst in geringem Maß erforscht. Die Klassifizierung der Marktteilnehmer nach Maßgabe ihrer überaus vielfältigen ökonomisch relevanten Daseinsäußerungen ist daher gleichfalls ein nur bedingt taugliches Verfahren zur Segmentierung des Finanzdienstleistungsmarktes, da diese das Verbraucherverhalten wohl beschreiben, jedoch nicht erklären können. Hinzu kommt der Umstand, dass alle

[421] vgl. Freter (1995), Seite 1808.
[422] vgl. Berndt (1997), Seite 335.

sonstigen Kenntnisse über die potentiellen Zielgruppen insofern ungenutzt bleiben, als die auf getrennten Wegen erlangten Informationen i.d.R. unverbunden nebeneinander stehen.

Wenn sowohl beobachtbares Kaufverhalten, als auch soziodemografische Merkmale nicht genügen, die Zielgruppen sinnvoll zu bestimmen, liegt es nahe, die Unterschiede im Verbraucherverhalten über psychologische Kriterien zu erfassen und den Finanzdienstleistungsmarkt psychologisch zu segmentieren. Bei der näheren Bestimmung des Charakters der psychologischen Dimensionen stößt man vor allem auf die Einstellungen der Verbraucher. Das Wahrnehmungsverhalten auf die Art und Weise, bestimmte Meinungsgegenstände wahrzunehmen, kann als Differenzierungsmerkmal verwendet werden. Eine weitere Komponente verkörpert die Motivationsstruktur, die je nach Zusammensetzung der Motive zu unterschiedlichen Anforderungen an die Finanzdienstleistungen führen. Faktoren wie der Wunsch nach Altersabsicherung bei Gründung einer Familie, das Streben nach Prestige oder die Befriedigung individueller Präferenzen können hierunter subsumiert werden. Nicht zuletzt kann auch die Ausrichtung an einen bestimmten Lebensstil, die Präferenzen eines Individuums determinieren. Lebensstile sind durch klar abgegrenzte Ziele, Handlungen und Interessen des jeweiligen Personenkreises gekennzeichnet.

Solche Merkmale der geschilderten Art lassen sich zwar meistens finden, aber die daraus resultierenden Segmente entziehen sich doch weitgehendst dem Zugriff. Es bedarf deshalb der Einführung einer weiteren Gruppe von Trennvariablen, die mit „Ansprachemöglichkeiten" der Zielgruppe umschrieben werden kann. Hier interessiert beispielsweise ihr Qualitäts- und Preisbewusstsein sowie ihr Vertrauen zu bestimmen Betriebs- und Vertriebsformen.

Der Abschluss eines Finanzdienstleistungsgeschäftes erfordert notwendigerweise eine simultane Anwesenheit zwischen Dienstleister und Dienstempfänger, was den direkten Kontakt in den Vordergrund stellt. Aus Sicht der Kontaktelemente kann der individuelle Kundenkontakt entweder mit dem Personal des Anbieters oder mit Objekten des Anbieters erfolgen (PC, Automat, usw.). Aus diesem Grund kann der Finanzdienstleistungsmarkt grundsätzlich nach der Art des Kundenkontaktes segmentiert werden. Entweder der Kunde hat zu dem jeweiligen Finanzdienstleistungsinstitut einen persönlichen Kontakt und spricht diesen auch an oder er tätigt seine Dienstleistungen auf dem elektronischen Wege ohne einen direkten Kontakt zu haben. Die Ansprachemöglichkeit der jeweiligen Zielgruppe ergibt sich aus der Art des Kundenkontaktes. Während die Kunden mit persönlichem Kontakt direkt angesprochen werden können, erfolgt eine Ansprache in der anderen Zielgruppe weitgehendst über elektronischem Weg.

Notwendige Bedingung beim Dienstekonsum ist die Kontaktaufnahme, die letztendlich auch Bestimmungselement der kundenindividuellen Präferenzen, Einstellungen und Kaufentscheidung ist. Im Rahmen der Segmentierungskriterien kommen daher dem Marktentnahmeverhalten und den Einstellungen besondere Bedeutung zu. Diese dienstekonsumbestimmenden Einflüsse können sich beispielsweise auf die subjektive Bewertung der Motive für die Inanspruchnahme einer Finanzdienstleistung (z.b. Einstellung zu Lebensversicherungen) beziehen, verbunden mit dem Wunsch, von einer bestimmten Person behandelt zu werden (beispielsweise Sympathie). Die Wirkung der Gestaltung eines Beratungszimmers, sowie die Bereitschaft durch einen Automaten bedient zu werden, stellen Einflussfaktoren dar, die sich in den Einstellungen des Kunden zeigen. Um einen Zugriff auf ein Segment „Einstellungen" zu erhalten, bedarf es einer weiteren Trennvariable, die zu einer Ansprachemöglichkeit führt. Diese Trennvariable kann durch das Kriterium „Beratungsbedarf" dargestellt werden. So impliziert ein hoher Beratungsbedarf prinzipiell hohe Anforderungen an die Beratungsqualität, während bei Kunden mit niedrigem Beratungsbedarf der Preis im Vordergrund stehen dürfte. Eine Ansprache erfolgt somit weitgehendst über Preis- und Leistungsmerkmale.

Während für die Dimension Wahrnehmungsverhalten und Lebensstil die Bildung von homogenen Teilmärkten nur schwer möglich ist und es keine eindeutigen Trennvariablen geben dürfte, kann die Motivationsstruktur durchaus zur Segmentierung herangezogen werden. Die Motivationsstruktur könnte durch das Kriterium der „Lebensphase" dargestellt werden. So ergibt sich aus der jeweiligen Lebensphase der Bedarf bestimmter Finanzdienstleistungsprodukte. Beispielsweise besteht nach Gründung einer Familie tendenziell der Wunsch nach Wohneigentum, was eine erhöhte Nachfrage nach Wohnungsbaukrediten impliziert. Nachdem jedoch die Lebensphasen verstärkt Auskunft über die Nachfrage einzelner Produkte geben, kann dieses Segmentierungskriterium nur für Finanzdienstleistungsbetriebe, die eine eingeschränkt Produktpalette haben, herangezogen werden. Durch eine differenzierte Marktbearbeitung könnten beispielsweise Lebensversicherungsgesellschaften oder Bausparkassen bestimmte Finanzdienstleistungsprodukte gezielt absetzen. Für die deutschen Privatbankiers würde eine Segmentierung nach diesem Segmentierungskriterium bedeuten, dass sie gezielt einzelne Produkte absetzen möchten. Dies erscheint allerdings sehr unrealistisch, da die deutschen Privatbankiers überwiegend über eine breite Produktpalette verfügen und im Rahmen einer individuellen Beratung ein umfangreiches Produktprogramm, wenn auch auf Schwerpunkte bezogen, anbieten.

Zwar kann davon ausgegangen werden, dass die ausgewählten Segmentierungskriterien „Art des Kundenkontakt“ und „Beratungsbedarf“ die Homogenitätsbedingung erfüllen. Auch sind sie zuordenbar und erreichbar, jedoch ist das Kriterium der Messbarkeit in Frage zu stellen. Sowohl die Meßmethode als auch die Skalierung der ausgewählten Segmentierungskriterien führen zu Problemen, die unter wirtschaftlichen Gesichtspunkten nicht erfüllt werden können.

4.1.3.2. Bestimmung von Marktsegmenten

In Abhängigkeit von der Anzahl gewählter Segmentierungskriterien und Ausprägungsstufen ist die Darstellung von Segmenten in unterschiedlichen Formen möglich. Es kommen Kreissegment- und Flächenabbildungen, Baumstrukturen und tabellarische Abbildungen, wie Wurfabbildungen und Segmentierungsmatrixen in Frage. In der Darstellungsform einer Segmentierungsmatrix kann in systematischer Weise die Erstellung des Marktmodells über Merkmalskombinationen abgebildet werden. Wie die Ausführungen zeigen erfüllen die Kriterien „Art des Kundenkontakt“ und „Beratungsbedarf“ weitgehendst die Vorraussetzungen einer Marktsegmentierung und können als Segmentierungskriterien im Finanzdienstleistungsmarkt angewandt werden. Beide Kriterien haben zwei Ausprägungsstufen, so dass zur Marktabbildung sich eine Segmentierungsmatrix am besten eignet. Es ergeben sich vier Marktsegmente, die in Abbildung 30 dargestellt werden.

Beratungsbedarf	Kundenkontakt mit: Personal des Anbieters	Kundenkontakt mit: Objekt des Anbieters
hoch	Individual-Kunde	atypischer-Kunde
niedrig	Standard-Kunde	Discount-Kunde

Abbildung 30: Marktsegmente im Finanzdienstleistungsmarkt aus Kundensicht

Beim „Discount-Kunden“ handelt es sich um einen Kunden, der keinen bzw. einen niedrigen Beratungsbedarf hat und gleichzeitig den Kundenkontakt mit dem Objekt[423] des Anbieters favorisiert. Das Kriterium niedriger Beratungsbedarf ist dabei nicht so zu verstehen, dass dieser Kunde aufgrund seiner individuellen Präferenzen gar keinen Beratungsbedarf hat, sondern es kann auch bedeuten, dass dieser sich die Informationen selbst beschafft, sich mit der Materie auseinandersetzt und für sich eine eigene Entscheidung ohne Einwirkung Dritter trifft. Auch persönlichen Kontakt zum Institut selbst sucht er nicht, sondern wickelt seine Geschäfte ausschließlich über den elektronischen Weg ab. Dieser Kunde wird tendenziell sehr preisbewusst sein und den günstigsten Anbieter auswählen, zumal er sich mit den Anbietern auseinandersetzt und sich mit den einzelnen Angeboten selbst beschäftigt. Institute, die in diesem Teilsegment anbieten, müssen über preisgünstige Vertriebswege verfügen und im Rahmen einer Kostenführerschaft möglichst große Marktanteile besitzen. Der Service dieser Institute drückt sich durch die Bereitstellung von Produktinformationen und Informationen über Produktarten aus.

Der zweite mit „Standard-Kunde" bezeichnete Teilmarkt befasst sich mit Individuen, die zwar einen persönlichen Kontakt zu dem jeweiligen Institut oder Bankmitarbeiter suchen, jedoch deren individuelle Präferenzen keinen außergewöhnlichen Beratungsbedarf erforderlich machen. Überwiegend handelt es sich bei diesem Segment um Personen aus niedrigeren Einkommensklassen, die über keine nennenswerten Vermögenswerte verfügen. Der Bedarf nach Finanzdienstleistungen beschränkt sich weitgehendst auf die Grundbedürfnisse und auf die standardisierten Produkte, wie etwa ein Girokonto, Sparkonto, etc. Der persönliche Kontakt zum Bankmitarbeiter hat für diesen Kunden meist keinen funktionalen Zweck, sondern mehr Unterhaltungswert. Auf der anderen Seite ist er mit modernen Techniken nicht vertraut oder verfügt nicht über die entsprechenden Ausrüstungen, so dass er elektronische Vertriebswege nicht nutzt. Eine intensive Bearbeitung dieses Teilsegmentes würde ein hohes Personalpotential erfordern. Auf der anderen Seite ergeben sich jedoch aus der Bedarfsstruktur des Kunden sehr wenig Ansatzpunkte für das jeweilige Kreditinstitut, Ertragspotentiale auszuschöpfen. Wie alle anderen Institute sind Privatbankiers ertragsorientiert und verfügen nur über eine begrenzte Personalkapazität, weshalb eine spezifische Bearbeitung dieses Teilsegments ausscheiden wird. Die Gruppe der „Standard-Kunden" wird vielmehr als Mitnahmeeffekt betrachtet, was bedeutet, das Erträge ohne spezifische Marktbearbeitung mitgenommen werden. Dies ist mit ein Grund dafür, dass der Teilmarkt „Standard-Kunde" tendenziell zum Teilmarkt „Discount-Kunde" abwandern wird.

---

423 Unter „Objekt" wird die Ansprache des Kunden über elektronische Wege, wie etwa PC, Automat, usw. verstanden. Vgl. Kapitel 4.1.3.1.

Beim dritten Teilmarkt, welcher als „Individual-Kunde“ bezeichnet wird, handelt es sich dagegen um Kunden, die einen persönlichen Kontakt suchen, andererseits aber auch einen hohen Beratungsbedarf haben. Zu diesem Teilmarkt zählen beispielsweise vermögende Privatkunden, mittelständische Firmenkunden, Existenzgründer, usw., die auf eine qualifizierte Beratung angewiesen sind und das Institut mehr als Berater sehen. Der diesem Teilmarkt zugeordnete Kunde befasst sich zwar mit der Materie, investiert tendenziell aber nicht die Zeit, um sich ein Gesamtbild über die Branche machen zu können. Die Entscheidung, Finanzdienstleistungen abzuschließen, kommt oft nicht vom Kunden selbst, sondern entsteht aus dem Beratungsgespräch. Der Bankmitarbeiter bindet durch sein finanzwirtschaftliches Know-how und seine sozialen Kompetenzen den Kunden an die Bank. Tendenziell ist diese Kundengruppe zwar preis- und renditebewusst, ist aber bereit, unter bestimmten Bedingungen für die bankbetrieblichen Leistungen ein höheres Entgelt zu bezahlen. Die strukturellen Voraussetzungen eines Privatbankiers eignen sich besonders, dieses Teilsegment spezifisch zu bearbeiten, da eine persönliche Kundenansprache mit flexiblem und individuellem Produktprogramm die Präferenzen der Kunden dieses Teilmarktes am besten befriedigen dürften.

Der letzte, als „atypischer-Kunde“ bezeichnete Teilmarkt, stellt eine Zielgruppe dar, die für Kreditinstitute schwer zu erreichen ist. Zum einen besteht bei diesem Kundenkreis ein Beratungsbedarf, auf der anderen Seite besteht ein so hohes Preis- und Renditebewusstsein, dass man nicht bereit ist, ein höheres Entgelt zu bezahlen und letztendlich die Transaktion auf elektronischem Wege ausübt. In diesem Teilmarkt sind Kunden zu finden, die sich von mehreren Häusern beraten lassen und letztendlich eine vom Berater unabhängige Entscheidung treffen. Das ausgewählte Produkt wird dann beim günstigsten Anbieter gekauft. Aufgrund des Beratungsbedarfes stellt dieser Teilmarkt zwar eine interessante Zielgruppe für die Privatbankiers dar, jedoch wird eine Erreichbarkeit dieser Zielgruppe nicht möglich sein, da letztendlich der Abschluss nur über den Preis entscheidet und dies von Privatbankiers aufgrund der betriebswirtschaftlichen Gegebenheiten nicht erfüllt werden kann.

Wie die Ausführungen zeigen, kommt für Privatbankiers nur eine differenzierte Marktbearbeitungsstrategie in Frage. Die interessanteste Zielgruppe stellen die „Individual-Kunden“ dar, da sie eine unelastischere Preisabsatzfunktion haben und sich über soziale Kompetenzen und Beratungsqualitäten der Mitarbeiter an das Institut binden lassen. Auch schätzt diese Kundengruppe schnelle Entscheidungen, individuelle Problemlösungen und eine flexible Organisationsstruktur. Zwar werden andere Bankengruppen ihre absatzpolitischen Instrumente auch auf dieses Marktsegment ausrichten, jedoch bestehen für Privatbankiers hinsichtlich der Charakterisitkas dieser Zielgruppe relative Wettbewerbsvorteile, auf die im Kapitel 4.3.1. eingegangen wird. Sicherlich werden Privatbankiers auch im Teilsegment der „Standard-Kunden“ tätig sein, aber sie sollten diese Gruppe als Mitnahmeeffekt sehen und nicht differenziert mit dem Einsatz aller absatzpolitischen Instrumentarien bearbeiten.

4.2. Zielgruppendefinition

4.2.1. Begriff

Die Definition der Zielgruppe leitet sich aus der Marktsegmentierung ab und beschreibt die Personen, welche die Kaufkraft besitzen, von der ein Anbieter leben will. Dabei ist es für einen Anbieter nicht ratsam, sein Angebot ungezielt an den Markt zu geben. Obgleich natürlich niemandem verboten wird, ein bestimmtes Produkt zu kaufen, so sollte es doch bei der Konzeption ein sehr genaues Bild der Personengruppe geben, an die sich das Angebot primär richtet, die interessiert und überzeugt werden soll. Eine solche Abgrenzung ist immer im Sinne einer Kernzielgruppe zu verstehen, die im Streubereich nicht gemeinte Personen automatisch mit einschließt.[424] Zur Analyse stehen umfangreiche Datenerhebungen der Marktforschung und Erkenntnisse aus dem Käuferverhalten zur Verfügung.[425] Es gibt im wesentlichen vier Dimensionen zur Zielgruppenbeschreibung.

Der Demografie liegen durch deskriptive Statistik feststellbare Daten zugrunde, wie Geschlecht, Altersklasse, Haushaltsführung, Einkommen, Familienstand, Haushaltsgröße, usw. Sie ist noch die gebräuchlichste Form, verliert aber immer mehr an Bedeutung, da sich ein Wandel von der Schichten- zur Lebensstilgesellschaft vollzogen hat. Zielpersonen eint damit nicht mehr eine ähnliche Demografie, sondern ein gleicher Lebensstil bei abweichender Demografie. Die Psychologie fragt nach den Ursachen für Kaufentscheide und untersucht die verborgenen Beweggründe für Verhalten. Dafür stehen vielfältige Modellerklärungen zur Verfügung, von denen die Motivation, die Lerntheorie sowie die Risikoreduktion die bedeutsamsten sind. Die Soziologie gewinnt angesichts des Trends zur Anpassung oder Absetzung innerhalb des sozialen Umfeldes an Bedeutung und untersucht das offensichtliche Verhalten. Auch dazu stehen vielfältige Modellerklärungen zur Verfügung, von denen die Referenzgruppenhypothese, die Meinungsführerhypothese und der Diffusionsansatz die bedeutendsten sind. Schließlich bedient sich die Typologie statistischer Reduktionsverfahren, um die unendliche Vielfalt der Zielpersonen der Wirtschaftsrealität auf ein beherrschbares Maß zu verkleinern, wobei dieser Vorteil höher wiegt, als der damit eingehende Verlust von Detailschärfe und Authenzität.

---

[424] vgl. Diller (1994), Seite 1350 f.
[425] vgl. Böhler (1977).

4.2.2. Zielgruppendefinition eines Privatbankiers

Bevor die Zielgruppendefinition festgelegt werden kann, muss erörtert werden, ob das Produktprogramm der deutschen Privatbankiers einheitlich ist und überhaupt eine einheitliche Zielgruppendefinition möglich ist. Bei Betrachtung der deutschen Privatbankiers stellt man fest, dass die Charakterisierung anhand des Geschäftskreises, also dem Umfang des Sortimentsangebotes, gleichbedeutend mit der Unterscheidung Universalbank oder Spezialbank ist. Zwar können per se alle Aufgaben von Privatbankiers erfüllt werden, jedoch ist das Ausmaß des Leistungssortiments abhängig von traditionellen, geschäftspolitischen und gesetzmäßigen Überlegungen.

Bei den universellen Privatbankiers prägt die Breite des Sortiments den Umfang der Geschäftssparten, während sich die Tiefe in der Anzahl der Finanzdienstleistungen niederschlägt. Tendenziell ist mit einem breiten und damit diversifizierten Leistungsangebot eine gleichförmige Angebotspalette verbunden, wohingegen das Spezialsortiment durch eine entsprechende Tiefe und Produktdifferenzierung gekennzeichnet ist. Der Universalbankier ist demnach durch ein breites und flaches Sortiment gekennzeichnet und wendet sich mit seinem Leistungsangebot nicht grundsätzlich an einen bestimmten Kundenkreis. Je nach Standort und Betriebsgröße wird bezüglich der Anforderung an die Breite des Produktangebotes eine differenzierte Haltung eingenommen. Unter den universellen Privatbankiers ergeben sich jedoch trotz breitem Produktprogramm unterschiedliche Geschäftsfelder, die letztlich zu einem universellen Privatbankier des Großgeschäftes und zu einem universellen Privatbankier des Mengengeschäftes führen.

Der universelle Privatbankier des Großgeschäftes hat als Kundenkreis vermögende Privatkunden, nationale und internationale Anleger, institutionelle Anleger, Versicherungsgesellschaften, Investmentfonds, Stiftungen, Pensionskassen und Finanzinstitutionen. Bei einigen nimmt der Anteil ausländischer Klientel eine übergeordnete Rolle ein. Sie bieten neben dem Einlagen- und Kreditgeschäft besonders die Vermögensberatung und die Vermögensverwaltung an und sind sehr stark im Emissionsgeschäft tätig. Eine Stärke dieser Gruppe stellt die Vermögensverwaltung dar, da sie diesen Geschäftsbereich schon über Jahrzehnte hinweg als Schwerpunkt ihrer Geschäftstätigkeit praktizieren und somit auf eine große Erfahrung zurückgreifen können. Dabei haben die verwalteten Depots mehr wertmäßige als mengenmäßige Bedeutung. Der Schwerpunkt im Kreditgeschäft liegt eindeutig im Firmenkundengeschäft, wobei man sich auf den gehobenen Mittelstand konzentriert. Charakteristisches Merkmal dieser Gruppe ist die Finanzierung des Aktivgeschäftes weitgehendst über den Geldmarkt. Man verfügt über kein ausgedehntes Zweigstellennetz und die Spar- und

Sichteinlagen nehmen einen sehr geringen Teil der Refinanzierung ein. Typisch bei den Außenhandelsaktivitäten ist die Beschränkung auf kurzfristige Finanzierungen von Handelsgeschäften und der ausgeprägte Devisenhandel, der sowohl im Kassa- als auch im Terminhandel betrieben wird. Dieser Gruppe von Privatbankiers gehören beispielsweise Sal. Oppenheimer jr. & Cie KGaA, B. Metzler seel. Sohn & Co.KGaA, Joh. Berenberg, Gossler & Co., usw. an.

Im Gegensatz zu den universellen Privatbankiers des Großgeschäftes verfügen die universellen Privatbankiers des Mengengeschäftes über eine Großzahl von Kunden aus mittleren und unteren Einkommensklassen. Bei den Kunden handelt es sich vorwiegend um regionale Privatanleger, wobei das Individualgeschäft mit vermögenden Privatkunden und mittelständischen Unternehmen auch gepflegt wird. Universalbankiers im Mengengeschäft konzentrieren sich weitgehendst auf das „klassische" Bankgeschäft, d.h. das Einlagen- und Kreditgeschäft sind die dominierenden Ertragsfaktoren. Zwar konzentriert man sich im Kreditgeschäft auch auf Firmenkunden, jedoch haben auch die Privatkundenkredite einen erheblichen Anteil in den Bilanzen. Im Firmenkundengeschäft zielt man auf den gesamten Mittelstand und auf kleine bis mittlere Gewerbetreibende ab und konzentriert sich weitgehendst auf kurzfristige und mittelfristige Finanzierungen. Diese Privatbankiers verfügen über ein regionales Zweigstellennetz und ein ausgedehntes Privatkundengeschäft. Die Refinanzierung erfolgt deshalb über Spar-, Sicht- und Termineinlagen und nur, wenn erforderlich, über den Geldmarkt. Während sich die Vermögensberatung auf viele, aber kleinere Depots bezieht, sind mit Ausnahmen die Vermögensverwaltung und das Emissionsgeschäft zu vernachlässigen. Im Außenhandelsgeschäft ist man nur teilweise bei kurzfristigen Außenhandelsfinanzierungen aktiv. Dominierend ist die dokumentäre bzw. nicht dokumentäre Abwicklung des Auslandzahlungsverkehrs. Aufgrund der lokal und der regional orientierten Geschäftspolitik stehen allerdings den meisten Instituten keine internationalen Beziehungen zur Verfügung. Aus diesem Grund haben sie oft keine oder nur wenige Korrespondenzbanken im Ausland und schlechte Verbindungen zu ausländischen Finanzplätzen. Die SchmidtBank KGaA, Merkur Bank KGaA, Bankhaus Max Flessa & Co., Anton Hafner, Gabler-Saliter Bankgeschäft KG oder die Bank Schilling & Co.AG, etc. sind Vertreter universeller Privatbankiers des Mengengeschäftes.

Festzuhalten bleibt, dass bei den universellen Privatbankiers des Großgeschäftes das bilanzunwirksame Geschäft eine große Bedeutung hat, während bei den universellen Privatbankiers des Mengengeschäftes das bilanzwirksame Geschäft dominiert. Gleich ist bei beiden Gruppen, dass sie ein universelles Angebot haben und ihre Bankdienstleistungen durch weitere Produkte, wie etwa dem Unternehmens- und Beteiligungshandel, der Vermittlung von Immobilien und Versicherungen, usw. ergänzen. Die Individualität wird für beide Gruppen als besonders wichtig angesehen. Sowohl im Wertpapiergeschäft als auch im Privat- und Firmenkundengeschäft ist ein vermehrter individueller Problemlösungsbedarf zu konstatieren, der einen persönlichen Kontakt zum Kunden erfordert. Beide müssen sich immer stärker zum universellen Problemlöser entwickeln.

Eine weitere Gruppe stellen die spezialisierten Privatbankiers dar. Zu diesen zählen beispielsweise das Bankhaus Ellwanger & Geiger, Goyer & Göppel oder das Bankhaus Bauer AG. Diese Häuser haben sich in unterschiedlichem Maße auf bestimmte Geschäftssparten bzw. die Ausübung spezieller Geschäfte konzentriert. Für die Mehrheit der Institute heißt dies, das eigenkapitaltunabhängige Dienstleistungsgeschäft in den Vordergrund zu stellen. Der überwiegende Teil widmet sich vor allem dem Wertpapiersektor. Die mittleren bis großen Privatbankiers bieten dabei die gesamte Palette des Wertpapiergeschäftes an, während kleine und kleinste Vertreter ihren Schwerpunkt im Effektenkommissionsgeschäft haben. Ausschließlich bei den größeren Privatbankiers haben Auslandsaktivitäten einen bedeutsamen Stellenwert. Dem stehen bei kleineren und mittleren Privatbankhäusern zum Teil Spezialisierungen auf bankfremde Leistungen gegenüber. Aufgrund jeweiliger Strukturgegebenheiten lassen sich zwei Tendenzen festhalten. Einen bei größeren Privatbankiers festzustellenden Trend eines „diagonalen Wachstums" steht bei kleinen und mittleren Privatbankiers die Tendenz eines „horizontalen Wachstums durch diagonale Schrumpfung" gegenüber.[426] Mit der Spezialisierung geht meist eine Konzentration auf bestimmte Zielgruppen einher, die in hohem Grad erklärungsbedürftige Leistungen in Verbindung mit einer intensiven Beratung und Betreuung in Anspruch nehmen. Gerade die qualitativen Charakteristika prädestinieren Privatbankiers schlechthin zu dieser Spezialisierung, die weniger eine substituierende als eher komplementäre Leistung zu anderen Kreditinstituten darstellen. Trotzdem bleibt die Individualität des Kunden im Vordergrund, was sie mit den universellen Privatbankiers gleichstellt.

Zwar unterscheiden sich die Institutsgruppen von dem Produktprogramm und den Geschäftsschwerpunkten, jedoch haben sie gemeinsam, dass sie über individuelle Strukturen verfügen und die Individualität im Vordergrund steht. Privatbankiers müssen deshalb entsprechend ihrem Geschäftsschwerpunkt am Markt als generalistischer Individualanbieter oder spezialisierter Individualanbieter auftreten. Eine Kundenansprache allein über die Produktspezifikationen würde aber zu Irritationen führen, da letztendlich erst durch eine individuelle Beratung der Produktmix für den Kunden herausgestellt wird. Ziel ist es, im Rahmen einer persönlichen Beratung einen optimalen Produktmix für den Kunden zu finden und nicht den Kunden mit einem speziellen Produkt anzuspre-

---

426 vgl. Benkhoff (1973), Seite 3 und Reiß (1981), Seite 7.

chen. Es ist deshalb zu erörtern, welche Personen bzw. Firmen individuellen Beratungsbedarf haben.

Im Jahre 1998 wurde von dem Verlaghaus Gruner & Jahr eine Befragung von 10.015 Personen durchgeführt. Unter anderem hat man die Befragten über die Gründe interviewt, die bei der Wahl einer Bank bzw. eines Geldinstitutes eine Rolle spielen. Das Ergebnis, wie in Abbildung 31 dargestellt, zeigt, dass der Faktor „Individualität" für 57,8 % der Befragten wichtig ist und eine dominierende Rolle bei der Wahl eines Institutes einnimmt. An zweiter Stelle liegt der Faktor „Convenience", der die örtliche Nähe zum Bankhaus, die Atmosphäre oder die Konditionsgestaltung verkörpert. Erst an dritter Stelle steht die Aktualität der Banktechnologie und der Bankserviceleistung. Zu vernachlässigen sind die Faktoren „Vertrautheit" und „Erfahrung anderer".

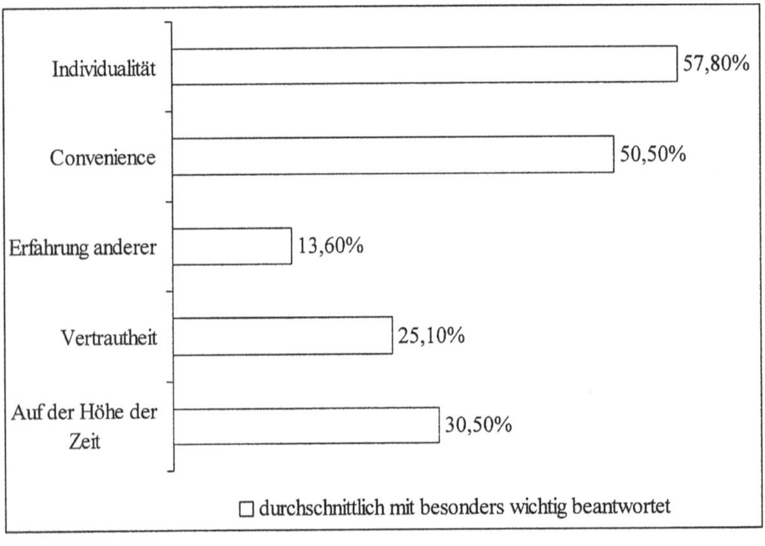

Abbildung 31: Kriterien für die Wahl einer Bank bzw. eines Geldinstitutes[427]

Betrachtet man die Umfrageergebnisse für den Faktor „Individualität" genauer, lässt sich, wie die Tabelle 21 zeigt, erkennen, dass es zwar Unterschiede zwischen den Altersgruppen und Einkommensverhältnissen gibt, jedoch bei allen die Individualität dominierende Stellung einnimmt. So legen z.b. 68 % der 30- bis 49-jährigen auf das Eingehen ihrer persönlichen Situation besonderen Wert. Bei den über 50-jährigen lag der Anteil bei 64 % und bei den 14- bis 29-jährigen nur bei 62 %. Dies zeigt, dass zwar die mittleren Altersgruppen über

427 vgl. Gruner + Jahr AG (Mai 1998), Seite 58 f.

höheren Individualitätsbedarf verfügen, jedoch die anderen Altersgruppen aufgrund der hohen Anteile nicht zu vernachlässigen sind. Dasselbe Bild ergibt sich bei der Betrachtung nach Einkommensklassen. Während bei Einkommen unter DM 2.000,-- 68 % dem Eingang auf die persönliche Situation große Bedeutung beimessen, liegt dieser bei Haushaltsnettoeinkommen über DM 4.000,-- bei 67 %. Die Auswertung zeigt, dass der Individualitätsbedarf mit dem 30. Lebensjahr tendenziell zunimmt. Bezogen auf die Einkommensklassen lassen sich dagegen keine Tendenzen ableiten.

Faktor Individualität	Gesamtheit Personen	in %	Alter 14 - 19 Jahre	30 - 49 Jahre	50 - 64 Jahre	Einkommen 2.000 DM und mehr	4.000 DM und mehr
Fallzahlen (befragte Personen)	10.015	100%	2805	4164	3046	4574	4850
Genießt mein Vertrauen							
ist von entscheidener Bedeutung	6.756	67%	62%	69%	70%	69%	69%
spielt auch eine Rolle	2.840	28%	32%	28%	26%	28%	28%
nicht so wichtig	419	4%	6%	3%	4%	3%	3%
Geht auf meine persönliche Situation ein							
ist von entscheidener Bedeutung	6.517	65%	62%	68%	64%	68%	67%
spielt auch eine Rolle	2.964	30%	31%	28%	30%	29%	29%
nicht so wichtig	534	5%	7%	4%	6%	4%	4%
Seriöser, solider Ruf							
ist von entscheidener Bedeutung	6.535	65%	59%	67%	68%	67%	67%
spielt auch eine Rolle	2.876	29%	32%	28%	27%	28%	28%
nicht so wichtig	604	6%	8%	5%	5%	4%	4%
Kompetenz in Fragen der Geldanlage							
ist von entscheidener Bedeutung	6.066	61%	58%	63%	60%	65%	65%
spielt auch eine Rolle	2.951	29%	31%	29%	28%	28%	28%
nicht so wichtig	998	10%	11%	8%	12%	6%	7%
Sie behandelt mich nicht von oben herab							
ist von entscheidener Bedeutung	5.208	52%	51%	53%	51%	52%	51%
spielt auch eine Rolle	3.466	35%	36%	34%	34%	34%	35%
nicht so wichtig	1.340	13%	12%	13%	16%	14%	13%
Bietet individuelle Beratung							
ist von entscheidener Bedeutung	5.011	50%	47%	53%	49%	54%	54%
spielt auch eine Rolle	3.916	39%	41%	38%	39%	38%	38%
nicht so wichtig	1.088	11%	13%	9%	12%	8%	8%
Bietet maßgeschneiderte Problemlösungen an							
ist von entscheidener Bedeutung	4.395	44%	42%	49%	39%	48%	48%
spielt auch eine Rolle	4.093	41%	43%	40%	40%	39%	40%
nicht so wichtig	1.527	15%	14%	12%	21%	13%	12%

Tabelle 21: Einstellung zur Individualität eines Bankhauses differenziert nach Alter und Einkom-men[428]

[428] vgl. Gruner + Jahr AG (Mai 1998), Seite 64 und 65.

Eine Umfrage des württembergischen Genossenschaftsverbandes im Jahre 1999 ergab, wie aus Abbildung 32 zu sehen ist, dass der persönliche Kontakt dominierender als die Kondition ist. Wird nach den Erwartungen bzw. Anforderungen einer Bankverbindung gefragt, spielen Konditionen eine wichtige Rolle. 69 % der Befragten legen Wert auf vergleichsweise günstige Kreditkonditionen. 68 % wünschen sich „Flexibilität" bei Zinsen und Gebühren, 63 % legen speziell auf günstige Gebühren im Zahlungsverkehr wert. Zinsen und Gebühren sind also erwartungsgemäß ein wichtiges Thema für die Kunden. Allerdings steht es nicht an erster Stelle der Prioritätsliste. Noch wichtiger als das Pricing ist der persönliche Kontakt zum Berater, was 84 % der Befragten für wichtig bzw. sehr wichtig halten und die freundliche Bedienung. Demnach wird der gute persönliche Kontakt aus Sicht der Kunden sogar höher bewertet als Beratungskompetenz (69 %).

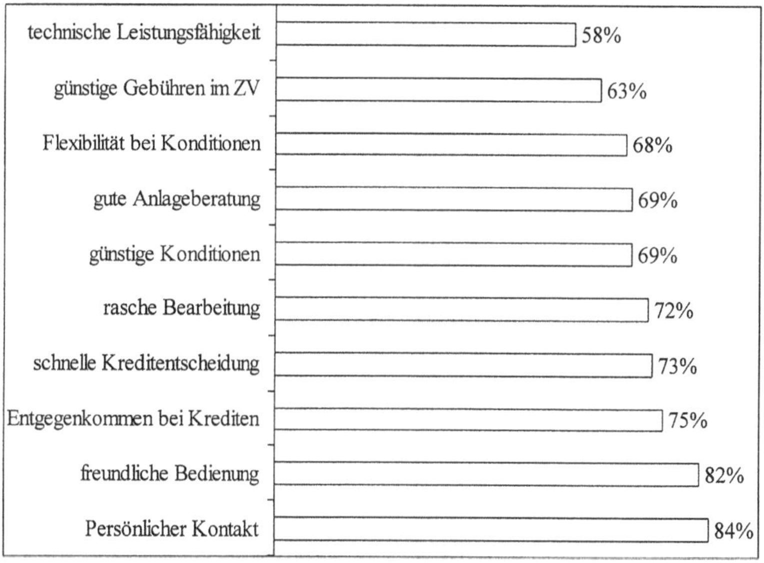

Abbildung 32: Anforderung an die Banken[429]

In der Abbildung 33 wird das Ergebnis einer weiteren Befragung des Württembergischen Genossenschaftsverbandes vom Jahre 1999 dargestellt. Diese Grafik zeigt, dass mit steigendem Einkommen der Bedarf nach individueller und umfassender Vermögens- und Finanzplanung steigt. Die Ergebnisse dieser Befragung lassen vermuten, dass mit steigendem Haushaltseinkommen die Bepreisung einer Vermögens- und Finanzplanung Akzeptanz findet. Dies legt ver-

429 vgl. O.V. (1999f), Seite 16.

schiedene Begründungen nahe. Für viele Kunden drückt sich die Qualität einer Leistung auch im Preis aus. Die Kunden mit höherem Haushaltseinkommen empfinden dies als eine Art von Exklusivität. Aufgrund der Durchführung einer umfassenden Analyse kann gerade bei höheren Vermögenswerten das Gewinnpotential gesteigert werden.

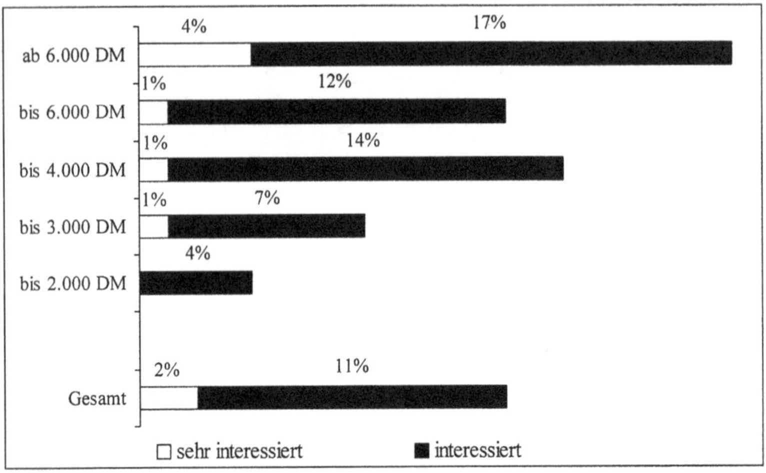

Abbildung 33: Interesse an individueller und umfassender Vermögens- und Finanzplanung in Abhängigkeit vom Haushaltsnettoeinkommen[430]

Vom Institut zur Bankinformatik an der Universität Regensburg wurde im Jahre 1996 eine repräsentative Befragung von 169 Industrie- und Handelsunternehmen durchgeführt. Die Abbildung 34 gibt ein Ergebnis dieser Befragung wieder. Demnach legen 62,42 % der Befragten auf die Schnelligkeit in der Ausführung besonders viel Wert. Auch die fachkundige Beratung und der Beistand in schwierigen Zeiten werden von den Unternehmen als besonders wichtig angesehen. Weitere dominierende Faktoren in der Beziehung zwischen Bank und Unternehmen nehmen die Flexibilität in der Abwicklung, persönliche Betreuung und dezentrale Entscheidungskompetenzen ein, was mit schnellen Entscheidungswegen gleich zu setzen ist. Die internationale Präsenz, räumliche Nähe zur Bank und das Informationsangebot der Bank ist aus Sicht der Befragten weniger wichtig.

---

430 vgl. O.V. (1999g), Seite 30.

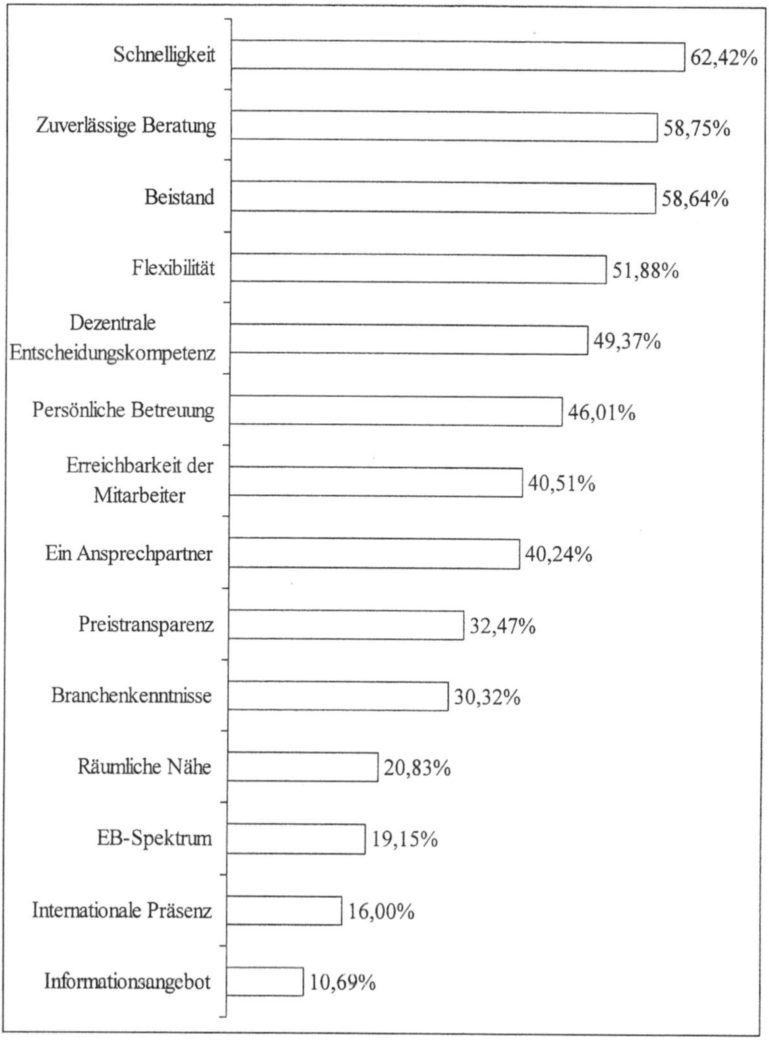

Abbildung 34: Faktoren auf die Firmenkunden besonders Wert legen[431]

Eine differenzierte Betrachtung der Kriterien nach Umsatzklassen wird in Abbildung 35 dargestellt. Die Umsatzklassen wurden zusammengefasst und zwei Klassifikationen gebildet: Großkonzerne und Mittelstand. Die Grafik weist die absoluten Abweichungen vom Gesamtdurchschnitt aus. Interessant ist, dass mit-

431 vgl. Grebe (1996), Folie 24.

telständige Betriebe auf die persönliche Betreuung wesentlich mehr Wert legen als Großkonzerne. Auch die räumliche Nähe zum Institut und Branchenkenntnisse sind für den Mittelstand wichtige Faktoren. Großkonzerne dagegen legen auf die Flexibilität der Geschäftsabwicklung, auf eine internationale Präsenz des Kreditinstitutes und auf eine Preistransparenz mehr Wert. Eine zuverlässige Beratung und die Erreichbarkeit der Mitarbeiter hat bei beiden Unternehmensgruppen annähernd den gleichen Stellenwert.

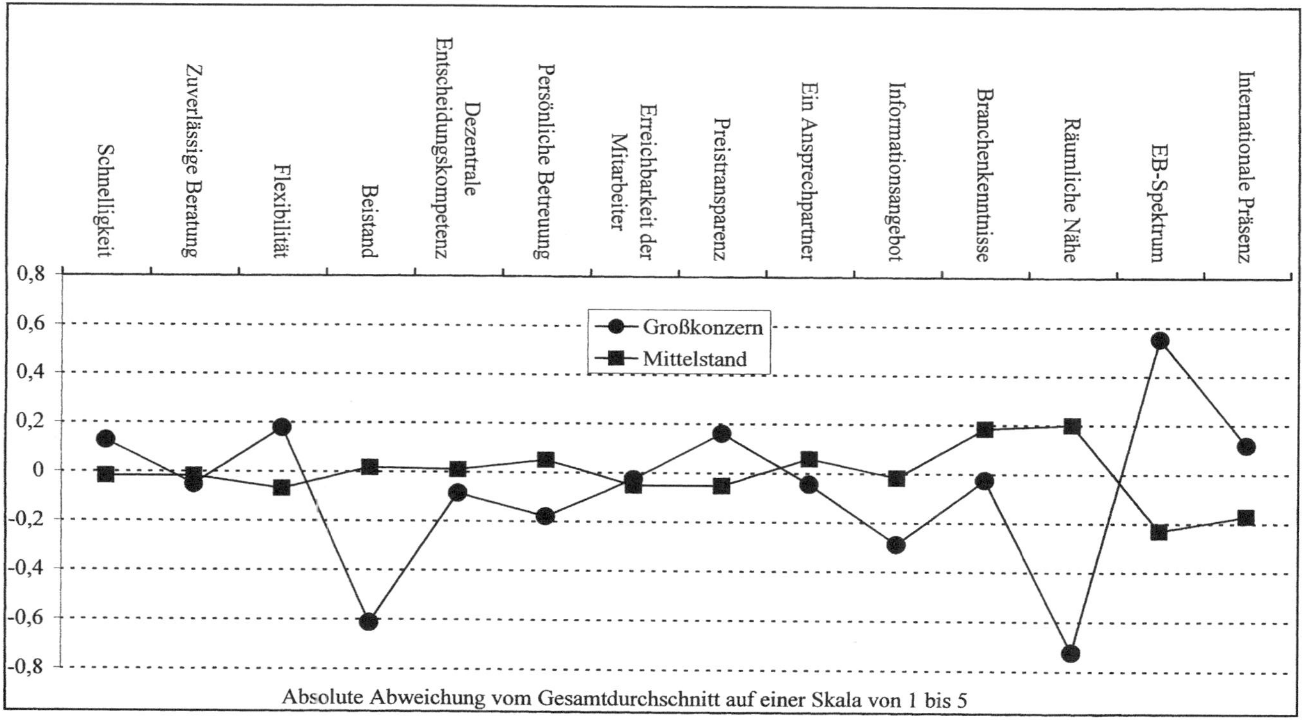

Abbildung 35: Unterschiede in den Anforderungen an Banken von Großkonzernen und dem Mittelstand[432]

---

[432] vgl. Grebe (1996), Folie 26.

Zusammenfassend bleibt festzuhalten, dass sowohl bei Privatkunden als auch bei Firmenkunden die Individualitätsansprüche sehr hoch sind. Während bei Privatkunden eine Abgrenzung nach demografischen Merkmalen wie Alter, Einkommen nicht sinnvoll erscheint, kann die Umsatzklasse bei Firmenkunden zur Zielgruppendefinition herangezogen werden. Schließlich gibt es zwischen Mittelstand und Großkonzernen erhebliche Unterschiede bei den Anforderungen an ein Kreditinstitut. Bei den Privatkunden ist, unabhängig von den Einkommensverhältnissen und Altersgruppen, individueller Beratungsbedarf vorhanden. Ertragsorientierte Privatbankiers müssen sich allerdings Gedanken darüber machen, bei welchem Kundenkreis sie Konsumentenrenten abschöpfen können. Tendenziell wird die Konsumentenrente bei den mittleren und gehobenen Privatkunden, d.h. Personen mit mittlerem und höherem Einkommen und Vermögen, am höchsten sein. Bei den Firmenkunden stellen die kleinen bis gehobenen Mittelständler und Gewerbetreibende die optimale Zielgruppe dar. Diese legen Wert auf eine persönliche Betreuung und können je nach Bonität über eine ordentliche Konsumentenrente verfügen. Für die Befriedigung der Anforderungen mittelständiger Betriebe eignen sich die deutschen Privatbankiers besonders, da sie wie ihre Kunden mittelständige Strukturen haben. Die Ansprache der Zielgruppe muss durch individuelle Werbung und über persönliche Kontakte erfolgen. Ein weiteres Abgrenzungsmerkmal stellt die Preispolitik dar, da Kunden absorbiert werden, die für eine höhere Leistung nicht bereit sind, zusätzliches Entgelt zu bezahlen.

4.3. Betriebsstruktur

Wie bereits erläutert wurde, verfügen die deutschen Privatbankiers über unterschiedliche Produktprogramme und können in generalistische Individualanbieter und spezialisierte Individualanbieter eingeteilt werden. Im Hinblick auf die Betriebsstrukturen lassen sich jedoch keine nennenswerten Strukturmerkmale nennen, die zu unterschiedlichen Chancen bzw. Risiken führen. Zwar haben die Strukturkomponenten unterschiedliche Gewichtungen und spielen somit im Hinblick auf das Produktprogramm eine mehr oder weniger große Rolle, jedoch kann auf eine differenzierte Betrachtung verzichtet werden.

4.3.1. Relative Wettbewerbsvorteile

Die Deutsche Bank ist nicht nur die größte, sondern wohl auch jeder klassischen Privatbank im Prinzip überlegen, durch exzellentes Know-how, das sich irgendwo im großen dezentralen Gesamthaus befindet. Grundsätzlich im Vorteil durch eine erheblich größere Zahl hochqualifizierter Fachleute, die sie auf sehr weit gefächerten Tätigkeitsfeldern einsetzt. Als „global player“ darüber hinaus besser als andere vernetzt mit fast allen Orten der Weltwirtschaft. Sie verfügt über die vielfach höhere finanzielle Kraft und könnte im Konkurrenzverhalten aller privaten, öffentlichen und genossenschaftlichen Banken auf jede Kondition eingehen oder diese sogar unterbieten, wenn sie es wollte. Noch andere beeindruckende Überlegenheiten lassen sich unschwer identifizieren. Sie hat allerdings gegenüber einer im Gesamtmarktgeschehen relativ kleinen Bank auch einen institutionellen Nachteil. Das ist ihre Größe, die für ein global operierendes Institut zwingend geboten, selbst aber noch kein eigenständiger Wert ist. Sie operiert weltweit für Großkonzerne, ebenso wie auch für standardisierte Bankleistungen nachfragende Kunden des Mengengeschäftes. Diese Spreizung setzt eine komplizierte Organisation, tiefgestaffelte Kompetenzen und Zuständigkeiten, komplexe Sicherungsmechanismen und ständige Personalveränderungen voraus. Dadurch fällt es ihr jedoch mitunter schwer, Know-how, Qualität des Personals, Vernetzung und wirtschaftliche Stärke für die Lösung von Problemen eines z.B. in Regensburg, München, Stuttgart oder sonst wo dezentral ansässigen mittelständischen Firmenkunden, vermögenden Privatkunden oder mittleren institutionellen Anlegers, alles Kernzielkunden von Privatbanken, zu bündeln. Das ist eine Chance der Privatbankiers. Größe kann auch nachteilig sein. Je größer die Großen werden und je umfassender ihnen die Zusammenballung von Know-how gelingt, um so mehr ist von anspruchsvollen Kunden wiederum die ganz persönliche Meinung gefragt. Um so mehr wird auch Flexibilität gewürdigt, die normalerweise kaum mit Größe in Verbindung gebracht wird. Darauf spielte ohne Zweifel auch Heinrich Hassmann in seiner Schrift „Die Gestalt des Privatbankiers“ an, wenn er betont, dass dieser Typus „auch in unvorhergesehenen Sonderfällen in der Lage ist, sich rasch und geschmeidig den Bedürfnissen des Augenblicks anzupassen und in das Geschehen bereits in der Stunde entscheidend eingreifen kann, in der eine Großbank noch im Zustande des ersten Abtastens und der prüfenden Überlegung verharrt“.[433] Wenn auch vielleicht ein wenig überzogen, ist diese Feststellung im Grundsatz heute noch richtig. In großen Häuser braucht man letztendlich zur Durchsetzung einer neuen Idee eine große Überzeugungskraft. In kleineren Organisationseinheiten ist dies fraglos wesentlich einfacher. Die durch eine geringe Betriebsgröße mögliche Flexibilität erlaubt ein schnelles Reagieren auf sich ändernde Marktgegebenheiten und wechselnde Kundenbedürfnisse.

Im Gegensatz zu den Kosten im Back-Office Bereich, die sich Nachteilhaft auswirken und später noch diskutiert werden[434], verhalten sich die Kosten im Front-Office Bereich genau entgegengesetzt. Hier ist Größe nämlich kein Trumpf, sondern eher Belastung. Mit zunehmender Zahl der Hierarchiestufen und Stäbe wachsen die Overheads, die einen Berater tragen bzw. zusätzlich zu dem von ihm direkt verursachten Aufwand erwirtschaften muss. Es wachsen die

433 vgl. Hassmann (1953), Seite 15.
434 vgl. Kapitel 4.3.2.

Kostenblöcke, wodurch die Kostenkontrolle erschwert und das Kostenbewusstsein reduziert wird. Die wachsende Bürokratie und Zentralisierung von Funktionen birgt die Gefahr der Ineffizienz. Zudem werden mit der höheren Zahl der Führungsebenen, die auch finanziell voneinander abzugrenzen sind, die Informationswege länger und schwerfälliger. Mangels Größe sind Privatbankiers schon immer „lean“ gewesen. Dagegen haben Großbanken einen erheblichen Nachholbedarf und werden zur Verbesserung ihrer Anpassungsfähigkeit erst unter großen Anstrengungen umgestaltet. Maßnahmen wie die Schaffung teilautonomer Geschäftsbereiche durch Ausgliedern oder die Verringerung von Hierarchieebenen werden ergriffen, um der Starrheit großer Organisationsgebilde zu begegnen.

Ein weiterer durch die Betriebsgröße bedingter Vorteil zeigt sich in Form kleinerer, schlagkräftigerer und überschaubarer Organisationseinheiten. Die dynamische Entwicklung im Angebot der Bankdienstleistungen sowie die notwendige Kundenorientierung machten es erforderlich, dass dem einzelnen Berater je nach Erfordernis das Hinzuziehen des einen oder anderen Spezialisten ermöglicht wird. Das Zusammenspiel von Generalisten und Spezialisten führte jedoch in der nach den einzelnen Geschäftssparten gegliederten Ablauforganisation zu erheblichen Reibungsverlusten, was durch die Einführung der Matrix-Organisation verbessert wurde. Die Matrix-Organisation, die zwischen Kunden- und Fachverantwortung unterscheidet, ist für kleine und mittlere Institute geradezu ideal. Für größere Institute ist die reine „Matrix“ dagegen nicht geeignet. Diese Institute sind in ihrer Größe nicht mehr überschaubar genug, um zu gewährleisten, dass „aus einem Guss“ operiert wird. Um diesem Dilemma zu entgehen, haben die Großbanken für die wichtigsten Kundengruppen, wie beispielsweise das Mengengeschäft von Privatkunden, die vermögenden Privatkunden, die kleinen und mittleren Firmenkunden usw., sogenannte „Divisions“ eingerichtet und jede dieser Divisions wiederum in Form einer Matrix strukturiert. Sicherlich sind auch diese Divisions immer noch so groß, dass die Gefahr schwerfälliger Entscheidungsprozesse innebleibt. Aus diesem Grund wird die reine Matrix innerhalb den Divisions aufgegeben und die Gleichrangigkeit zwischen Kunden- (Relationship-) und Fachverantwortung durch eine traditionelle Stablinienorganisation abgelöst. Dies bedeutet aber, dass die Kundenorientierung in den Hintergrund tritt. Große Kreditinstitute können demnach ihre Reibungsverluste zwischen Generalisten und Spezialisten zur Verbesserung der Kundenorientierung nur bei gleichzeitiger Schwerfälligkeit der Entscheidungswege abbauen oder umgekehrt Schwerfälligkeit zu Lasten der Kundenorientierung abbauen. Privatbankiers hingegen verfügen aufgrund der kleineren Organisationseinheiten über die Möglichkeit, bei hoher Kundenorientierung schlanke und flexible Organisationsstrukturen zu erhalten.

Zwar bringt die geringe Betriebsgröße erhebliche Vorteile mit sich, jedoch stellt sich ebenso die Frage, ob im Hinblick der zunehmenden Konzentration im Finanzdienstleistungsmarkt Kreditinstitute mit kleineren Betriebsgrößen überhaupt überlebensfähig sind. Um die These „je größer, desto besser" beantworten zu können, wurde eine Analyse durchgeführt, die jedoch keinen zwingenden Zusammenhang zwischen Geschäftsvolumen und Gewinn feststellen lässt. Als Marktanteil der Banken wurde das Verhältnis vom jeweiligen Geschäftsvolumen zum Total der Geschäftsvolumina aller Banken gewählt. Als zweite Bezugsgröße wurde der Return of Investment[435] (ROI), definiert als Betriebsergebnis im Bezug auf das durchschnittliche Geschäftsvolumen, und die Eigenkapitalrentabilität[436] definiert, als Betriebsergebnis im Bezug auf das Eigenkapital, ausgewählt. Wie die Abbildungen 36 und 37 zeigen, ist sowohl beim ROI als auch im Bezug auf die Eigenkapitalrentabilität kein positiver Zusammenhang zwischen Geschäftsvolumen und Gewinn zu erkennen. Während Privatbankiers einen sehr geringen Marktanteil haben, liegen sie sowohl bei der Eigenkapitalrentabilität als auch beim ROI an erster Stelle. Institute mit größeren Marktanteilen weisen geringere Ertragskennziffern aus. Die These „je größer, desto besser" kann anhand dieser Auswertungen nicht bestätigt werden. Im Gegenteil, Die Analyse zeigt, dass gerade Institute mit kleineren Betriebsgrößen besonders ertragsstark sind und eine Daseinsberechtigung im Finanzdienstleistungsmarkt haben.

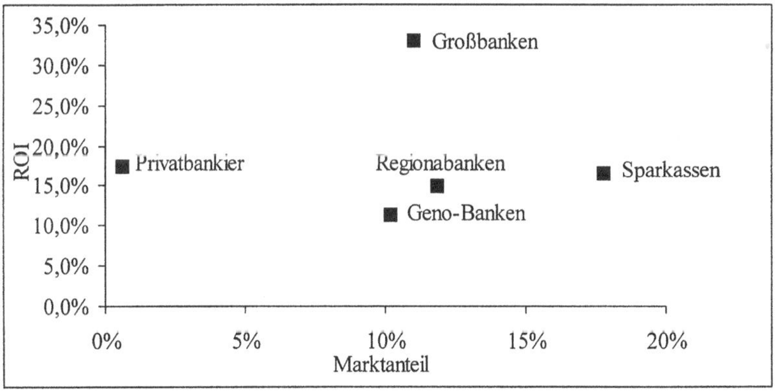

Abbildung 36: Verhältnis zwischen Marktanteil und ROI in 1998[437]

---

[435] vgl. Riebell (1996), Seite 514.

[436] vgl. Riebell (1996), Seite 514.

[437] vgl. Deutsche Bundesbank (Februar 1999), Seite 10 – 13 und Deutsche Bundesbank (Juli 1999), Seite 52 und 53. Seit 1998 wird die Gruppe „Privatbankiers" unter der Gruppe „Regionalbanken" erfasst, so dass eine getrennte Analyse nach 1998 nicht möglich ist.

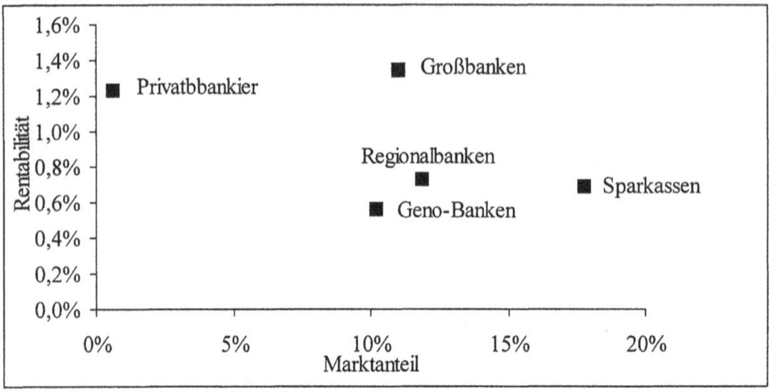

Abbildung 37: Verhältnis zwischen Marktanteil und Eigenkapitalrentabilität in 1998[438]

Der sich aus der Unabhängigkeit ergebende hohe Grad an Objektivität in der Kundenbetreuung stellt für Privatbankiers zweifellos einen weiteren dominierenden Faktor zur Profilierung im Wettbewerb dar. Die Unabhängigkeit liegt in den Eigentumsverhältnissen begründet und äußert sich im relativ geringen Auftreten von Interessenskonflikten. Entsprechend der Charakterisierung sind Privatbankiers nur sich selbst verpflichtet. Es besteht keine kapitalmäßige oder sonstige Abhängigkeit von anderen Unternehmen, insbesondere aus dem Finanzbereich. Abzugrenzen hiervon sind frei gewählte Kooperationen. Lieferantenbeziehungen können frei gewählt werden, ohne auf Konzern- oder Verbundprodukte zurückgreifen zu müssen. Marktvolumens- und betriebsgrößenbedingt scheidet für Privatbankiers zwar meist eine Eigenerstellung diverser Anlageprodukte[439] aus, was zwangsläufig zum Fremdbezug führt, aber im Vergleich zu Konkurrenzinstituten liegt zumindest langfristig eine gewisse Freiheit hinsichtlich der Lieferantenwahl vor, wie sie im Unterschied zum Abnahmezwang in Verbundorganisationen kaum und für Filialen von Bankkonzernen überhaupt nicht existiert. Daraus resultiert ein geringes Potential für bankinterne Interessenskonflikte. Die fehlenden Interessenskonflikte wirken sich qualitätserhöhend aus auf Finanzierungsberatungen, das Anlagengeschäft und die Vermittlungstransaktionen. Beispielsweise können sich im Rahmen der Vermögensberatung leicht Interessenskonflikte ergeben. Bei den meisten Instituten sind die Berater gehalten, vorrangig die eigenen Produkte, wie etwa Versicherungen, Wertpapierfonds, Emissionen, etc. anzubieten, anstatt das wirklich günstigste Produkt

---

[438] vgl. Deutsche Bundesbank (Februar 1999), Seite 10 – 13 und Deutsche Bundesbank (Juli 1999), Seite 49. Seit 1998 wird die Gruppe „Privatbankiers“ unter der Gruppe „Regionalbanken“ erfasst, so dass eine getrennte Analyse nach 1998 nicht möglich ist.

[439] Beispielsweise im prosperierenden Publikumsfondgeschäft.

für den Kunden aus dem Markt herauszusuchen. Die internationale Gepflogenheit, in Depots für die ein Vermögensverwaltungsauftrag erteilt wurde, grundsätzlich keine Schuldverschreibungen hereinzunehmen, bei deren Emission das Institut selbst mitgewirkt hat und genauso wenig hauseigene Investmentfonds zu berücksichtigen oder gar eigene Aktien oder Genussscheine, ist in Deutschland nur wenig verbreitet. Die Chance liegt in der objektiven Beratung. Ohne die vielfältigen Verflechtungen lässt es sich besser, d.h. neutraler und damit kundenorientierter beraten.

Ein weiterer wichtiger Profilierungsfaktor von Bankiers ist der hohe Identitätsgrad von Geschäftsführung und Kapital. Dadurch bedingt können Privatbankiers qualitative Charakter- und Strukturmerkmale entwickeln, die die Qualität und Individualität der Beratung und Betreuung entscheidend beeinflussen. Da der Bankier keiner Instanz gegenüber für das einzelne Geschäft Rechenschaft abzulegen verpflichtet ist, kann er seine Kundschaft diskret und streng vertraulich behandeln. Das Vertrauen, das er durch seine strenge Diskretion, gekoppelt mit seiner persönlichen und fachlichen Qualifikation als Berater und der Kontinuität des Beratungsverhältnisses erwirbt, stellt die psychologische Grundlage einer erfolgreichen Beratung und somit einer dauerhaften Geschäftsbeziehung mit dem Kunden dar. Auch können durch die Unabhängigkeit von Bürokratismen und Entscheidungen anderer Entscheidungsträger sowie der Überschaubarkeit der einzelnen Häuser Entscheidungen schnell und flexibel im Interesse des Kunden getroffen werden. Durch den Kontakt zu allen Kundengruppen seines Hauses und durch die starke Betätigung im öffentlichen Leben, ist er in der Lage und auch gezwungen, sich frei von Betriebsblindheit ein eigenständiges umfassendes Urteil über die nationalen wie internationalen, politischen wie ökonomischen Gegebenheiten zu bilden, das bei der Beratung seiner Kunden in Form von Hintergrundwissen und Know-how zugute kommt. Darüber hinaus erkennt der Bankier aus eigener Anschauung viele der oftmals gleich oder ähnlich strukturierten Probleme, insbesondere seiner mittelständischen Kunden. Beispielhaft aufgeführt seien Steuerfragen, Erbschaftsangelegenheiten, Beteiligungsprobleme oder Nachfolgeregelungen. Aus diesem Grund kann er einerseits für maßgeschneiderte Problemlösungen und andererseits für eine hohe Qualität und Individualität der Beratung und Betreuung, also für ein hohes, qualitatives Niveau des Gesamtleistungsprogramms beitragen. Das Wissen des Kunden, dass sein Bankier Problemlösungen für diverse Fragestellungen nicht nur im Kundeninteresse, sondern auch seine eigene Person betreffend zu finden hat, kann des weiteren eine besondere Vertrauensbasis entstehen lassen und zu einer hohen Akzeptanz beim Kunden führen. Die Möglichkeit, eine solche Vertrauensbasis schaffen zu können, dient als einzigartiger Akquisitionsvorteil gegenüber den Konkurrenzinstituten. Ein häufig deckungsgleiches Angebot verschiedener Institute verdeutlicht, welche große Bedeutung dem aus dem hohen

Identitätsgrad resultierenden Vertrauen zukommt. Das Entstehen von Vertrauen steht auch in engem Zusammenhang mit einer hohen zeitlichen Kontinuität. Im Vergleich zu managementgeführten Banken wirkt sich bei der Betreuung von Privat- und Firmenkunden oftmals die höhere zeitliche Kontinuität in den Geschäftsbeziehungen vertrauensfördernd aus und kommt in Form größerer Bankloyalität zum Ausdruck.

Ein weiterer Profilierungsfaktor liegt in der Individualität von Privatbankiers begründet. Trotz Fortschritt und Technik oder gerade wegen der fortschreitenden Technisierung, bleibt der Mensch nach wie vor das wichtigste Element in der Privatbank. Neben dem Bankier sind es in besonderem Maße die hochqualifizierten Mitarbeiterinnen und Mitarbeiter, die das Ansehen und die Leistungskraft der Privatbank bestimmen. Das Eingehen auf individuelle Anlageziele gehört zu den Schwachstellen der Anlageberatung. Voraussetzung ist eine sorgfältige Analyse nicht nur der allgemeinen und speziell der finanziellen Situation des Kunden, sondern auch die Ermittlung seiner Einstellungen und Vorhaben. Die wiederum wichtigste Voraussetzung dazu ist eine uneingeschränkte Vertrauensbasis. Dies kann sich aber nicht entwickeln, wenn alle zwei bis drei Jahre der Berater wechselt, wie es nun einmal bei den großen Häusern der Fall ist. Auch kann sich diese Basis nicht entwickeln, wenn nicht bei den dem Kunden bekannten Personen, sondern bei anonymen Gremien die letzte Entscheidungsgewalt liegt. Hier können die Privatbankiers klare Wettbewerbsvorteile für sich geltend machen, da bei ihnen der Berater durch Wachsen und nicht durch Wechseln der Funktion Karriere machen. Ferner ist die Beraterkontinuität bei Privatbankiers wesentlich höher als im Vergleich zu Filialbanken. Hinzukommt, dass durch die Überschaubarkeit des Betriebes eine persönliche Verbindung zum Kunden überhaupt erst möglich wird.

Darüber hinaus wird die Individualität der Privatbankiers durch eine personenbezogene Komponente begründet. Diese setzt sich aus einem fachlichen und einem menschlichen Aspekt zusammen. Ersterer besteht darin, dass die Kunden von Privatbankiers besonders von deren fachlicher Kompetenz überzeugt sind, wobei sich der hohe Objektivitätsgrad in der Kundenberatung als Folge der Unabhängigkeit begünstigend auswirkt. Letzterer zeigt sich in den Persönlichkeitsprofilen der Kundenbetreuer, die durch große Eigeninitiative und die Fähigkeit zur individuellen Bedienung gekennzeichnet sind. Der Kundenbetreuer ist von sich aus in der Lage und bereit, etwas für den Kunden zu tun, womit dieser nicht rechnet, was ihm aber das Gefühl gibt, individuell bedient zu werden. Motivationsfördernd für die Eigeninitiative sind die kurzen Entscheidungswege und die weitreichenden Kompetenzen als Ausfluss der flexiblen und flachen Organisationsstruktur. Hier fühlt sich ein bestimmter Mitarbeitertypus wohl, der durch große Selbstverantwortlichkeit gekennzeichnet ist. Zusammengefasst schafft dies alles eine besondere Vertrauensbasis beim Kunden, der zufolge sie wesentliche Vermögenspositionen ihrer Privatsphäre durch Privatbankiers betreuen lassen, bis hin zur kompletten Analyse ihres Vermögensstatus. Darüber hinaus lassen sie in der Geschäftssphäre komplexe Finanzierungsberatungen sowie komplizierte Finanzierungs- und Anlagekonstruktionen von Privatbankiers konzipieren und ausführen. Die vom Bankier vorgelebte Unternehmenskultur, gepaart mit Kompetenz und unternehmerischen Handeln, bringen zusammen mit den gewährten Entscheidungsfreiheiten noch einen weiteren strategischen Vorteil, die geringe Fluktuation. Diese führt wiederum zu einer Kontinuität in der Person des Beraters.

Weitere Chancen für die Privatbankiers, ergeben sich aus der Ertragsstruktur. Wie die Abbildung 38 zeigt, erzielen Privatbankiers im Vergleich zu anderen Gruppen einen relativ hohen Zinsüberschuss. Des weiteren erzielen sie im Vergleich zu den anderen Bankengruppen, wie die Abbildung 39 zeigt, wesentlich höhere Provisionsüberschüsse. Im Hinblick auf die Einnahmequellen zeigt sich, dass die Leistungen von den Privatbankiers von den Kunden anerkannt und auch entgeltlich belohnt werden. Privatbankiers haben also die Chance gegenüber anderen Konkurrenten im Markt, bezogen auf das durchschnittliche Geschäftsvolumen, wesentlich höhere Zins- und Provisionsüberschüsse zu erzielen.

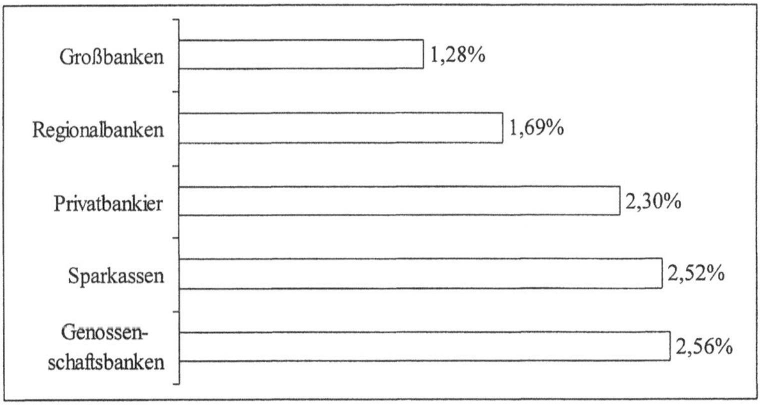

Abbildung 38: Zinsüberschuss gemessen am durchschnittlichen Geschäftsvolumen in 1998[440]

[440] vgl. Deutsche Bundesbank (Juli 1999), Seite 47. Seit 1998 wird die Gruppe „Privatbankiers" unter der Gruppe „Regionalbanken" erfasst, so dass eine getrennte Analyse nach 1998 nicht möglich ist.

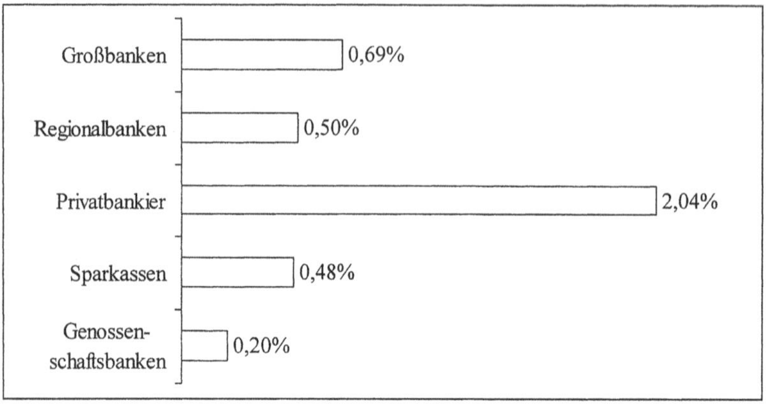

Abbildung 39: Provisionsüberschuss gemessen am durchschnittlichen Geschäfsvolumen in 1998[441]

4.3.2. Relative Wettbewerbsnachteile

Wie immer die Privatbankiers auch organisiert und strukturiert sein mögen, alle haben ein gemeinsames Problem. Sie müssen sich schon seit Jahren an die mit unerwarteter Schnelligkeit fortschreitende Technisierung des Bankgeschäftes anpassen. Die technische Abwicklung von Zahlungsverkehr und Effektengeschäft erfordern neue Soft- und Hardware. Das gilt für die Anlage von Datenbanken genauso, wie für die Entwicklung von Orderleit-Systemen oder die aufwendige Installation des Computerhandels, den Schritt zur elektronischen Börse, usw. Die Aufrechterhaltung eines wettbewerbsfähigen technischen Standards wird immer kostenspieliger. Lassen sich doch die bei den Anwendungen in jedem Fall anfallenden hohen Basiskosten bei den kleinen Stückzahlen der Privatbanken kaum umlegen, was sich im Mengengeschäft der großen Institute als völlig unproblematisch erweist. Ob die Systementwicklung für eine Betriebsstelle oder für tausend erfolgt, wirft zwar durchaus andersartige Probleme auf, aber die Kosten nehmen gewiss keinen proportionalen Verlauf. Aufwendige Rechenzentren und eigene EDV-Netze können sich viele Privatbankhäuser nicht mehr leisten. Auch in der jährlichen Analyse der Ertragslage durch die Deutsche Bundesbank lassen sich einige Hinweise auf die zunehmend schwierige Wettbewerbssituation der Privatbankiers entnehmen. Demnach lagen, wie die Abbildung 40 zeigt, bei den Privatbankiers im Jahre 1998 die allgemeinen Verwaltungsaufwendungen im Bezug zum durchschnittlichen Geschäftsvolu-

441 vgl. Deutsche Bundesbank (Juli 1999), Seite 48. Seit 1998 wird die Gruppe „Privatbankiers" unter der Gruppe „Regionalbanken" erfasst, so dass eine getrennte Analyse nach 1998 nicht möglich ist.

men mit 2,97 % wesentlich über dem Durchschnitt. Insbesondere Großbanken und Regionalbanken weisen eine sehr niedrige Relation aus. Die Betrachtung im Zeitablauf zeigt des weiteren, dass in den letzten drei Jahren bei den Privatbankiers die Relation der allgemeinen Verwaltungsaufwendungen zum durchschnittlichen Geschäftsvolumen weitgehend konstant geblieben ist, während bei anderen Institutsgruppen eine rückläufige Tendenz zu erkennen war. Hieraus ergeben sich eindeutig negative Tendenzen auf der Kostenseite deutscher Privatbankiers.

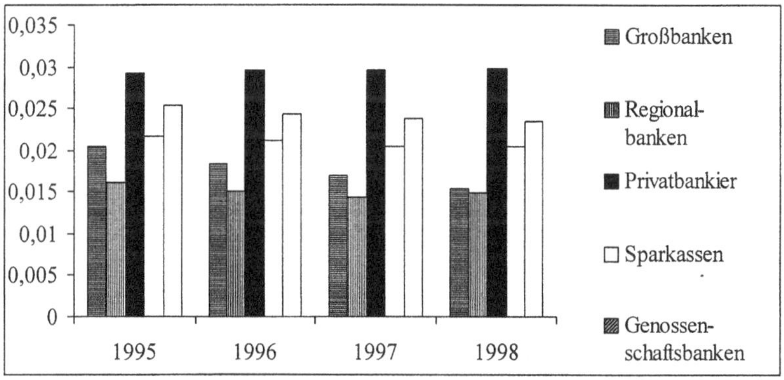

Abbildung 40: Verwaltungsaufwendungen im Bezug zum durchschnittlichen Geschäftsvolumen[442]

Weitere in den Kosten begründete Wettbewerbsnachteile entstehen insbesondere für kleinere Kreditinstitute durch die immer mehr verdichtende und beschleunigende Regulierung. Die Umsetzung veränderter Bankvorschriften, wie sie in der 4., 5. und 6. KWG-Novelle zum Ausdruck kommen, verursachen insbesondere bei kleineren Instituten hohe Kosten und können aufgrund der geringen Stückzahl auf weniger Kunden umgerechnet werden.

Die Kostensituation, insbesondere im Back-Office Bereich, zeigt, dass die Privatbankiers einem zunehmenden Verwaltungsaufwand unterliegen und nur durch Größeneffekte und Rationalisierungen diesem Trend entgegenwirken könnten. Um ein größeres Volumen abwickeln zu können, ist jedoch ein höheres Eigenkapital erforderlich. Höhere Eigenkapitalanforderungen entstanden zudem durch die Vereinheitlichung des europäischen Binnenmarktes zur Liberalisierung der Finanzdienstleistungsmärkte. Insbesondere aus den in deut-

[442] vgl. Deutsche Bundesbank (Juli 1999), Seite 48. Seit 1998 wird die Gruppe „Privatbankiers“ unter der Gruppe „Regionalbanken“ erfasst, so dass eine getrennte Analyse nach 1998 nicht möglich ist.

Recht umgewandelten EU-Richtlinien, wie der Solvabilitätsrichtlinie, Großkreditrichtlinie, Konsolidierungsrichtlinie, Kapitaladäquanzrichtlinie und Eigenmittelrichtlinie, lassen sich höhere Eigenkapitalanforderungen ableiten.

Im Rahmen der 4. KWG-Novelle sind zum 01.11.1993 mit der 2. Bankrechtskoordinierungsrichtlinie und der Eigenmittelrichtlinie die ersten EG-Normen in deutsches Recht umgesetzt worden. Gleichzeitig ist der neue Grundsatz I in Kraft getreten, mit dem die Solvabilitätsrichtlinie in deutsches Recht übertragen worden ist. Während die 2. Bankrechtkoordinierungsrichtlinie Grundlage für die EG-weite Niederlassungs- und Dienstleistungsfreiheit der Kreditinstitute auf Basis des Herkunftslandsprinzips bildet, erfolgt durch die Solvabilitäts- und Großkreditrichtlinie die Erfassung und Klassifizierung des mit Eigenkapital zu unterlegenden Geschäftes. Die Eigenmittelrichtlinie bestimmt, welche Eigenkapitalelemente zur Unterlegung dieser Geschäfte herangezogen werden dürfen. Die Umsetzung der Solvabilitätsrichtlinie in einer Neufassung von Grundsatz I KWG, mit der im wesentlichen die Eigenkapitalanforderungen zur Begrenzung von Bonitätsrisiken neu geordnet wurden, führte zu insgesamt steigendem Eigenkapitalbedarf. Eigenkapitalbelastende Faktoren ergaben sich neben der Anhebung des Solvabilitätskoeffizienten von 5,6 % auf nun 8 % vor allem durch die Einbeziehung der Wertpapiere in die Risikoaktiva.[443] Dies bedeutet, dass die risikotragenden Aktiva nicht mehr das 18-fache, sondern nur noch das 12,5-fache des haftenden Eigenkapitals maximal betragen dürfen. Weiterer belastender Faktor war die Einbeziehung der Sachanlagen in die mit Eigenkapital zu unterlegenden Risikoaktiva mit 100 % sowie die Risikogewichtung für Realkredite. Realkredite unterlagen grundsätzlich nur einer 50 %-igen Anrechnung. Ab 1996 mussten gewerbliche Realkredite mit 100 % gewichtet werden, wohingegen für Wohnungsbaukredite eine 50 %-ige Gewichtung stehenblieb.

Zur Unterlegung des risikobehafteten Geschäftes ist, wie die Tabelle 22 zeigt, die Palette der Eigenkapitalinstrumente erweitert worden. Insbesondere auf den vergrößerten Rahmen für die Ausgabe von Genussrechten sowie die neuen Eigenkapitalelemente in Form der nachrangigen Verbindlichkeiten[444] und der Neubewertungsreserven[445] ist hinzuweisen. Neben der Erweiterung des Eigen-

---

443 Die Richtlinie sieht eine Mindestkapitalquote von 8 % vor.

444 Nachrangige Verbindlichkeiten müssen dem Kreditinstitut mindestens für fünf Jahre zur Verfügung gestellt werden. Es dürfen keine vertraglichen Sicherheiten dafür bestellt werden und die Befriedigung nachrangiger Gläubiger darf erst nach allen nicht nachrangigen Gläubigern erfolgen, wenn diese Verbindlichkeiten als Eigenkapital anerkannt werden sollen.

445 Neubewertungsreserven können dem haftenden Eigenkapital hinzugerechnet werden, wenn eine Eigenkapitalquote von 4,4 % erreicht ist und zwar bis zur Höhe von 1,4 % der gewichteten Risikoaktiva. Dabei sind sowohl in Wertpapieren als auch in Grundstücken

kapitalbegriffes sind Höhenbegrenzungen eingeführt worden. Demnach darf das Ergänzungskapital 2 maximal 50 % des Kernkapitals und das Ergänzungskapital insgesamt maximal 100 % des Kernkapitals betragen.

Frühere Eigenkapitalformen		**Eigenkapitalformen gem. 4. KWG-Novelle**
1. Grund-, Stamm-, Geschäftskapital 2. Rücklagen 3. Stille Einlagen 4. 5. Freies Vermögen pers. haft. Ges.	Kernkapital	1.Grund-, Stamm-, Geschäftskapital 2.Rücklagen 3.Stille Einlagen 4.Fonds für allg. Bankrisiken 5.Freies Vermögen pers. haft. Ges.
6. Genußrechte (max. 25% von 1.+2.) 7. 8. 9. 10.	Ergänzungskapital I	6. Genußrechte 7. Versteuerte Rücklagen 8. Neubewertungsreserven 9. Kumulative Vorzugsaktien 10.Rücklagen nach §6b EStG
11. 12.Haftsummenzuschlag für Kreditgenossenschaften	Ergänzungskapital II (max. 50 % des Kernkapitals)	11.Nachrangige Verbindlichkeiten 12.Haftsummenzuschlag für Kreditgenossenschaften
	Ergänzungskapital insg. max. 100% des Kernkapitals	

Tabelle 22: Erweiterte Eigenkapitalformen gemäß 4. KWG-Novelle[446]

Bereits drei Jahre später, mit Wirkung zum 01.01.1996, wurde die Umsetzung der Großkredit- und der Konsolidierungsrichtlinie vollzogen. Die Großkreditdefinitionsgrenze gemäß § 13 Abs. 1 KWG blieb zwar zunächst mit 15 % des haftenden Eigenkapitals unverändert, wurde jedoch mit Wirkung zum 01.01.99 auf 10 % des haftenden Eigenkapitals verringert. Des weiteren ermäßigte sich die Großkrediteinzelobergrenze von bisher 50 % auf zunächst 40 % des haftenden Eigenkapitals und reduzierte sich zum 01.Januar 1999 nochmals auf 20 % des haftenden Eigenkapitals. Die Großkreditgesamtobergrenze blieb mit dem achtfachen des haftenden Eigenkapitals unverändert. Die Änderungen, wie sie in

und Gebäuden enthaltene Neubewertungsreserven anrechenbar, wobei jedoch diese beiden Klassen von Aktiva jeweils vollständig erfaßt werden müssen.

446 vgl. Gröschel (1993), Seite 228.

Tabelle 23 dargestellt werden, zeigen, dass bei Privatbankiers höhere Eigenkapitalanforderungen entstanden, um bestehende Großkredite halten zu können bzw. führte bei unveränderter Eigenkapitalbasis zum Abbau vorhandener Großkredite. Die Reduzierung der Großkreditgrenzen brachte ferner einen höheren Meldeaufwand mit sich.

Grenze	**Übergangsregelung bis 31.12.1998**	**Ab 01.01.1999**
Großkreditdefinitionsgrenze	15%	10%
Großkrediteinzelobergrenze	40%	25%
Obergrenze bei verbundenen Unternehmen	30%	20%
Großkreditgesamtobergrenze	800%	800%

Tabelle 23: Übergangsregelung für Großkreditobergrenzen[447]

Weitere drei Jahre später trat die 6. KWG Novelle in Kraft, in der die Bestimmungen der EU-Kapitaladäquanz-richtlinie umgesetzt wurden. Diese brachte eine erneute Änderung und Erweiterung der Großkreditbestimmungen mit sich. Die bisherigen KWG Novellierungen sahen im wesentlichen die Unterlegung von adressenausfallrisikobehafteten Positionen vor und erfassten die im Handelsgeschäft bedeutsamen Marktrisiken nur im Rahmen der Obergrenzenregelung des Grundsatzes Ia. Die Vorschriften der Kapitaladäquanzrichtlinie über die Eigenmittelunterlegung der Adressenausfall- und Marktpreisrisiken aus dem Handelsgeschäft wurden im Zuge der 6. KWG Novelle und der Novellierung der Eigenkapitalgrundsätze in deutsches Recht umgesetzt und haben umfangreiche Änderungen, insbesondere des KWG und des Grundsatzes I zur Folge gehabt.

Der Grundsatz I in seiner alten Form hatte die Beaufsichtigung von Adressenausfallrisiken aus dem traditionellen, bilanziellen und außerbilanziellen Kreditgeschäft sowie aus Derivaten zum Ziel, in dem für diese Risiken eine Eigenkapitalunterlegung vorgeschrieben wurde. Unabhängig davon setzte der Grundsatz Ia Obergrenzen für Marktrisikopositionen fest, die sich am haftenden Eigenkapital orientierten. Festzuhalten ist, dass bei Vollauslastung des Eigenkapitals durch die Unterlegung von Adressenausfallrisiken das insofern „verbrauchte“ Eigenkapital durch die gleichzeitige Beanspruchung der Obergrenzen des Grundsatzes Ia quasi doppelt belegt werden konnte. Mit Einführung der 6. KWG-Novelle sind sowohl Adressenausfallrisiken als auch Marktpreisrisiken

[447] vgl. Schulte-Mattler (1998), Seite 30.

durch die Unterlegung mit Eigenmitteln abzusichern. Eine Doppelbelegung der Eigenmittel durch Adressenausfallrisiken einerseits und Marktpreisrisiken andererseits ist mit Einführung des Building block approach[448] nicht mehr möglich.

Zur Umsetzung der Richtlinien wurden die Begriffe „Handelsbuch" und „Anlagebuch" definiert. Diese Abgrenzung war erforderlich, um überhaupt den Anwendungsbereich der neuen Normen über die Beaufsichtigung der Marktpreisrisiken festlegen zu können. Entscheidendes Kriterium für die Zuordnung einer Position zum Handelsbuch ist der auf die Erzielung eines Handelserfolges ausgerichtete Geschäftszweck. Das Anlagebuch wird dem gegenüber als Restgröße definiert, da die Positionen, die nicht dem Handelsbuch zugeordnet werden, unter das Anlagebuch fallen. In diesem Zusammenhang ist festzuhalten, dass zwei Institutskategorien geschaffen wurden. Zum einen die Handelsbuchinstitute, die aufgrund des Umfangs ihres Handelsgeschäftes gerade die Adressaten der neuen Regelungen sind und zum anderen die Nichthandelsbuchinstitute, die mit ihrem Handelsbuch eine vorgegebene Bagatelleschwelle nicht überschreiten und von der Anwendung der Vorschriften über das Handelsbuch freigestellt werden. Die Bagatelleregelung gliedert sich in zwei Stufen, die jeweils eine relative und absolute Obergrenze vorsehen. Die relative Obergrenze wird durch den Anteil des Handelsbuches in Prozent der Gesamtsumme der bilanziellen und außerbilanziellen Geschäfte gemessen. Dieser darf i.d.R. 5 % und zu keiner Zeit 6 % überschreiten. Für die Absolutgrenze ist die Gesamtsumme der einzelnen Positionen des Handelsbuches maßgebend. Sie darf i.d.R. 15 Mio. ECU nicht überschreiten und zu keiner Zeit über 20 Mio. ECU liegen. Während der Rechtsbegriff „zu keiner Zeit" klar bestimmt, dass das Institut schon bei einmaliger Überschreitung als Handelsbuchinstitut gilt, ist der Begriff „in der Regel" interpretationsfähig. Nach den Erläuterungen des Bundesaufsichtsamtes für Kreditwesen ist die Regelung dann durchbrochen, wenn die Grenzen nicht nur kurzfristig sondern wiederholt überschritten werden.

---

[448] Unter building block approach versteht man ein Bausteinprinzip, mit dem eine Doppelbelegung der Mehrfachbelegung von Eigenmittel zur Unterlegung von Risiken nicht mehr möglich ist. Vgl. C&L Deutsche Revision (1998), Seite 97.

Kernkapital

Zweitrangkapital
= Ergänzende Eigenmittel
= Ergänzungskapital
Ergänzungskapital 1. Klasse
Ergänzungskapital 2. Klasse
= Langfr. nachrang. Verbindl.
und Haftsummenzuschlag

Drittrangmittel
Ergänzungskapital 3. Klasse
= Kurzfr. nachrang. Verbindl.
Ergänzungskapital 4. Klasse
= Nettogewinne

Abbildung 41: Der Eigenmittelbegriff nach § 10 KWG[449]

Während sich für die Nichthandelsbuchinstitute hinsichtlich der Großkreditgrenzen keine Änderungen ergeben haben, ist für Handelsbuchinstitute der Eigenkapitalbegriff nochmals erweitert und neue Großkreditvorschriften eingeführt worden. Der neue Eigenmittelbegriff gemäß § 10 KWG unterscheidet demnach zwischen dem haftenden Eigenkapital, dass sich aus Kernkapital und Ergänzungskapital erster und zweiter Klasse zusammensetzt und den Drittrangmitteln. Wie in Abbildung 41 dargestellt wird, werden unter Drittrangmittel kurzfristige nachrangige Verbindlichkeiten und Nettogewinne subsumiert. Die Größenbeschränkungen für das Ergänzungskapital erster und zweiter Klasse bleiben bestehen. Die Drittrangmittel sind dagegen betraglich insoweit gebunden, als sie maximal bis zu einem Betrag von 250 % des freien Kernkapitals eingesetzt werden können. Unter freiem Kernkapital versteht das Kreditwesengesetz das Kernkapital, das durch die Abdeckung der Risiken des Anlagebuches nicht verbraucht ist. Es ergeben sich die in Abbildung 42 dargestellten Anrechnungsgrenzen.

449 vgl. C&L Deutsche Revision (1998), Seite 41.

Risiken aus dem Anlagebuch

Gesamtes Ergänzungskapital	≤	100 % Kernkapital
Ergänzungskapital 2. Klasse	≤	50 % Kernkapital

Risiken aus dem Handelsbuch

Drittrangmittel

\+ Freies Ergänzungskapital
\+ Genussrechte/langfr. nachr. Verbindl. oberhalb Kappungsgrenzen
= verfügbare Eigenmittel

Verfügbare Eigenmittel ≤ 250 % Freies Kernkapital

Abbildung 42: Anrechnungszeiten einzelner Eigenmittelbestandteile[450]

Der neu gefasste Grundsatz I führt dazu, dass sowohl Adressenausfallrisiken als auch Marktpreisrisiken mit haftendem Eigenkapital bzw. Eigenmitteln zu unterlegen sind. Nach der Systematik des neuen Grundsatzes I werden Adressenausfall- und Marktpreisrisiken in bestimmte Blöcke oder Bausteine in Abhängigkeit von der Art der Risiken zerlegt (Building book approach). Für die einzelnen Risikoarten werden dann nach unterschiedlichen Verfahren Teilanrechnungsbeträge ermittelt, die jeweils mit haftendem Eigenkapital bzw. Eigenmitteln zu unterlegen sind. Daraus folgt, dass die Eigenmittel nur einmal zur Unterlegung verwendet werden können. Für die Deckung der Adressenausfallrisiken des Anlagebuches darf nur das haftende Eigenkapital (Kernkapital und Ergänzungskapital erster und zweiter Klasse) herangezogen werden. Gemäß der Eigenmittelunterlegungsregel für die Marktrisikopositionen darf die Summe der Anrechnungsbeträge für die Marktrisikopositionen und die speziellen Risikopositionen aus Optionen den um die Drittrangmittel vermehrten Differenzbetrag zwischen dem haftenden Eigenkapital und der in Höhe von acht vom Hundert berücksichtigten Summe der gewichteten Risikoaktiva (Adressenausfallrisikopositionen des Anlagebuches) nicht übersteigen. Marktrisikopositionen können somit nur durch freies Kern- und Ergänzungskapital der ersten und zweiten Klasse, d.h. Kapital, das zur Unterlegung von Adressenausfallrisiken des Anlagebuches nicht benötigt wird, und durch Drittrangmittel (Ergänzungskapital dritter und vierter Klasse) abgedeckt werden. Die Marktrisikopositionen umfas-

450 vgl. C&L Deutsche Revision (1998), Seite 42.

sen die Währungsgesamtposition, die Rohwarenposition und die Handelsbuchrisikopositionen, wobei sich letztere wiederum aus den Nettopositionen der zinsbezogenen Bilanzinstrumente und der aktienkursbezogenen Finanzinstrumente sowie den Adressenausfallrisikopositionen des Handelsbuches zusammensetzen.

Wie bereits angesprochen, unterscheiden auch die Großkreditvorschriften zukünftig zwischen Handelsbuchinstituten und Nichthandelsbuchinstituten. Die Großkreditregelungen für Nichthandelsbuchinstitute werden weitgehend fortgeschrieben. Die Regelungen für Handelsbuchinstitute dagegen, unterscheiden in die Anlagebuch- und Handelsbuchgesamtpositionen bzw. die kreditnehmerbezogene Gesamtposition (Zusammenfassung von Anlage- und Handelsbuch). Insofern ergeben sich für Handelsbuchinstitute differenzierte Einzel- und Aggregationsobergrenzen und somit differenzierte Vorschriften zur Eigenmittelunterlegung. Die unterschiedlichen Grenzen, die Handelsbuchinstitute zu beachten haben, sind in den Tabellen 24, 25 und 26 dargestellt.

1. Großkredite des Anlagebuchs § 13a Abs. 3 Satz 1 f. KWG	
Einzelner Großkredit (Großkrediteinzelobergrenze)	% des haft. EK
gegenüber Gruppenfremden	≤ 25
gegenüber Mutter,- Tochter- oder Schwesterunternehmen	≤ 20
Alle Großkredite (Großkreditgesamtobergrenze)	≤ 800

Tabelle 24: Anlagebuch-Großkreditgrenzen von Handelsbuchinstituten[451]

[451] vgl. C&L Deutsche Revision (1998), Seite 45.

2. Gesamtbuch-Großkredite iSv § 13a Abs. 4 Satz 1 f. KWG	
Kreditnehmerbezogene Gesamtposition	% der Eigenmittel
Einzelne Gesamtposition (Gesamtbuch-Großkrediteinzelobergrenze)	
Gegenüber Gruppenfremden	≤ 25
gegenüber Mutter,- Tochter- oder Schwesterunternehmen	≤ 20
Alle Gesamtpositionen (Gesamtbuch-Großkreditgesamtobergrenze)	≤ 800

Tabelle 25: Gesamtbuch-Großkreditgrenzen von Handelsbuchinstituten[452]

3. Gesamtbuch-Großkredite § 13a Abs. 5 Satz 1 und 3 KWG	
Kreditnehmerbezogene Gesamtposition	% der freien Eigenmittel
Einzelne kreditnehmerbezogene Handelsbuch-Gesamtposition, im Fall der Überschreitung der Gesamtbuch-Großkrediteinzelobergrenze	≤ 500
Überschreitungsbeträge aus allen kreditnehmerbezogenen Gesamtpositionen, **die die Gesamtbuch-Großkrediteinzelobergrenzen überschreiten und länger als zehn Tage andauern** (Gesamt-Überschreitungsposition)	≤ 600

Tabelle 26: Zusatzgrenzen für Gesamtbuch-Großkredite von Handelsbuchinstituten[453]

[452] vgl. C&L Deutsche Revision (1998), Seite 45.

Weitere Änderungen hinsichtlich der Solvabilitätsrichtlinie stehen an, sind jedoch noch nicht in europäisches Recht umgesetzt worden. Die Richtlinie über den Solvabilitätskoeffizienten für Kreditinstitute sah bislang u.a. für Wohnbaukredite eine 50 %-ige Anrechnung vor. Der gewerbliche Realkredit ist dagegen grundsätzlich mit 100 % gewichtet. Ab dem 01.12.2007 soll diese Sonderregelung für wohnwirtschaftliche Realkredite abgeschafft werden und ebenfalls wie gewerbliche Realkredite mit 100 % auf den Solvabilitätskoeffizienten angerechnet werden. Mit Wegfall dieser Sonderregelung werden die Eigenkapitalanforderungen weiter steigen. Privatbankiers, die bisher mit Hilfe dieser Sonderregelung ihre Großkreditvorschriften erfüllt haben, müssen mit Wegfall dieser Regelung entweder die Eigenkapitalbasis verstärken oder bestehende Großkredite abbauen, was aber eine Verringerung des Geschäftsvolumen zur Folge hätte.

Der bei der Bank für internationalen Zahlungsausgleich angesiedelte Baseler Bankenausschuss diskutiert derzeit weitere gravierende Änderungen der Eigenkapitalnormen für Kreditinstitute. Der Baseler Akkord von 1998, der das Verhältnis von haftendem Kapital zu risikogewichteten Aktivgeschäften der Banken in weitgehend standardisierter Form regelt, gilt mittlerweile als zu unflexibel. In der vorgesehenen Neufassung wird verstärkt auf interne und externe Ratings der Kreditnehmer gesetzt, wobei allerdings Kreditrisiko-Modelle noch nicht anerkannt werden. Damit soll die unterschiedliche Bonität von Unternehmen besser erfasst werden. Bei einem guten Rating wird der Kredit mit einem geringeren Prozentsatz gewichtet, entsprechend weniger Eigenkapital muss die Bank vorhalten. Nach den bisherigen Regelungen sind Kredite an Unternehmen generell mit hundert Prozent angerechnet worden. Nach der neuen Norm soll es nicht nur eine niedrigere, sondern auch eine Gewichtung von über hundert Prozent geben, wenn das Unternehmen ein sehr schlechtes Rating bekommt. Um die Eigenkapitalanforderungen zu mildern, besteht nach Ansicht des Baseler Bankenausschuss die Gefahr, dass Banken versuchen, ihre Kreditnehmer besonders günstig zu bewerten. Es ist deshalb vorgesehen, dass die Aufseher das individuelle Risikoprofil einer Bank verstärkt nachprüfen und gegebenenfalls eine höhere Eigenkapitalquote fordern. Neu ist auch, dass es für sogenannte andere Risiken, also nicht das Adressenausfall- oder das Marktrisiko, besondere Kapitalanforderungen geben soll. Zum Beispiel für die Zinsänderungsrisiken im Anlagebuch der Banken. Haben Kreditinstitute Kunden mit schlechteren Ratings, bzw. lassen sich die Unternehmen nicht objektiv „bewerten“, werden sie durch eine solche Regelung benachteiligt, da mehr Eigenkapital zur Hinterlegung der Adressausfallrisiken abverlangt wird.

---

[453] vgl. C&L Deutsche Revision (1998), Seite 46.

Die Ausführungen zeigen, dass die Liberalisierung des Finanzdienstleistungsmarktes zu höheren Eigenkapitalforderungen geführt hat und weiter führen wird. Hinzukommt, dass die KWG-Novellen, insbesondere die 6. KWG-Novelle, sehr komplex sind und zu erheblichen Umsetzungsschwierigkeiten führen. Besonders von kleineren Kreditinstituten, insbesondere Privatbankiers, wird ein hohes Know-how abverlangt, was bei der Umsetzung erhebliche Kostennachteile mit sich bringt. Die geringe Kapitalkraft der deutschen Privatbankiers wirkt sich besonders nachteilig aus.

Der personenbezogene Charakter der Privatbankiers führt zwar zu nennenswerten Wettbewerbsvorteilen, wie der Individualität und der Identität, jedoch verbirgt sich dahinter auch ein großes Problem. Bei der Suche motivierter und begabter Nachfolger, sind einige Bankiersfamilien gescheitert, so dass eine Fortführung bei gleichzeitiger Unabhängigkeit nicht möglich war. Die Qualität und die Professionalität der Nachfolger sind für den Erfolg der Privatbankiers entscheidend. Potentielle Nachfolger müssen dem personenbezogenen Charakter Rechnung tragen und über überdurchschnittliche Fähigkeiten verfügen. Er muss vertiefte Kenntnisse in sämtlichen Bankgeschäften sowie Rechtskenntnisse haben. Darüber hinaus muss er die Fähigkeit besitzen, Personal zu führen und zu motivieren. Er muss Organisationstalent sein, Informationsqualitäten besitzen, Erfahrung aufweisen und risikobereit sein. Darüber hinaus muss er effizient und flexibel arbeiten und durch seine Verkaufsqualitäten Vorbildfunktion einnehmen. Des weiteren muss er bereit sein, mit seinem Vermögen voll zu haften. Der Nachfolger hat also Qualitäten aufzuweisen, die im heutigen komplexen Bankgeschäft kaum zu erfüllen sind. Es wird deshalb für bestehende Privatbankiers immer schwieriger, geeignete Nachfolger heranzuziehen, die entsprechende Fähigkeiten mit sich bringen und stolz sind, die Tradition fortzuführen.
Wenn auch die Gründung von Privatbankiers günstig erscheint, ist die Gründung eines solchen Institutstyps aufgrund der sehr hohen Eintrittsbarrieren sehr unwahrscheinlich. Es ist dabei nicht die Vorschrift des KWG's, speziell die Höhe des Mindestkapitals von DM 10 Mio. gemeint. Mit Aufnahme der Geschäftstätigkeit, also vom ersten Tag an, muss ein neues Haus einen hohen Leistungsstandard seiner Dienstleistungen anbieten, gleichgültig, ob die Palette des Angebots breit oder tief konzipiert ist. Hierzu ist nicht nur ein qualitativ und quantitativ ausreichender Stab an Mitarbeitern, sondern auch teure Technik notwendig. Dies alles führt zu Anlaufverlusten, nicht zuletzt auch wegen der gedrückten Margen und Preise als Folge des scharfen Wettbewerbs. Vertrauen wächst aus der Erfahrung gerade in sensiblen Finanzfragen nur langsam. So wird selbst eine leistungsfähige Neugründung eines Bankhauses nur ganz allmählich, also nach mehreren Jahren, in einen Geschäftsumfang hinein wachsen können, der zur Rentabilität führt. Das aber ist für einen Unternehmer oder Investor relativ

uninteressant. Wer sich also im Bank- oder allgemein gesprochen im Finanzdienstleistungswesen als selbständiger Unternehmer betätigen will, wird sich stark spezialisieren und sich möglichst außerhalb des Wirkungsbereiches des KWG bewegen müssen, also keine Bank gründen.

Theoretisch ermöglicht die große Marktnähe dem Privatbankier eine besonders gute Qualität bei der Bonitätsbeurteilung seiner Firmenkunden, vor allem der zukunftsgerichteten Einschätzung der Ertragskraft. In der Praxis dagegen übernehmen Privatbankiers oft ein erhöhtes Bonitätsrisiko durch Konzentration der Kreditvergabe auf das relative kleine Geschäftsgebiet in Verbindung mit existenzgefährdenden Folgen im Falle eines massiven Risikoeintritts. Aufgrund der geringen Betriebsgröße wirkt sich eine fehlende Diversifikation im Kredit-Portefeuille nachteilig aus. Hinzukommt eine starke Verbindung zu mittelständischen Betrieben und insbesondere zur Region sowie die gesellschaftliche Stellung des Privatbankiers selbst. Diese Faktoren können zu erhöhten Kreditrisiken führen, da man aufgrund der regionalen Präsenz oft Schwierigkeiten hat, sich rechtzeitig aus dem Engagement zurückzuziehen bzw. eine restriktive Kreditpolitik zu verfolgen. In den Bundesbankstatistiken kommt dies auch zum Ausdruck, wenn man das Bewertungsergebnis im Bezug auf das durchschnittliche Geschäftsvolumen mit anderen Institutsgruppen vergleicht. Wie die Abbildung 43 zeigt, liegt die Relation bei den Privatbankiers mit –0,48 % am ungünstigsten. Die Großbanken weisen nur –0,15 % und die Sparkassen nur –0,34 % aus. Es ergeben sich hieraus strukturelle Nachteile für deutsche Privatbankiers.

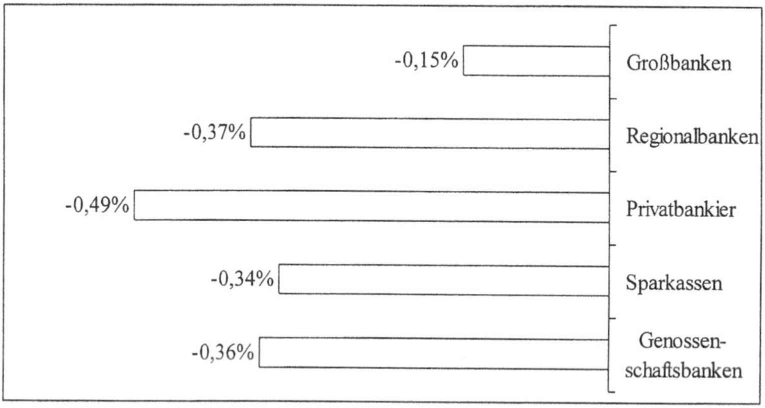

Abbildung 43: Bewertungsergebnis im Bezug auf das durchschnittliche Geschäftsvolumen in 1998[454]

4.4. Survival Skills

Nachdem sowohl das Marktsegment, die Zielgruppe und die Chancen und Risiken der deutschen Privatbankiers erörtert wurden, sollen in diesem Kapitel die Maßnahmen erläutert werden, die zur Sicherung von relativen Wettbewerbsvorteilen beitragen. Das Ziel ist, die Stärken zu verstärken und die Risiken durch entsprechende Gegenmaßnahmen bzw. Vorsorgemaßnahmen zu reduzieren.

4.4.1. Beratungsqualität

Die Konzentration auf das Marktsegment „Individualkunde" setzt eine hohe Beratungsqualität voraus. Für den Markterfolg der deutschen Privatbankiers sind deshalb die Anzahl, Struktur und Qualifikationen der Beschäftigten von entscheidender Bedeutung. Der Faktor Arbeit ist das Nadelöhr für das geschäftspolitische Machbare, weshalb er im Hinblick auf den langfristigen Unternehmenserfolg eine Schlüsselrolle einnimmt. Die Mitarbeiter sind der wichtigste Produktionsfaktor. Obwohl personalpolitische Fragestellungen häufig unter dem Kostenaspekt diskutiert werden, sollten die Aufwendungen für Mitarbeiter im Hinblick auf die Förderung der Beratungsqualität vielmehr als Investition verstanden werden. Bereits heute verfügen die deutschen Privatbankiers über eine hohe Beratungsqualität, da sie sowohl in der fachlichen als auch sozialen Quali-

[454] vgl. Deutsche Bundesbank (Juli 1999), Seite 48. Seit 1998 wird die Gruppe „Privatbankiers" unter der Gruppe „Regionalbanken" erfasst, so dass eine getrennte Analyse nach 1998 nicht möglich ist.

fikation über hohes Know-how verfügen und die Mitarbeiter durch Eigeninitiative geprägt sind. Zukünftig gilt es diese nochmals zu verbessern und zu festigen, um dauerhaft das Marktsegment der Individualkunden betreuen zu können.

Da sich die Beratung i.d.R. im Rahmen einer sozialen Interaktion zwischen dem Bankmitarbeiter und dem Kunden vollzieht und somit der Berater als Personifizierung der offerierten Beratungsleistungen fungiert, ist es von ausschlaggebender Bedeutung für die Beratungsqualität, wie es der Privatbank gelingt, das Qualifikationsprofil des Beratungspersonals, dem in der Beratungssituation relevantem Anforderungsprofil anzupassen. Diese Bedeutung kommt einerseits dadurch zum Ausdruck, dass überwiegend der Berater auf Basis seiner fachlichen Kompetenz die sachliche Qualität der Beratungsleistung beeinflusst. Unter anderem wegen der hohen Kontaktintensität der Beratung, dürften andererseits aber auch solche Fähigkeiten des Beraters für das Qualitätsurteil bedeutsam sein, die sich auf seine soziale Kompetenz beziehen.

Die Differenzierung in die fachliche und die persönliche Qualifikation lässt sich mit dem Phänomen der Interaktion erklären. Diese wickelt sich auf zwei Ebenen ab. Die Inhaltsebene, die den Informationsaustausch beinhaltet und von der Beziehungsebene unterschieden wird. Die Interaktion auf der Beziehungsebene ist vor allem durch verbale Kommunikation geprägt und sie bedient sich dabei im wesentlichen der Gestik und der Mimik und vermag die Wirkung der verbalen Kommunikation in mehr oder weniger starkem Maße zu beeinflussen. Die fachliche Qualifikation umfasst im wesentlichen das Fachwissen des Beraters und seine intellektuellen Fähigkeiten. Das Fachwissen manifestiert sich vorwiegend im Fakten- und Methodenwissen einerseits, sowie im Hinblick auf die Individualität der Beratung im branchen- bzw. unternehmenskundenbezogenen Wissen andererseits. Die intellektuellen Fähigkeiten des Beraters schließlich gründen sich im wesentlichen auf das analytische Denkvermögen sowie die Kreativität. Zur Verbesserung der Beratungsleistung gilt es, sowohl die fachlichen Qualifikationen als auch die sozialen und personalen Kompetenzen der Kundenbetreuer zu verbessern.

Grundlage der fachlichen Kompetenz des Beraters sind zumindest partiell seine formalen Qualifikationen, wie Schulausbildung, bankinterne und bankexterne Ausbildung sowie seine Praxiserfahrung. Zur Förderung der Qualifikation durch das Privatbankhaus stellen Aus- und Weiterbildungsmaßnahmen Ansatzpunkte dar, die fachlichen Kompetenzen zu verbessern. Die im Bereich der Informations- und Kommunikationstechnik vollzogene Entwicklung hat die Voraussetzungen für eine effiziente Unterstützung bzw. Ausweitung der Beratungsintensitäten von Kreditinstituten geschaffen. Mit Hilfe moderner Hard- und Softwareprodukte kann das Fachwissen zumindest teilweise unterstützt werden.

Zur Verbesserung des Informationsstandes der Berater können vor allem Informationssysteme eingesetzt werden, die sowohl Datenbanken mit Informationen über Kunden, Märkte usw. als auch Methodenbanken enthalten. Diese stellen u.a. Verfahren für die Auswertung der Daten zur Verfügung und ermöglichen darüber hinaus Simulationen, mit deren Hilfe alternative Problemlösungsvorschläge bzw. Entscheidungen im Bezug auf eine Vielzahl von Kriterien untersucht werden können. Für Privatbankiers sind hierbei die sogenannte Expertensysteme von zentraler Bedeutung. In diese Expertensysteme ist das Wissen von Experten eingespeichert und es sind Problemlösungsmechanismen implementiert, die zur Entwicklung von alternativen Lösungsvorschlägen in der Lage sind. Der Berater kann dabei mit Hilfe einer Suchstrategie zusammen mit dem Kunden den über mehrere Abfrageebenen menügesteuerten Zugriff sofort durchlaufen, bis adäquate Lösungsalternativen gefunden sind. Der Einsatz von Expertensystemen bringt den Vorteil, dass aus einem sehr komplexen Fundus von Alternativen die für eine individuelle Problemstellung geeignete identifiziert werden kann. Beispielhaft sei hier die Beratung über öffentliche Förderdarlehen genannt. Mit dem Einsatz neuer Informations- und Kommunikationstechniken müssen jedoch die Berater den Umgang mit diesen Systemen beherrschen lernen, was wiederum durch innerbetriebliche Ausbildungsmaßnahmen zu fördern ist.

Neben der in der sachbezogenen Dimension der Beratung repräsentierten fachlichen Qualifikation muss auch die persönliche Qualifikation bzw. soziale Kompetenz des Beraters als wesentlicher Einflussfaktor der Beratungsqualität besonders betont werden. Unter Bezugnahme auf die technische Gestaltung kann grundsätzlich davon ausgegangen werden, dass zukünftig die Anforderungen an die soziale Kompetenz des Beraters steigen werden, wenn mit Hilfe neuer Informations- und Kommunikationstechniken die fachlichen Qualifikationen unterstützt werden können. Die soziale Kompetenz rekrutiert sich aus einer Fülle von menschlichen Eigenschaften, die es gilt, zu fördern und zu entwickeln. Für die Gestaltung von Beratungsleistungen dürften dabei insbesondere die Fähigkeit des Beraters zum Zuhören bzw. sein Einfühlungsvermögen besonders wichtig sein. Diese Eigenschaften tragen wesentlich zur Erfassung der kundenindividuellen Problemsituation bei. In Verbindung mit der verbalen und nonverbalen Ausdrucksfähigkeit des Beraters erwächst dem Einfühlungsvermögen außerdem eine große Bedeutung für die verständliche Gestaltung der Beratung.

Von zentralem Einfluss auf die Beratungsqualität dürften zudem die Vertrauenswürdigkeit bzw. die Integretität des Beraters sein, deren Ausprägung maßgeblich darüber entscheidet, inwieweit der Beratene dem Berater Vertrauen entgegenbringt. Zwar wird grundsätzlich die Vertrauenswürdigkeit durch die Unabhängigkeit der Privatbankiers und der daraus folgenden Objektivität gefördert, jedoch ist die Fähigkeit des Mitarbeiters, im Beratungsgespräch Vertrauen aufbauen zu können, nicht zu vernachlässigen. Die Vertrauenswürdigkeit kann zur Überwindung von Konflikten und insbesondere zur Erzeugung einer positiven Einstellung gegenüber der Bank im allgemeinen und der Beratung im besonderen beitragen. Sie hat schließlich auch Auswirkung auf die Akzeptanz der in der Beratung gegebenen Empfehlung. In engem Kontext zur Vertrauenswürdigkeit steht die Diskretion des Beraters, die eine vertrauliche Behandlung der im Rahmen der Beratung gewonnenen Informationen einschließt. Schließlich zeigt sich die soziale Kompetenz auch in den Umgangsformen des Beraters. Freundlichkeit, Hilfsbereitschaft, sicheres Auftreten und Höflichkeit sind hier wichtig.

Neben den fachlichen und sozialen Anforderungen im vorhandenen Personalbestand sind jedoch Neueinstellungen unumgänglich. Mit der Suche nach geeigneten Fachkräften muss deshalb rechtzeitig begonnen werden. Der Markt für geeignete Fachkräfte ist derzeit leergefegt. 1998 waren bundesweit im Kreditgewerbe rund 750.000 Menschen beschäftigt. Dabei hat die Zahl aufgrund von Fusionen und Strukturreformen zum Erstaunen vieler nicht abgenommen. Die Zahl der offenen Stellen ist sogar gestiegen.[455] Gründe für den Mangel an Fachkräften gibt es viele. Im Wertpapierhandel beispielsweise haben die verlängerten Handelszeiten und der Aktienboom zu einer verstärkten Nachfrage geführt. Aber auch die Unsicherheit bei vielen potentiellen Arbeitskräften über die Zukunft des deutschen Bankgewerbes wirkt sich auf den Arbeitsmarkt aus. Seit langer Zeit hält sich das Gerücht, dass die Banken zu personalintensiv sind und einen starken Abbau des Personalbestandes planen. Die gleichzeitige Fusionswelle dürfte die Unsicherheit nicht mindern, obwohl sich der Strukturwandel bisher auf die Beschäftigtenzahl nicht ausgewirkt hat.

Es lässt sich erkennen, dass der rechtzeitigen Beschaffung geeigneten Fachpersonals und der Entwicklung vorhandener Arbeitskräfte eine immer größere Bedeutung zukommt. Zur Verbesserung der Mitarbeiterzufriedenheit und Kontinuität stellen dabei in der Personalpolitik die Personalplanung und Personalentwicklung wichtige Instrumente dar. Privatbankiers müssen dieses Instrumentarium nutzen, um die Personalkontinuität zu verbessern und insbesondere, um den Mitarbeitern eine Karriere im eigenen Haus zu ermöglichen.

Das Ziel der Personalplanung besteht in der Bestimmung der personellen Kapazitäten, die zur Sicherstellung der Erfüllung der betrieblichen Funktion erforderlich sind. Im Rahmen der Personalbedarfsplanung werden Entscheidungen über den Personalbedarf nach Anzahl (quantitativ), Art (qualitativ), Zeitpunkt und Dauer sowie Einsatzort getroffen. Der quantitative Personalbedarf weist die

---

[455] vgl. Hammer (2000), Seite 7.

Zahl der Personen nach Alter und Geschlecht aus, die für die Erfüllung der erforderlichen Aufgaben benötigt werden. Werden die Qualifikationen der Personen mit erfasst, spricht man von qualitativer Personalbedarfsplanung. Quantitative und qualitative Personalbedarfsplanung sind nicht zu trennen und sind daher gleichzeitig durchzuführen. Personalbedarfsplanung ist wertlos, wenn sie nicht auch Angaben zu Zeitpunkt und Dauer des Bedarfes enthalten. Der zeitliche Aspekt ist also auch ein wichtiges Kriterium, um die erforderliche personelle Qualität angeben zu können. Auch im Hinblick auf eine eventuell erforderliche Beschaffung oder Personalentwicklungsmaßnahme ist eine zeitliche Angabe bei der Ermittlung erforderlich. Der Personalbedarf wird für einen Zeitraum oder zu einem bestimmten Zeitpunkt ermittelt. Es handelt sich also zugleich um eine termingerechte Personalplanung. Der Planungszeitraum richtet sich vor allem nach der Arbeitsmarktlage und nach der Qualifikation der Mitarbeitergruppe, deren Bedarf geplant werden soll. Es ist wenigstens der Zeitraum zu planen für die Personalbeschaffung, Entwicklung und die Einarbeitung bis zur vollwertigen Einsatzfähigkeit der Mitarbeiter. Der quantitative Personalbedarf wird aus anderen vorgeordneten betrieblichen Teilplänen abgeleitet. Die dominierende Stellung nimmt dabei die betriebliche Ergebnisplanung ein. Für die Erreichung der geplanten Ergebnisse stellen die zu realisierenden Absatzvoluminas die Basis für den qualitativen Personalbedarf im Backoffice- und Frontoffice-Bereich dar. Neben der Personalbedarfsplanung kommt weiter dem Organisationsplan eine hohe Bedeutung zu.

Die Methoden der langfristigen Personalbedarfsplanung lassen sich in vergangenheitsorientierte und zukunftsorientierte Ansätze unterteilen. Vergangenheitsorientierte Methoden basieren auf statistischen Erfahrungswerten und gehen von der Annahme aus, dass sie sich auf die zukünftige Entwicklung übertragen lassen. Trendextrapolation, Analogieschlussmethode, Regressions- und Korrelationsverfahren, ökonomische Modelle, Kennzahlenmethoden und Schätzungen stellen statische Methoden zur Messung des Personalbedarfes dar. Die Ermittlung des zukünftigen Personalbedarfes aus vergangenheitsorientierten Daten ist unter den dynamisch diskontinuierlichen Entwicklungen, der die betriebliche Personalwirtschaft ausgesetzt ist, äußerst problematisch und muss durch zukunftsorientierte Methoden zumindest ergänzt werden. Besondere Bedeutung bei den zukunftsorientierten Bedarfsprognosen haben systematische Expertenbefragungen wie die Delphi-Methode oder die Szenario-Technik.

Um auf Dauer eine hohe Beratungsqualität gewährleisten zu können, ist es für den Privatbankier dringend nötig eine detaillierte Personalplanung zu erstellen. Dabei sollte sich diese auf einen längeren Zeitraum beziehen und neben quantitativen Kriterien auch qualitative Aspekte enthalten. Zur Ermittlung des qualitativen Soll-Personalbestandes sollte sich der Privatbankier mit den Aufgaben,

Methoden und Verfahren jeder einzelnen Stelle befassen und eine Aufgabenanalyse durchführen. Das Ergebnis der Aufgabenanalyse ist die Arbeitsbeschreibung und die Spezifizierung der Anforderungen, mit deren Hilfe dann die Anforderungsprofile der jeweiligen Stelle ermittelt werden können. Darüber hinaus sind die Ist-Qualifikationen der Mitarbeiter zu bestimmen. Zur Erfüllung der einzelnen Funktionen und Aufgaben ist eine bestimmte Qualifikation der Betriebsangehörigen erforderlich. Die Ist-Qualifikationen, oder auch Fähigkeitsmerkmale genannt, können durch Mitarbeiterbeobachtungen bewertet werden. Es können aber auch Befragungen und Personalbeurteilungen erfolgen oder Assessment Center und Fehleranalysen eingesetzt werden. Egal welche Methode zur Ermittlung der Fähigkeitsmerkmale verwendet werden, die Ergebnisse sollten immer schriftlich dokumentiert und in regelmäßigen Zeitabständen überprüft werden.

Analytisch gewonnene Anforderungsmerkmale müssen dann beim Personaleinsatz mit den ebenfalls analytisch ermittelten Fähigkeitsmerkmalen gegenübergestellt werden. Der Vergleich des Anforderungsprofils mit dem Fähigkeitsprofil lässt auf die Eignung eines Stelleninhabers oder Bewerbers schließen. Ideal ist eine totale Deckung aller Anforderungs- und Fähigkeitsmerkmale. In der Praxis werden Anforderungs- und Fähigkeitsprofile nicht in allen Bereichen gleich sein. Aus der Gegenüberstellung von Anforderungs- und Fähigkeitsprofilen lassen sich aber auch Entwicklungslücken und konkrete Entwicklungsdefizite erkennen, die bei gezieltem Einsatz von Personalentwicklungsmaßnahmen reduziert werden können. Ferner kann sich ein Entwicklungsbedarf aus persönlichen Bedürfnissen und bei personellen Versetzungen ergeben.

Die Personalentwicklung bestimmt die individuelle Förderung der Anlagen und Fähigkeiten der Mitarbeiter. Die Notwendigkeit der Personalentwicklung ergibt sich aus verschiedenen Gründen. Wie bereits beschrieben, müssen Berater aufgrund der sich veränderten Marktbedingungen und unter Berücksichtigung der Zielgruppen ihre Qualitäten sowohl in fachlicher als auch in menschlicher Hinsicht ständig verbessern. Während die fachlichen Qualifikationen mit Hilfe des Technikeinsatzes unterstützt werden können, nehmen die Anforderungen an die sozialen Kompetenzen weiter zu, was eine Entwicklung der Mitarbeiter erforderlich macht. Die Entwicklung auf dem externen Arbeitsbeschaffungsmarkt hat in bestimmten Bereichen zu erheblichen Engpässen geführt, so dass die Personalbeschaffung am ehesten über den internen Arbeitsbeschaffungsmarkt möglich ist. Dieses Arbeitskräftepotential mit den erforderlichen Qualifikationen muss erst durch die Personalentwicklung geschaffen werden. Des weiteren wird die Wettbewerbsfähigkeit und die Expansionsmöglichkeit eines Privatbankiers weitgehend durch die Qualifikation der Mitarbeiter bestimmt. Personalentwicklung dient somit auch der Sicherung und Steigerung der Wettbewerbsfähigkeit von Privatbankiers. Die akquisatorische Wirkung auf dem externen Arbeitsbeschaffungsmarkt ist eine weitere Begründung für die Notwendigkeit von Personalentwicklungsmaßnahmen. Sofern eine Privatbank die Möglichkeit der Personalentwicklung bietet, wird sie bei der Personalbeschaffung auf dem externen Arbeitsbeschaffungsmarkt Vorteile gegenüber denjenigen haben, die derartige Angebote nicht aufweisen können. Auch im Rahmen der Personalerhaltung und Leistungsstimulation kommt der Personalentwicklung als Anreiz eine besondere Bedeutung zu. Die Personalentwicklung hat damit nicht nur die Aufgabe, den Personalbedarf zu decken, sondern sie muss auch mit der Erwartung der Mitarbeiter und ihren persönlichen beruflichen Plänen abgestimmt werden.

Die Gestaltung der Personalentwicklung kann als Überführung des geplanten (Soll)Systems in die reale Struktur der Personalwirtschaft angesehen werden. Dabei stehen das bewusste Gestalten der Personalentwicklungsmaßnahmen, die Entwicklung der Struktur und der Ablauf der Personalentwicklung im Vordergrund. Zur Gestaltung der Personalentwicklung können Instrumente, wie die Karriere- und Laufbahnplanung, Entwicklungsbeurteilungen und die betriebliche Fort- und Weiterbildung eingesetzt werden.

Durch die Karriere- und Laufbahnplanung wird ein systematischer Qualifizierungsprozess unterstützt, mit dem Ziel, dem Mitarbeiter seine Entwicklungsmöglichkeiten aufzuzeigen, oder auch zur Nachfolgeplanung eines Stelleninhabers. Im Rahmen der Entwicklungsbeurteilung ermittelt der Vorgesetzte, ob das Potential des Mitarbeiters durch Personalentwicklungsmaßnahmen ausreichend entwicklungsfähig ist. Ferner werden dem Mitarbeiter unter Berücksichtigung seiner persönlichen Interessen und Ziele die Fähigkeiten aufgezeigt, die zur Erfüllung zukünftiger Aufgaben erforderlich sind. Unter der betrieblichen Fort- und Weiterbildung versteht man dagegen alle zielgerichteten bewussten und planmäßigen Maßnahmen und Tätigkeiten, die auf eine Vermehrung bzw. Veränderung der Kenntnisse, der Fertigkeiten sowie der Verhaltensweisen der Mitarbeiter gerichtet sind. Die Personalentwicklung fördert individuell, je nach Bedarf und Erwartung der Mitarbeiter, eine oder mehrere der drei Komponenten Kenntnisse, Fertigkeiten oder Verhalten, um die Humanressourcen in allen Bereichen und Leistungsebenen sicherzustellen.

Grundsätzlich müssen Privatbankiers auf Personalentwicklungsmaßnahmen achten. Da die Beratungsqualität zunehmend vom individuellen Leistungspotential jedes einzelnen Mitarbeiters abhängt, sind die kontinuierlichen Vorkehrungen der Aus-, Fort- und Weiterbildung auf jeden einzelnen Mitarbeiter abzustimmen. Es muss ermittelt werden, welche Defizite der einzelne Mitarbeiter hat und welche Funktion er zukünftig begleiten soll, um dem Mitarbeiter die erforderlichen Fähigkeiten vermitteln zu können. Darüber hinaus ist der Arbeitsmarkt leergefegt, so dass die Beschaffung von Mitarbeitern auf dem externen Arbeitsmarkt immer schwieriger wird und zusätzliche Anreize zu schaffen sind. Ziel des Privatbankiers muss es sein, die qualitativ hochwertigen Mitarbeiter langfristig im Unternehmen zu binden. Dies ist allerdings nur dann möglich, wenn ihnen entsprechende Berufsmöglichkeiten geboten werden.

4.4.2. Nachfolge

Die originären Privatbankhäuser haben jene Unternehmenskultur, die Voraussetzung ist, um anspruchsvolle Kunden ganz individuell zu betreuen. Dies gilt insbesondere für den Anlegerkunden, aber auch für den mittelständischen Unternehmerkunden. Gerade mittelständische Unternehmen erwarten von ihrer Bank nicht nur professionellen Rat und Dienste in Finanzfragen, sondern auch Rat und Hilfe in anderen unternehmerischen Belangen. Rat, der oft in persönliche Bereiche geht. Sicherlich wird der Privatbankier seine mittelständischen Unternehmerkunden die Einschaltung kompetenter Fachberater vorschlagen, wenn das notwendig ist, z.B. bei steuerlichen oder rechtlichen Problemen. Gleichwohl ist der Rat von Unternehmer zu Unternehmer etwas anderes. Hier liegt eine ganz große Chance des Privatbankiers; denn die großen Aktienbanken als Finanzkonzerne, Sparkassen als öffentlich rechtliche Anstalten und die Volks- und Raiffeisenbanken als Genossenschaftsbanken sind nicht unbedingt die richtigen Partner des mittelständischen Familienunternehmens. Das ist der Privatbankier.

Die instrumentale Bedeutung des Faktors Arbeit, vor dem Hinblick auf die Realisierung bankbetrieblicher Ziele, wird durch den gelegentlichen Hinweis hervorgehoben, eine Bank sei nur so gut, wie die Qualität ihrer Mitarbeiter. Damit sind neben dem Privatbankier in besonderem Maße die hochqualifizierten Mitarbeiter für Ansehen und Leistungskraft des Privatbankhauses verantwortlich. Elemente dieser personenbezogenen Qualität einer Bankleistung sind fachliche und soziale Kompetenz, persönliche Beziehung sowie die menschliche Qualität, die im Gegensatz zur routinemäßigen Abfertigung in der Kunst des Bedienens liegt. Gerade bei komplexen Kapitalanlagen oder Finanzierungswünschen, d. h., kontaktintensiven Bankleistungen, wird das menschliche Element einer Dienstleistung deutlich sichtbar. Für Privatbankiers liegt im Instrument der menschlichen Qualität die Möglichkeit, besondere Wettbewerbsvorteile zu erzielen.

Da die Bedeutung der menschlichen Qualität mit fallender Betriebsgröße steigt und die angebotenen Dienstleistungen im starken Maße erklärungsbedürftig sind, muss eine besondere Aufmerksamkeit der Personaldifferenzierung gewidmet werden. Gleichzeitig haben die persönlich haftenden Gesellschafter eine besondere Vorbildfunktion, weil sie das Werte- und Normengefühl deutlich prägen, das sich nicht nur im Verhältnis zum Kunden, sondern auch im Beziehungsgeflecht der Mitarbeiter ausdrückt. Der personenspezifische Charakter wirkt sich somit auch im hohen Maße auf die Qualifikation und Motivation der Mitarbeiter aus.

Privatbankhäuser werden generell in hohem Maße von den Inhabern geprägt. Dies verstärkt sich umsomehr, je kleiner die Betriebsgrößen des Privatbankiers sind. Genau darin liegt aber auch ein Hauptproblem, wenn sich kein engagierter und begabter Nachfolger aus der Bankiersfamilie finden lässt. Naturgemäß konnte es nicht immer gelingen, geeignete Personen für die Nachfolge heranzubilden und für das Geschäft zu interessieren. Viele Privatbankiers haben dadurch ihre Existenzgrundlage verloren. Auch wenn eine Regelung der Nachfolge nicht akut ist, sieht der Autor hier eines der wichtigsten Probleme der Zukunft.

Das Bestreben, keinen Außenstehenden mit der Leitung des Bankinstitutes zu betreuen, sondern aus dem Kreis der Nachkommen einen potentiellen Nachfolger aufzubauen, würde die Gefahr einer suboptimalen Lösung in sich bergen, wenn nicht qualitative, sondern erbrechtliche Gesichtspunkte eine Rolle spielen. Generell liegt hierin einer von verschiedenen Fehlern in der Nachfolgeplanung. Umso dringender ist es daher, rechtzeitig für eine Kontinuität an der Bankspitze zu sorgen, wobei das Existenzinteresse des Institutes und die Verantwortung gegenüber den Mitarbeitern im Vordergrund zu stehen haben.

Von besonderem Interesse des Privatbankiers ist die rechtzeitige Nachfolgeplanung. Neben der frühzeitigen Analyse geeigneter Familienmitglieder bietet sich als weitere Lösungsmöglichkeit an, einen langjährige, qualifizierte und erfolgreiche Führungskraft für eine Mitleitung aufzubauen. Nach außen wäre damit eine Kontinuität gegenüber der Kundschaft gewährleistet. Nach innen wäre es ein Beitrag zur Bestandsfestigung des Bankhauses.

Eine weitere Alternative bietet sich durch das Hinzuziehen eines externen Managements. Insbesondere muss sich der Privatbankier mit diesem Gedanken befassen, wenn kein geeigneter Nachfolger aus dem Familienkreis vorhanden ist. Bei der Auswahl eines externen Managements muss jedoch darauf geachtet werden, dass das potentielle Management die Besonderheiten eines Privatbankiers erkennt und diese auch in seinen Managementaktivitäten umsetzt. Zur Generierung von Wettbewerbsvorteilen ist jedoch zwingend notwendig, dass ein externer Manager langfristig in die Funktion des Privatbankiers tritt und als solcher auch anerkannt wird.

Ein weiterer komparativer Nachteil des Privatbankiers besteht darin, dass beim Tod eines aktiven Bankiers jeweils ein Erbgang erfolgt, mit der Wirkung, dass auf den Wert der Gesamtbank erhebliche Erbschaftsteuerzahlungen zu leisten sind. Zwar gibt es gemäß Erbschaftsteuerrecht bei Unternehmensbeteiligungen höhere Freibeträge, jedoch dürften diese für kapitalintensive Kreditinstitute bei weitem nicht ausreichen, so dass erhebliche Liquiditätsabflüsse an die öffentliche Hand bewirkt werden. Im Zuge einer Nachfolgeregelung darf deshalb ein Privatbankier erbschaftsrechtliche Regelungen nicht außer Acht lassen. Steht ein potentieller Nachfolger aus dem Familienkreis fest, der die Anforderungen erfüllt bzw. erfüllen kann, muss der Privatbankier möglichst frühzeitig testamentarische Regelungen treffen, so dass im Falle eines Erbfalles die steuerlichen Abflüsse möglichst gering sind. Darüber hinaus müssen die testamentarischen Regelungen so getroffen werden, dass die Position des potentiellen Nachfolgers gesichert wird. Nach Möglichkeit sollten im Erbfall die Eigentumsverhältnisse der anderen Familienmitglieder so aufgeteilt werden, dass der potentielle Nachfolger die stärkste Stellung hat. Ebenfalls ist dafür Sorge zu tragen, dass die für Steuerzahlung erforderliche Liquidität im Erbschaftsfall zur Verfügung gestellt werden kann und die Existenz bzw. die Unabhängigkeit des Privatbankhauses nicht gefährdet wird.

Eine rechtzeitige Unternehmensnachfolge mit entsprechenden testamentarischen Regelungen ist für den Privatbankier wie auch für andere mittelständische Unternehmen dringend notwendig, um langfristig die Wettbewerbsvorteile und die Existenz des Privatbankhauses zu sichern. Auch wenn es bei Nachfolgeregelungen keine allgemein gültigen Lösungsansätze gibt, sondern ausschließlich auf die Person zugeschnittene Einzelfalllösungen, darf sich der Privatbankier vor diesem Thema nicht verschließen. Tut er dies, bzw. beginnt er zu spät, kann die Existenz des Bankhauses bedroht werden.

4.4.3. Vertriebspolitik

Die Entwicklungen in der Informations- und Kommunikationstechnologie[456] haben einen großen Einfluss auf die Vertriebswege. Innovative Wege zur Übertragung, Darstellung und Bearbeitung von Informationen sowie die schnelle Verbreitung neuer Kommunikationsendgeräte haben den Bankvertrieb auf eine wesentlich breitere Basis gestellt. Es ist vorherzusehen, dass im Vergleich zum heute immer noch überwiegend filialgestützten Bankgeschäft der stationäre Vertriebsweg in Zukunft an Gewicht verlieren wird. Wie bereits angedeutet, verliert die Rolle der Zweigstellen und die Markteintrittsbarriere „Aufbau eines Zweigstellennetzes" an Bedeutung. Die Zahl der alternativen Vertriebswege steigt ständig. Die folgende Übersicht in der Tabelle 27 fasst die diskutierten Medien, Technologien und technischen Standards im Bankvertrieb noch einmal zusammen.

	Medien	Technologien und technische Standards
Zu Hause	PC,NC,Telefon,Fax,TV, Außendienst, E-Mail	HTTP,HTML,XML,ADSL, HDSL,SDSL,ISDN,BTX, T-Online,Set-top-Boxen,Modem,HBCI, GeldKarte, Internet-Telefone, Video-Conferencing
Unterwegs	Handy,Mobile Computer,PDA, SB-Automaten,Fax	WAP,WML,HBCI,SMS,SAT, GeldKarte,GSM,UMTS
Filiale	SB-Automaten, Multifunktions-terminal,Mitarbeiter	HTML,XML,GeldKarte, Video-Conferencing, Touch Screen

Tabelle 27: Medien, Technologien und Standards im Bankvertrieb

Die Gefahr beim Einsatz elektronischer Vertriebswege liegt vor allem in der zunehmenden Anonymisierung des Geschäftes. Die lose Bank-Kunden-Beziehung verursacht hohe Fluktuationsraten und kann zum Verlust ganzer Kundenschichten führen, wenn wichtige Marktgrenzen nicht erkannt werden. Eine empirische Studie hat ergeben, dass die elektronische Kommunikation

---

[456] vgl. Kapitel 2.3.

noch nicht als äquivalent für Filialen eingesetzt werden kann und ein Ersatz von Filialen zu Verlusten im Kundenaufkommen führt.[457] Trotzdem kann die Loyalität von Bankkunden mit neuer Informations- und Kommunikationstechnologie erhöht werden, wenn die Kunden mit ihrem Finanzdienstleister zufrieden sind, d.h., wenn ihnen die Produkte zur richtigen Zeit über den richtigen Vertriebskanal und zu den richtigen Bedingungen angeboten werden.

Für den Privatbankier stellt sich die Frage, ob sich durch den Einsatz moderner Informations- und Kommunikationstechnologien langfristige strategische Wettbewerbsvorteile generieren lassen. Strategische Wettbewerbsvorteile lassen sich grundsätzlich erzielen, wenn die jeweilige Technologie einen Beitrag zur Unternehmensstrategie leistet, für Konkurrenten nicht imitierbar und substituierbar ist und das Angebot der Technologie knapp ist, sie also auf den Faktormärkten nur begrenzt angeboten wird. Zwar können Informations- und Kommunikations-Technologien durchaus einen wertvollen Beitrag zur Durchsetzung der Unternehmensstrategie liefern, beispielsweise wenn Standardprodukte über günstige Vertriebskanäle abgesetzt werden, um Beratungskapazitäten auf beratungsintensive Produkte zu konzentrieren, jedoch sind die Substitutionsmöglichkeiten sehr eingeschränkt. Dies ist darauf zurückzuführen, dass sich Banken auf die Technologien konzentrieren, die sich bereits etabliert haben und als Standard verbreitet sind. Auch die Knappheit der Technologie ist nicht gegeben. Zukünftige Standardtechnologien finden angesichts immer kürzer werdender Innovationszyklen sehr schnelle Verbreitung. Mit dem Einsatz einer einzelnen neuen Technologie wird also die Privatbank keine langfristigen strategischen Wettbewerbsvorteile erringen können. Umgekehrt allerdings, erleidet sie einen entscheidenden strategischen Nachteil, wenn sie es versäumt, rechtzeitig auf zukunftsweisende Innovationen zu verzichten. Wenn überhaupt, können Technologien im Bankvertrieb nur zu temporären Wettbewerbsvorteilen führen. Gelingt es aber, regelmäßig temporäre Wettbewerbsvorteile zu erzielen, kann dies in der Summe durchaus dazu führen, ständig den Konkurrenten ein Stück voraus zu sein. Der Wettbewerbsvorteil basiert dabei allerdings nicht auf einer einzelnen Technologie, sondern liegt in den Fähigkeiten der Bank, Zukunftstechnologien frühzeitig zu erkennen, ihr Potential für das Bankgeschäft abzuschätzen und ihre Chance auf eine weitere Verbreitung bei den Kunden beurteilen zu können. Eine derartige Strategie kann als technologische Führerschaft bezeichnet werden. Voraussetzung dafür ist aber ein qualifiziertes Innovations- und Technologiemanagement.[458] Festzuhalten bleibt auch, dass zur Implementierung neuer Technologien erhebliche finanzielle Mittel erforderlich sind und vor allem für kleinere Institute eine große Investitionshürde bedeutet. Diese Strategie kann also nur für Groß-

---

457 vgl. Karlsen (1998), Seite 195 f.

458 vgl. Little (1993), Seite 35 f.

banken in Frage kommen. Privatbankiers haben nur begrenzte Investitionsvoluminas zur Verfügung und somit keine Möglichkeit, eine technologische Führerschaft zu übernehmen. Vielmehr müssen sie sich den von Großbanken initiierten technischen Standards anschließen, um keinen strategischen Nachteil zu erlangen.

Die euphorische Begeisterung durch den Einsatz elektronische Vertriebskanäle Rationalisierungspotential zu erschließen, ist der ernüchternden Kenntnis gewichen, dass parallel zu den Rationalisierungserfolgen auch der persönliche Kontakt zum Kunden abzureißen droht. Umfragen belegen, dass es die Kunden schätzen, ihre Bankgeschäfte bequem von zu Hause oder vom Büro aus abwickeln zu können.[459] Doch aus Sicht des Privatbankiers könnte der damit verbundene Verlust persönlicher Kontakte fatale Folgen haben. In den USA ist der Rückgang der Filialfrequentierung und damit die Abnahme persönlicher Kontakte bereits deutlich zu erkennen. Noch 1985 kam 71 % der Kunden in die Filialen, 29 % nutzten elektronische Vertriebswege. 1993 waren es noch 54 % der Kunden, die die Filialen aufsuchten und bis 2004, so die Prognose, wird sich das Verhältnis von Filialbesuch und Nutzung elektronischer Vertriebswege auf 31 % zu 69 % verschoben haben.[460] Wird das Banking für den Kunden zunehmend einfacher und anonymer, ist auch der Wechsel zu einem anderen Kreditinstitut einfacher und billiger.

Technologieprognosen und Zukunftsszenarien versprechen einen intensiven persönlichen Kontakt zwischen Dienstleistungsanbietern und ihren Kunden mit Hilfe von Videokonferenzen, die beinahe überall zur Verfügung stehen sollen.[461] Es heißt, die Intensität des semipersönlichen[462] Kontakts lässt sich in Zukunft gegenüber dem heutigen Niveau sogar noch erhöhen. Bis dahin jedoch, so könnte man den Eindruck gewinnen, muss mit dem Einsatz von elektronischen Vertriebswegen der Abbau persönlichen Kontakts hingenommen werden, da sie nur den anonymen, standardisierten und damit schablonenhaft wirkenden Kontakt zwischen Bank und Kunde zu ermöglichen scheinen. Insgesamt bleibt festzuhalten, dass die Gefahr existiert, durch den anonymen elektronischen Kontakt dic Kundcnbindung bzw. die Kundennähe zu verlieren. Privatbankiers können diesem entgegenwirken, wenn sie beide Vertriebsformen vereinen und dadurch, trotz Einsatzes elektronischer Vertriebswege, der

---

[459] vgl. Gewald (1996), Seite 8.
[460] vgl. O.V. (1995), Seite 62 f.
[461] vgl. Brauner/Bickmann (1994), Seite 63.
[462] Als „semipersönlich" bezeichnet man den Kontakt zwischen Personen über elektronische Medien wie z.b. dem Telefon oder einer Videokonferenz. Semipersönlicher Kontakt steht im Gegensatz zu reiner Kundenselbstbedienung, vgl. Popp (1990), Seite 65 und Kreuzer (1998), Seite 20.

Gefahr der Anonymität entgegenwirken. Es stellt sich die Frage, wie man als Bank dem Kunden anbieten kann, elektronische Vertriebswege zu seinem Vorteil zu nutzen und gleichzeitig die Bindung zur Bank zu intensivieren. Es müssen zuerst die Vor- und Nachteile des klassischen Filialvertriebes, wie sie bei Privatbankiers überwiegend vorzufinden sind, sowie die Vor- und Nachteile des klassischen Homebankings diskutiert werden, um im Anschluss daran alle Vertriebswege in einem einheitlichen Vertriebskonzept zu vereinen.

4.4.3.1. Vor- und Nachteile des klassischen Filialvertrieb

Die Filiale galt lange Zeit als Schlüssel zur Kundennähe. Über ein dichtes stationäres Zweigstellennetz können räumliche Präferenzen beim Kunden durch die Nähe des Dienstleistungsangebotes aufgebaut werden.[463] Mit dem Aufkommen elektronischer Vertriebswege kann die Kundennähe jedoch viel besser realisiert werden. Kundennähe wird in diesem Fall damit definiert, überall und jederzeit auf die Dienstleistung der Bank zurückgreifen zu können.[464] Bei dieser Definition wird jedoch außer acht gelassen, dass Kundennähe auch als soziale Nähe zum Kunden interpretiert werden kann.[465] Die „Kundennähe" des elektronischen Vertriebs verursacht geringere Kosten und der künftige Nutzen der Filialnetze wird in Frage gestellt. Direktbanken scheinen zu beweisen, dass man gänzlich ohne Filialnetz auskommen kann.

Aus Kundensicht ist die bereits genannte Kundennähe in Form von kurzen Wegen und günstigen Standorten ein wesentlicher Vorteil der Filiale. Hinzu kommt die angenehme Atmosphäre in kleinen, überschaubaren Einheiten und die persönlichen Bindungen, die sich zwischen Kunden und Mitarbeitern aufbauen. Das spiegelt sich auch in Umfragen wider, wonach über 60 % der Bankkunden mit der Erreichbarkeit der Bank und der Freundlichkeit der Mitarbeiter sehr zufrieden bis voll zufrieden sind.[466] Die besondere Personenkenntnis sowie Details und Hintergrundinformationen über den Teilmarkt bieten den Privatbankiers die Chance, Signale außerhalb der Kundendaten zu erkennen und zu verwerten. Im Mengengeschäft eröffnet die Filiale generell Möglichkeiten des Cross Selling. Ferner ist der Preisdruck geringer als bei großen, anonymen Stellen. Nicht zuletzt erreicht man mit den Filialen auch weniger mobile Menschen, wie Rentner und Minderjährige.

Als Nachteil für die Inanspruchnahme standardisierter Leistungen in der Filiale werden vor allem die Anfahrt, Parkplatzsuche, die Öffnungszeiten sowie

---

[463] vgl. Berchtold (1995), Seite 199.
[464] vgl. Bernet (1995), Seite 28.
[465] vgl. Bacher (1995), Seite 535.
[466] vgl. Meyer/Dornach (1994).

Wartezeiten vor dem Schalter als nachteilig empfunden. Ferner sind nicht alle beratungsintensiven Bankleistungen in jeder Zweigstelle erhältlich, so dass für bestimmte Leistungen der Weg in die Hauptstelle in Kauf genommen werden muss. Die erforderliche Beratungsleistungen sind in den Zweigstellen zum Teil nicht vorhanden. Die Qualifikation der Mitarbeiter, deren Wissen meist sehr breit ausgelegt ist, ist häufig unzureichend. So hat beispielsweise eine Untersuchung der Stiftung Warentest ergeben, dass jeder dritte Bankberater bei der Baufinanzierung „mangelhaft" oder „sehr mangelhaft" berät. Die Beratung, die auf computergestützte Baufinanzierungsprogramme aufbauen, sind deutlich besser.[467] Eventuelle Antipathie gegenüber dem Bankmitarbeiter oder mangelnde Diskretion für eine umfassende Beratung können weitere Nachteile der Filiale sein.

Die enormen Kosten des Filialbetriebes fallen aus Bankensicht kräftig ins Gewicht. Hierzu zählen die Sachkosten für die Räumlichkeiten, der Aufwand für meist nicht ausgelasteten Technikeinsatz, Kosten für Sicherheitsmaßnahmen und für Personal, das auch zu Zeiten geringer Filialauslastung vorgehalten wird. Durch die Verteilung des Mengengeschäftes auf eine Vielzahl von Stellen bestehen nur geringe Rationalisierungsmöglichkeiten. Bei der Kommunikation zwischen Hauptstelle und Filiale kommt es häufig zu „Reibungsverlusten" bei der Weiterleitung qualifizierter bzw. problemorientierter Geschäfte. Die Koordination (Vertretung bei Krankheit, Urlaub) wird mit sinkender Filialgröße schwerer. Mangelnde Führungsqualitäten bei den Filialleitern oder fachliche Qualifikationen bei den Mitarbeitern können sich negativ auf das Image der Bank auswirken. Filialen schränken außerdem die Flexibilität der Bank ein; denn sie sind weder kurzfristig zu öffnen noch können sie bei veränderter Marktlage kurzfristig schließen.

4.4.3.2. Vor- und Nachteile des klassischen Homebanking

Bereits Mitte der 80-er Jahre stand mit dem BTX erstmals die Technik zur Verfügung, die es prinzipiell jedem ermöglichte, Bankgeschäfte von zu Hause abzuwickeln. Der Begriff des „Homebanking" war geboren. Was als zusätzliche Dienstleistung für den Kunden begann und für die Banken zudem ein enormes Rationalisierungspotential versprach, wird mit fortschreitender Technik für die traditionellen Filialbanken zunehmend auch zur Bedrohung. Durch das Homebanking kann der Bankkunde einen Großteil der Bankgeschäfte flexibler abwickeln. Der Homebanking-Zugang ist rund um die Uhr verfügbar, der Weg zur Bank und die eventuell lästige Parkplatzsuche bleiben ihm ebenso erspart, wie das Anstehen am Schalter. Kontoinformationen lassen sich ohne Zeitverzögerungen und, was an Bedeutung nicht unterschätzt werden

---

467 vgl. O.V. (1996b), Seite 17.

sollte, anonym abrufen. Ferner profitiert er von geringeren Transaktionsgebühren, die die meisten Banken für elektronisch aufgegebene Transaktionen gewähren. Finanzsoftwareprodukte vereinfachen die Koordination von Mehrfach-bankverbindungen und erlauben die elektronische Weiterverarbeitung der Kontodaten beispielsweise zur Führung eines Haushaltsbuches.

Für die Privatbankiers stehen Kostenersparnisse im Vordergrund, selbst wenn diese aufgrund der enormen Investitionskosten und der erforderlichen Umstrukturierungsprozesse erst nach Jahren realisiert werden können. Der Erfassungsaufwand wird vollständig auf den Kunden verlagert. Jede vom Kunden bei Homebanking abgewickelte Transaktion belastet weder Personalkapazitäten noch aufwendige Beleglesetechnik. Während eine beleggebundene Überweisung Kosten in Höhe von ca. DM 1,80 bis DM 2,80 verursacht, fallen bei Homebankingtransaktionen lediglich ca. DM 0,10 bis DM 0,57 an.[468] Die Daten können medienbruchfrei bearbeitet und in die zentrale Datenbank eingespeist werden. Führt die steigende Verarbeitung der Nutzung des Homebankings zur sinkenden Filialfrequentierung kann man die frei werdende Kapazität entweder anders einsetzen, beispielsweise für die Optimierung der Beratungsqualität, oder aber abbauen.

Da nicht alle Produkte der Bank elektronisch unterstützt werden, steht dem Kunden nur ein Ausschnitt des Gesamtangebotes zur Verfügung. Das ist insbesondere dann ärgerlich, wenn der Kunde den Komfort des Telebanking zu schätzen gelernt hat, für eine relativ einfache Festgeldanlage jedoch trotzdem gezwungen wird, eine Filiale aufzusuchen. Die Sicherheitsmechanismen des PIN-TAN-Verfahrens sind insbesondere im Vergleich der bisher üblichen händischen Unterschrift umständlich und führen zu Unsicherheit des Kunden bezüglich des Missbrauchsrisikos. Der Abbau des persönlichen Kontakts zum Kundenbetreuer, der zwangsläufig mit zunehmender Inanspruchnahme von Telebankingservice verbunden ist, führt zu weiterem Vertrauensverlust. Denn wenn der Kunden für ein komplexes Bankprodukt Beratungsleistungen in Anspruch nehmen möchte, geschieht dies eventuell nicht mehr durch seinen vertrauten, langjährigen Kundenbetreuer, dessen kompetente Beratung er zu schätzen gelernt hat. Der Kunde wird durch einen anonymen Mitarbeiter der Bank beraten, zu dem keine emotionale Bindung besteht und über dessen fachliches Know-how und Objektivität er nur spekulieren kann. Die im Zuge der technischen Möglichkeiten zu beobachtende Ausbreitung der Telebankleistungen um weitere Bankprodukte, kann sich ebenfalls nachteilig auf den Kunden auswirken. Per Selbstbedienung nimmt er bestimmte Angebote in Anspruch und der Kundenbetreuer hat nicht einmal mehr die Chance, ihn auf eventuell bessere Optionen hinzuweisen. Die Einsicht, dass das Angebot eine

---

468 vgl. Kerscher/Kreuzer (1995), Seite 13.

suboptimale Verzinsung aufgewiesen hat, kann später dazu führen, dass der Kunde die Schuld der Bank zuweist, unzufrieden wird und somit seine Bereitschaft zum Bankwechsel wächst.

Der Einsatz elektronischer Vertriebswege führt aber auch zu Nachteilen aus Sicht des Privatbankiers. Da fast ausschließlich standardisierte Produkte im elektronischen Vertrieb unterstützt werden, bietet sich der Privatbank kaum noch Gelegenheit, sich vom Wettbewerber zu differenzieren. Der Trend zur Standardisierung von Aktiv- und Passivprodukten und zur Straffung der Produktpalette insgesamt, verleiht diesem Aspekt zunehmend Gewicht. Die Anonymisierung des Kundenkontakts und der Abbau persönlicher Bindung führt zu sinkender Kundenloyalität und steigert somit das Risiko der Kundenabwanderung. Die Beratungsqualität der Kundenbetreuer nimmt ab, da der Kunde zum einen die Filiale nicht mehr so häufig besucht und zum anderen der Kundenbetreuer keinen Überblick mehr über das Bewegungsprofil des Kunden hat, das sich auf zahlreiche, aus Sicht des Informationsmanagements, voneinander unabhängige Vertriebswege verteilt. Ein weiterer Nachteil liegt im Einsatz von Finanzverwaltungssoftware beim Kunden, die die Bank hinter dieser Software quasi verschwinden lassen. Imagetransfer ist de facto nicht mehr möglich und für den Kunden, der seine Bankgeschäfte mit diesen Softwarepaketen abwickelt, gibt es keinen sichtbaren Unterschied zwischen Bankverbindung A und Bankverbindung B.

Festzuhalten bleibt, dass die Nachteile des elektronischen Vertriebes konträr mit den Zielen des Privatbankiers in Verbindung stehen. Die Zielgruppendefinition der Privatbankiers hat gezeigt, dass das Klientel der Privatbanken beratungsintensiv ist und eine persönliche Bindung erfordert. Privatbankiers müssen somit auch im Vertrieb versuchen, Bindungen zu stärken und die Beratungsqualität in den Vordergrund zu stellen. Werden die Bankprodukte ausschließlich über elektronische Wege vertrieben, wird ihnen dieses Ziel nicht gelingen.

4.4.3.3. Symbiose von traditionellem und elektronischem Vertrieb

Das Ziel des Privatbankiers muss es sein, die Vorteile aus klassischem und elektronischem Vertrieb zusammenzuführen und gleichzeitig deren Nachteile soweit wie möglich zu vermeiden. Besonders wichtig ist es hierbei, dass der Privatbankier elektronische Vertriebswege nicht als ein für sich alleinstehendes Konzept sieht. Genau dieser Fehler wurde bislang bei der Einführung neuer elektronischer Vertriebswege gemacht. Automaten, Telefon- und PC-Banking wurden isoliert den bestehenden Vertriebsformen hinzugefügt, was dazu geführt hat, dass sich das traditionelle Filialnetz und die elektronischen Vertriebsformen konfliktär gegenüberstehen. Der Wettbewerb der einzelnen Vertriebswege untereinander wirkt eher kannibalisierend denn geschäftsfördernd. Vor dem Hintergrund, dass der Kunde mit seinen Problemen im Mittelpunkt der Geschäftstätigkeit von Privatbankiers stehen muss, besteht das Ziel darin, eine symbiotische Beziehung zwischen Filialnetz und elektronischem Vertriebsweg herzustellen. Der Grundgedanke beim Technikeinsatz an der Schnittstelle zwischen Bank und Kunde war die Kostensenkung durch Verlagerung von Filialkontakten auf elektronische Kontakte. Weitaus wichtiger sollte für eine Privatbank jedoch die Umsatzausweitung sein, d.h., es muss auch umgekehrt der Fall sein, dass elektronische Kontakte zu Filialkontakten führen. Das kann beispielsweise in der Form geschehen, dass ein Nichtkunde im elektronischen Markt auf ein interessantes, aber komplexes Produkt der Privatbank aufmerksam wird und die Bank das Interesse registriert, ihn zu einem Filialbesuch einlädt, bei dem nach einer Beratung der Abschluss erfolgen kann.[469] Die Bedeutung des persönlichen Kontaktes darf nicht einer technikinduzierten Euphorie weichen, sondern die Entlastungen, die durch den Technikeinsatz erreicht werden, müssen zur Intensivierung der Kundenbindung und zur Ausweitung des Geschäftsvolumens genützt werden. Die Technik muss ferner dort verstärkt eingesetzt werden, wo sie die Dienstleistungen der Bank sichtbar verbessern.

Die Anforderungen, die ein integriertes Vertriebssystem erfüllen muss, sind aus der Tabelle 28 ersichtlich. Die dargestellten Eigenschaften stellen ein Idealbild dar, das für Privatbankiers erstrebenswert ist.

---

469 Eine von der IBM und der Universität Regensburg durchgeführte, repräsentative Studie über die Wettbewerbsfähigkeit deutscher Industrieunternehmen hat gezeigt, dass „Verlierer“ sind, d.h. Unternehmen, die auf einer Index-Skala die letzten 10 % repräsentieren, die Kostensenkung als Priorität für die Erreichung der Geschäftsvision angeben. Vgl. IBM/Bartmann (1994), Seite 10. Die Vermutung liegt nahe, dass dies eine Charakteristika ist, die branchenübergreifend, also auch für Banken, gilt.

Persönlicher Kontakt/Emotionale Bindung • Ihr sind Bankmitarbeiter zugeordnet, die den persönlichen Kontakt zum Kunden pflegen und zu denen er eine emotionale Bindung aufbauen kann. • Sie spricht den Kunden in seinem regionalen Erlebnisfeld an.
Erreichbarkeit • Sie ist für den Kunden schnell, leicht und jederzeit erreichbar. • Dem Kunden steht eine Vielzahl elektronischer Medien zur Inanspruchnahme von Bankdienstleistungen zur Verfügung (PC, SB-Automaten, Telefon, etc.).
Kundenbetreuung/Service • Sie vermittelt dem Kunden das Gefühl, dass er individuell betreut wird. • Sie ermöglicht nicht nur die Kontaktinitiierung durch den Kunden, sondern auch durch die Bank. • Sie erlaubt das Einbinden hochqualifizierter Spezialisten in die Beratung. • Sie respektiert, dass der Kunde eine Vielzahl von Bankgeschäften ohne persönlichen Kontakt erledigen möchte. • Sie ist präsent, wenn der Kunde ein Problem hat bzw. ein Bedarf an Finanzdienstleistungen entsteht. • Sie berät den Kunden objektiv. • Sie ist bestrebt, bestehende Probleme des Kunden sofort zu lösen bzw. Unzufriedenheiten umgehend zu beseitigen.
Integration der Vertriebswege • Die Beratung und Betreuung des Kunden wird durch ein Kundeninformationssystem unterstützt, das sämtliche Bewegungsprofile des Kunden über sämtliche Vertriebswege erfasst. • Sie präsentiert sich über sämtliche Vertriebswege hinweg in einem konsistenten Erscheinungsbild.
Produktangebot • In ihr werden sämtliche Produkte unterstützt, wenigstens durch Information. • Sie ermöglicht dem Kunden den Einstieg in komplexere Bankprodukte durch Bereitstellung informationstechnischer Hilfsmittel, die deren Verwaltung vereinfachen.
Sicherheit/Komfort • Sie ermöglicht einen komfortablen Zugang zum Konto. • Sie vermittelt das Gefühl der Sicherheit und Vertraulichkeit aller Banktransaktionen.

Tabelle 28: Eigenschaften eines integrierten Vertriebssystems

Zur Realisierung eines integrierten Vertriebssystems stellen die in Tabelle 29 dargestellten Maßnahmen Orientierungspunkte dar. Die Maßnahmen sind in die Bereiche: technische-, organisatorische Maßnahmen und marketing- bzw. vertriebsorientierte Maßnahmen unterteilt. Die genannten Maßnahmen stellen Anhaltspunkte dar und müssen nicht vollständig sein. Grundsätzlich können nicht alle Maßnahmen umgesetzt werden, sondern hängen vielmehr von der Struktur des jeweiligen Privatbankhauses ab. In den folgenden Abschnitten wird auf vereinzelte Maßnahmen detailliert eingegangen.

	Technisch/ Organisatorisch	Marketing-/Vertriebsorientiert
Erreichbarkeit	• 24-Stunden-Verfügbarkeit • schnelle Antwortzeiten • keine SW-/HW-Restriktionen für Kunden • Easy-to-use	• Werbung für integriertes Vertriebssystem • Integration in regionale Online-Dienste und elektronische Marktplätze • Aufnahme in Suchmaschinen
Persönlicher Kontakt/ Emotionale Bindung	• Kommunikationsmechanismen (E-Mail, Telefon, Voice-Mail, Video-Conferencing) • Aufzeichnung der Kontakthistorie in einem KIS[470]	• Betreuungsgedanken bewerben • Aufbau einer Markenpolitik • Loyality-Konzepte • Schulung der Mitarbeiter bzgl. Kommunikation mit Kunden
Kunden-betreuung	• Aufbau eine KIS, das z.B. automatische Wiedervorlagen für Betreuer generiert • Kundenindividuelle Benutzeroberflächen	• Aufbau von Betreuungsteams, die den Kunden individuell beraten und direkt ansprechen • Kundenansprache in regionalem Erlebnisfeld • Loyality-Konzepte
Produkt-angebot/ Beratung	• Modellrechnungen, Terminvereinbarungen, multimedial unterstützte Darstellungen • Gemeinsames Bearbeiten von Dokumenten • Aufbau von Expertensystemen	• Entwicklung von „Mehrwertprodukten" • Frequently Asked Questions • Bündeln hochqualifizierten Expertenwissens • Kunden „schulen" durch Gewinnspiele (z.b. Börsenspiele)
Integration der Vertriebswege	• Kontakthistorie in KIS • Vereinheitlichung der Schnittstellen	• Aufbau von Betreuungsteams • Kein Wettbewerb der Vertriebswege

Tabelle 29: Maßnahmen zur Realisierung der Eigenschaften eines integrierten Vertriebssystems

Prinzipiell stehen allen Banktypen die gleichen Möglichkeiten zur technischen Anbindung offen. Trotzdem wird es aus Sicht des jeweiligen Bankentyps sinnvoll sein, auf mancherlei technisch Machbares zu verzichten und anderes statt dessen zu betonen. Insbesondere kleinere Privatbankiers zeichnen sich dadurch aus, dass sie einen kleinen Wirkungskreis haben und sich oft auf bestimmte Marktnischen spezialisieren. Zwangsläufig verfügen kleine Institute nur über beschränkte Möglichkeiten die Erreichbarkeit zu optimieren. Da sie jedoch meist Nischen des Finanzdienstleistungsmarktes bearbeiten und hier

470 Unter KIS versteht man Kundeninformationssysteme.

über hochspezialisierte Kompetenz verfügen, kann die inhaltliche Qualität des Angebotes die technischen Nachteile eventuell sogar wettmachen. Grundsätzlich kann davon ausgegangen werden, dass gerade kleine Institute sehr großen Nutzen aus der globalen elektronischen Präsenz gewinnen können, die mit der Implementierung eines integrierten Vertriebssystems verbunden ist, da sich ihr Wirkungskreis relativ gesehen zu Großbanken immens ausweitet. Während ein Institut, wie die Deutsche Bank, ihren Bekanntheitsgrad durch den Betrieb eines integrierten Vertriebssystems nur bedingt steigert, kann eine bisher auf einen regionalen Zielmarkt beschränkte Privatbank plötzlich weltweit Popularität erlangen.

Wie bereits gezeigt, ist der Aufbau einer persönlichen Bindung zwischen Kunde und Kundenbetreuer maßgebend zur Erreichung einer hohen Kundenbindung.[471] Die Privatbank muss jedoch vermeiden, dass der Kundenkontakt nicht in zu starke Abhängigkeit von der Person eines Mitarbeiters gerät. Urlaub, Krankheit oder Kündigung des Mitarbeiters könnten sich sonst negativ auswirken. Außerdem verlangt der Kunde häufig eine rund-um-die-Uhr-Verfügbarkeit, die mit einem einzigen Kundenbetreuer nicht zu erreichen ist. Daher muss jedem Kunden ein Betreuungsteam zugeordnet werden, ähnlich wie das in manchen Filialen bereits indirekt der Fall ist, wenn Kunden abwechselnd von mehreren Filialmitarbeitern bedient werden. Wichtig ist dabei, dass der Kunde über jeden beliebigen Vertriebsweg stationär, mobil oder elektronisch, Kontakt zu einem Mitglied seines Betreuungsteams aufbauen kann. Die Betreuer verfügen über ein breites, wenig spezialisiertes Fachwissen. Ihre Kernkompetenz liegt darin, dass sie den Kunden mit seinen Eigenschaften und Vorlieben genau kennen. Die Zahl der einem Kunden zugeordneten Betreuer muss jedoch überschaubar gehalten werden. Eine große Bedeutung kommt im Rahmen dieses Betreuungskonzeptes der Unterstützung durch intelligente Kundeninformationssysteme zu. Neben den Betreuern werden zentral hochqualifizierte und stark spezialisierte Berater vorgehalten, die bei Bedarf vom Betreuer hinzugezogen werden, z.b. im Rahmen einer Videokonferenz. Die Kombination aus detaillierter Kundenkenntnis des Betreuers und Spezialistenwissen des Beraters ist Garant für die Qualität der Geschäftsverbindung.[472]

Wichtig ist, dass der Betrieb elektronischer Systeme für den Bankmitarbeiter keinen zusätzlichen Aufwand verursacht. Dies ist z.b. der Fall, wenn im World

[471] Dies gilt im übrigen nicht nur aus Kundensicht, denn meist ist auch der Kundenbetreuer motivierter, wenn er eine soziale Bindung zu seiner Kundschaft aufbauen kann.

[472] Der hier dargestellte Aufbau einer Kombination aus Betreuung und Beratung ist vergleichbar mit den von Ambros vorgeschlagenen „Kompetenzteams“, die als Interface zu Expertensystemen fungieren. Vgl. Ambros (1996), Seite 47.

Wide Web bereitgestellte Angebote manuell eingepflegt werden müssen. Ziel ist es, solche Aufgaben vollständig in den gewöhnlichen Geschäftsprozess zu integrieren. Doch es ist nicht nur die Technik, die ablauforganisatorisch optimiert werden muss. Die Privatbank muss auch in der Lage sein, die Veränderungen im Verhaltensprofil ihrer Kunden zu erkennen, die mit der Implementierung integrierter Vertriebswege einhergehen. Häufig liegen Informationen hierfür bereits vor. So ist es beispielsweise üblich, dass ein Kunde, der Telebanking-Dienstleistungen per PC oder Telefon nutzen möchte, vorher bei der Bank einen entsprechenden Antrag ausfüllen muss. Es ist von nun an also absehbar, dass der Kunde die Filiale seltener frequentieren wird, da er die Möglichkeit hat, seine Bankgeschäfte elektronisch abzuwickeln. Damit droht wiederum sinkende Kundenbindung durch abnehmenden Kontaktintensität. Den Filialmitarbeitern wird dieser Sachverhalt i.d.R. nicht bewusst. D.h., mit dem Geschäftsprozess „Telebanking-Antrag“ muss implizit ein bankinterner Geschäftsprozess angestoßen werden, der zunächst feststellt, ob der Kunde tatsächlich seltener die Filiale besucht und eventuell auch vorsieht, Kunden, zu denen für eine bestimmte Zeitdauer kein persönlicher Kontakt mehr zustande gekommen ist, aktiv anzusprechen.

Die Informationssysteme der Bank erhalten durch die Verteilung der Kundenkontakte auf zahlreiche Vertriebswege eine zentrale Bedeutung. Sie müssen die Lücken schließen, die durch den Verlust an persönlichem Kontakt entstehen. Da die Filialfrequentierung abnimmt und der überwiegende Teil der Bankkontakte elektronisch ohne persönlichen Kontakt abgewickelt wird, ist es die Aufgabe der Informationssysteme, dem Kunden trotzdem noch das Gefühl zu vermitteln, er werde individuell von seiner Bank betreut. Künftig müssen also Expertensysteme an der Schnittstelle zum Kunden eingesetzt werden, die ihn bei der Analyse seiner Kontodaten sowie bei der Entscheidung für einfache Anlageprodukte unterstützen. Die Betreuung der Kunden ist in der Bank künftig auf mehrere Personen und Informationssysteme verteilt (Filiale, Telebanking-Systeme, Beraterspezialisten, usw.). Daher müssen alle Betreuungsinstanzen einheitliche und vollständige Datenbestände über den Kunden zur Verfügung haben. Das gilt vor allem auch für sogenannte „weiche“ Informationen, die bislang nur auf Notizen der Kundenbetreuer vom Markt oder gar nur in deren Unterbewusstsein vorhanden sind. Hierzu zählen Informationen darüber, wie der Kunde angesprochen werden möchte, welche Risikopräferenzen er hat, Information über familiäre Verhältnisse, usw. Es muss möglich sein, im Sinne eines aktiven Kundeninformationssystems bestimmte automatisierte Regeln zu definieren, welche die Kontaktaufnahme mit einem Kunden initiieren. So können beispielsweise Veränderungen im Kontoprofil des Kunden (Gehaltsveränderungen, Zu- und Abnahme von Kontotransaktionen, etc.), aber auch Veränderungen im Kundenprofil (Verlagerung der Bankkontakte von der

Filiale auf Telebankingvertriebswege, Zunahme von GAA- und Fremdverfügungen) die Privatbank veranlassen, den Kunden zu kontaktieren. Denkbar ist auch, dass z.b. der Kundenbetreuer das System beauftragt, ihn darüber zu informieren, wenn der Kunde am SB-Terminal steht, um ihn bei dieser Gelegenheit persönlich anzusprechen. Der Aufbau eines Kundeninformationssystems, in dem sämtliche Bewegungsprofile des Kunden gespeichert und ausgewertet werden, ist ein entscheidendes Element für die Integration dieser beiden Vertriebswege.

Der Trend zur Mehrfachbankverbindung beim Privatkunden führt auch dazu, dass weniger Informationen über den tatsächlichen Finanzstatus des Kunden vorliegen. Dem Informationssystem kommen diesbezüglich zwei grundsätzliche Aufgaben zu. Zunächst muss es erkennen, ob ein Kunde über mehrere Bankverbindungen verfügt. Ist dies der Fall, muss geprüft werden, ob der Kunde dem richtigen Kundensegment zugeordnet wurde. Wertet die Bank ausschließlich die Kontodaten aus, die die Bankverbindung des Kunden zu ihr betreffen, ist ein Individualkunde bei ihr vielleicht sogar als Standardkunde eingestuft, da dieser das Gros seiner Transaktionen über andere Banken abwickelt. Da die Informationen, die über einzelne Kunden vorliegen, zunehmend lückenhafter werden, gilt es diesen Informationsverlust dadurch wettzumachen, dass die verbleibenden Informationen umso besser ausgewertet werden.

Die Unterstützung standardisierter Bankprodukte, vornehmlich aus dem Kontokorrentbereich, kann durch integrierte Vertriebswege vollständig automatisiert abgewickelt werden, wie man dies bislang bereits von dem klassischen Homebanking-Angeboten kennt. Dabei wird berücksichtigt, dass der Kunde eine Vielzahl von Bankgeschäften ohne persönlichen Kontakt erledigen möchte. Die integrierte Vertriebsstruktur hält notwendige Kommunikationsmittel bereit, um dem Kunden den Einstieg in komplexere Produkte zu ermöglichen. So kann die Wertentwicklung von Aktien oder Fonds durch grafische Darstellungen visualiert werden, können Expertensysteme bestimmte Trends erkennen und dem Kunden entsprechende Handlungsalternativen vorschlagen. Simulationen und Gewinnspiele können eingesetzt werden, um den Kunden zu schulen und ihn auf diese Art an neue Produkte heranzuführen. Die individuelle Kundenberatung kann durch den Einsatz neuer Technologien in dem Maße unterstützt werden, wie diese bei Bank und Kunde verbreitet sind. Bereits bei einfachen Internetverbindungen bietet sich die Möglichkeit an, dass der Bankmitarbeiter bestimmte Daten (Konditionen, Charts, Anlage- bzw. Finanzierungsalternativen) auf einer Webseite zusammenträgt, die nur von dem Kunden abrufbar sind, für den die Beratung erfolgt. Verfügen Bank und Kunde über Videokonferenztechnologie kann insbesondere die Beratung durch hochqualifizierte an zentrale Stellen vorgehaltene Spezialisten unterstützt werden. Die zunehmende Verbreitung von ISDN bei den Privat- und Firmenkunden könnte beispielsweise derart eingesetzt werden, dass über einen Kanal die Internetverbindung zur Bank aufgebaut wird und über den zweiten Kanal bei Bedarf der Berater ergänzend hinzugeschaltet wird.

Wie die Ausführungen zeigen, bieten sich bei einem integrierten Vertriebssystem für Privatbankiers eine Vielzahl von Ansatzpunkten. Sie können ihre Vertriebsstrukturen rationalisieren und ausbauen, aber gleichzeitig auch den persönlichen Kontakt zum Mitarbeiter und zur Bank verbessern, sowie die Beratungsqualität erhöhen. Insbesondere für kleinere Privatbankiers mit regionalen Schwerpunkten, kann die Erweiterung des Vertriebssystems durch die elektronische Komponente zu höherem Bekanntheitsgrad und zu Kundenzuwächsen führen. Bei der Umsetzung einer solchen Vertriebsstruktur steht jedoch nach wie vor der persönliche Kontakt und die Individualität an oberster Stelle.

4.4.4. Optimierung der Technik

Wie die Ausführungen gezeigt haben, stellt der Einsatz neuer Informations- und Kommunikationstechnologien eine der wichtigsten Wettbewerbssäulen dar. Neue Informations- und Kommunikationstechnologien führen zu erheblichen Änderungen im Front- und Back-Office sowie in den Vertriebsstrukturen. Durch die Weiterentwicklung dieser Systeme wird die bankbetriebliche Leistung in erheblichem Maße beeinflusst. Gelingt es den Privatbankiers nicht, auf dem neuesten technischen Stand zu bleiben, werden sie sowohl gegenüber dem Kunden als auch gegenüber dem Mitarbeiter an Attraktivität verlieren. Investitionen in neue Informations- und Kommunikationstechnologien sind deshalb für Privatbankiers unerlässlich. Auf der anderen Seite stellen jedoch die großen Fixkostenanteile, die diese Investitionen verursachen, hohe betriebswirtschaftliche Anforderungen. Bedenkt man, dass Kostendegressionen aufgrund kleinerer Voluminas ausbleiben und starkes Wachstum zur Erzielung von Erfahrungskurven und Kostendegressionen im Hinblick der begrenzten Ressourcen, insbesondere des Eigenkapitals, nur schwer vorstellbar sind. Bereits heute ist es einigen Privatbankiers nicht mehr möglich, aufgrund der hohen Investitionstätigkeiten eigene Rechenzentren und IT-Anlagen selbst zu unterhalten. Privatbankiers müssen deshalb nach Lösungen suchen, die es ermöglichen, den höheren Anforderungen in der Informations- und Kommunikationstechnik Rechnung zu tragen aber auf der anderen Seite auch zu erträglichen Kostenstrukturen führen. Die einzige in Frage kommende strategische Maxime kann deshalb nur lauten: Defizitäre Aktivitäten auf andere, darauf spezialisierte Institute outzusourcen bzw. mit befreundeten Häusern Kooperationen einzugehen. Im übrigen wird dies im Genossenschafts- und Sparkassensektor bereits seit Jahren praktiziert. Angefangen beim Rechenzentrum, der Softwareentwicklung, der Datenverwaltung, der Datenverarbeitung und dem Wertpapierresearch, bis hin zur Wertpapier- und Zahlungsverkehrsabwicklung, ergeben sich für den Privatbankier durch gezielte Outsourcing-Maßnahmen kostenmäßige Entlastungsmöglichkeiten.

Zusammenfassend sind in der Tabelle 30 die Motive und Ziele sowie die Risiken von Outsourcing-Entscheidungen dargestellt.

Vorteile und Ziele von Outsourcing	Nachteile und Risiken von Outsourcing
Kosten: • Kostenreduktion • Umwandlung von Fixkosten in variable Kosten • Verbesserung der Planbarkeit von Kosten der Informationsverarbeitung • Verbesserte Kostentransparenz • Verursachungsgerechte Leistungsverrechnung	**Kosten:** • Einmalige Umstellungskosten (Switching Costs) • Risiken einer vertraglichen Preisfixierung • Intransparenz und Unkontrollierbarkeit der vom Outsourcing-Anbieter verlangten Preise • Erhöhter Kommunikations- und Koordinationsaufwand
Personal: • Probleme bei der Beschaffung von EDV-Fachpersonal werden vermieden • Entlastung des internen EDV-Management von Routinearbeiten • Unabhängigkeit von temporären oder chronischen Personalknappheiten • Verringerung der Abhängigkeit von einzelnen EDV-Mitarbeitern • Verringerung des Personalbestandes im EDV-Bereich	**Personal:** • Die beim Privatbankier verbleibenden Restaufgaben der Informationsverarbeitung schaffen keine ausreichende Motivation mehr für das verbleibende EDV-Personal • Verlust von Schlüsselpersonen und deren Know-how • Personalprobleme in der Umstellungs- und Übergangsphase
Technologie/Know-how: • Nutzung modernster Technologien ohne eigene Investitionen • Zugang zu speziellem Know-how (z.b. Expertenwissen), das selbst nur schwer und teuer aufzubauen oder zu halten ist	**Technologie/Know-how:** • Starre Bindung an die Technologie des Outsourcing-Anbieters • Gefahr einer zu großen Standardisierung • Transfer von Know-how und damit verbundenen Wettbewerbsvorteilen an Konkurrenten • Zunehmende Auslagerungsaktivitäten ziehen unweigerlich einen Verlust von EDV-Kompetenzen und Know-how mit sich
EDV-Abteilung: • Verringerung bzw. Verlagerung von Risiken aus der wachsenden technologischen Dynamik • Verringerung bzw. Verlagerung von Risiken aus der zunehmenden Komplexität des Einsatzes moderner IK-Technik • Erhöhung der Datensicherheit (z.b. durch Ausweich-Rechenzentren) • Verbesserung der Wettbewerbsfähigkeit durch eine Konzentration der eigenen EDV-Ressourcen auf die wesentlichen Aufgaben • Freisetzung von Kapazitäten für wichtige Aufgaben • Durch Entlastung von Routineaufgaben kann man sich auf die Anwendungsentwicklung konzentriert	**Datenschutz:** • Gewährleitung des Datenschutzes vertraulicher Daten **Rückkehr zur eigenen Informationsverarbeitung:** • Wiederaufbau von Know-how nach gescheiterten Outsourcing-Projekten • Langfristige Bindung an Outsourcing-Verträge • Aufwand für Wiederaufbau einer EDV-Abteilung (Rechenzentrum)
Finanzen: • Vermeidung hoher Investitionsaufwendungen für neue Informationstechnologien oder kapazitiver Erweiterungen	

Tabelle 30: Zusammenfassende Darstellung der Vorteile und Ziele bzw. Nachteile und Risiken von Outsourcing-Entscheidungen

Die Motive und Ursachen für Outsourcing-Entscheidungen sind vielschichtig. Vor allem kleinere Privatbankiers können es sich, wie schon erwähnt, nicht mehr leisten, teure IT-Anlagen selbst anzuschaffen und zu betreiben. Sie sind darauf angewiesen, externe IT-Leistungen in Anspruch zu nehmen. Die hohen Anschaffungs- und Wartungskosten sowie der Personalaufwand können eingespart und durch monatliche Gebühren ersetzt werden. Beim Outsourcen dieser Tätigkeiten muss sich das Management um weniger Aufgaben kümmern und kann sich somit auf die eigentlichen Kernkompetenzen konzentrieren. Der Betrieb eigener Anlagen ist oft geprägt vom Mangel an ausreichendem innerbetrieblichen Know-how, um die Informationsverarbeitung den unternehmensinternen bzw. marktlichen Anforderungen anzupassen. Dieses Problem ist an die nicht immer ausreichende Verfügbarkeit von qualifiziertem Fachpersonal eng gekoppelt. Als einziger Ausweg ergibt sich auch hier die Inanspruchnahme externer (personeller) Ressourcen. Privatbankiers, die eigene IT-Anlagen betreiben, erkennen oft nicht bzw. ignorieren völlig die Chancen, die Informationssysteme zur Erreichung wettbewerbsstrategischer Ziele bieten. Informationssysteme und Informationsverarbeitung betrachtet man als lästiges Übel, das möglichst kostengünstig und problemlos erledigt werden soll. Um diesen eingefahrenen Betriebsstrukturen sowohl auf der Seite der Unternehmensführung als auch in der IT-Abteilung aufzubrechen, bedarf es oft der Einschaltung externer Berater. Daneben steht als weiterer wichtiger Beweggrund der Mangel an qualifiziertem Personal und ein damit verbundener Know-how-Engpass, der sich angesichts der immer weiter fortschreitenden technologischen Entwicklung noch vergrößern dürfte.

Neben diesen dominierenden Motiven existieren noch eine ganze Reihe anderer Beweggründen. Diese Motive beziehen sich weniger auf eine Kostenreduktion, sondern streben vielmehr eine Optimierung der Informationsverarbeitung an. Ein zunehmend häufiger Beweggrund ist die ständig größer werdende Komplexität im Bereich der Informationsverarbeitung. Durch Outsourcing kann die Komplexität im Unternehmen reduziert werden. Privatbankiers könnten die Möglichkeit zur Auslagerung der Informationsverarbeitung nutzen, um geplantes oder zu erwartendes Wachstum zu unterstützen bzw. die damit verbundenen Probleme zu reduzieren. Dabei könnten z.b. Finanzmittel, die für notwendige kapazitive Erweiterungen der bestehenden IT-Systeme benötigt würden, auf andere Investionsvorhaben umgeleitet werden, welche die Wachstumsstrategie unterstützen. Vollzieht sich das Wachstum hauptsächlich durch Unternehmensakquisitionen, so ergibt sich neben dem bereits genannten größeren investiven Spielraum ein weiteres Motiv für Outsourcing. Die Integration der unterschiedlichen IT-Systeme der akquirierten Unternehmen ist oftmals ein schwierig zu lösendes Problem, welches die geplanten Nutzungseffekte der Akquisitionsmaßnahmen gefährdet. Mit Outsourcing eröffnet sich eine Alternative zur Lösung dieses Problems.

Aber auch hinsichtlich des Fixkostencharakters der technischen Anlagen bilden sich Motive für Outsourcing. Zum Problem werden dabei vorhandene Überkapazitäten im IT-Bereich, die sich aufgrund eines fehlenden Wachstums nicht schnell genug anpassen können. Outsourcing eröffnet die Möglichkeit, die bestehenden Anlagen an einen Dienstleister zu veräußern oder stillzulegen und IT-Leistungen auf verbrauchsbezogener Kostenbasis wieder zu beziehen. Man bezahlt also nur für die Leistung, die auch tatsächlich in Anspruch genommen wird. Vormals fixe Kosten wandeln sich in variable Kosten um. Vermieden wird in diesem Fall das kostenspielige Vorhalten von Personal- und IT-Kapazitäten.

Wie eine britische Marktforschung von Durlacher zeigt, sind sogenannte ASP in Europa noch unterentwickelt. Unter ASP (Application Service Provider) versteht man einen „Software-Lieferanten“, der Applikationen auf Abonnement-Basis verfügbar macht. Für das Jahr 1999 prognostizierte die Studie einen Umsatz von 14 Mio. US-$, jedoch mit beachtlichen Steigerungsraten in den nächsten Jahren. So soll der ASP-Umsatz bis 2004 allein in Europa auf 1,5 Mrd. US-$ ansteigen.[473]

Wie man sieht, gibt es eine Vielzahl von Motiven, die es für Privatbankiers durchaus sinnvoll erscheinen lassen, Outsourcing-Entscheidungen zu treffen. Die Hauptmotive liegen aber sicherlich in der Kostenreduktion und in der Konzentration auf das Kerngeschäft.

Die Bandbreite der Outsourcing-Entscheidung ist relativ groß. Es resultiert eine ganze Reihe von Entscheidungsfaktoren, die bei Entscheidungen über Outsourcing herangezogen werden können, wobei zu den wichtigsten Entscheidungsfeldern die Einsparungsmöglichkeiten, die personellen Auswirkungen und die Einflussnahme auf den Outsourcing-Anbieter zählen.

Durch Outsourcing eröffnen sich Einsparungsmöglichkeiten in den wichtigsten Kostenbereichen, nämlich Hardware und Personal. Man kann in diesen Fällen von unmittelbaren Kosteneinsparungen sprechen, da der Einsparungseffekt dadurch erzielt wird, dass das Kostenobjekt (Hardware, Personal) das Unternehmen verlässt. Die Höhe der Einsparungen im Hardware-Bereich richtet sich danach, wie intensiv Outsourcing betrieben wird und welche Anlagen noch im Besitz des Unternehmens verbleiben. Im Extremfall einer völligen Auslagerung der Informationsverarbeitung lassen sich im Prinzip alle Hard-

[473] vgl. Igler (2001), Seite 4 f.

warekosten einsparen. Neben den unmittelbar an die Hardware gekoppelten Kosten, Leasing- oder Mietgebühren, Abschreibungen, Zinsen gibt es noch weitere indirekt mit der Hardware verbundene Bereiche, in denen eingespart werden kann. Beispiele hierfür sind die Schaffung und Bereitstellung einer hardwareadäquaten Infrastruktur (Klimatisierung, Raumbedarf), Maßnahmen zur Gewährleistung einer hohen Verfügbarkeit (Bereithaltung einer Reserveanlage, Spiegelung von Datenbeständen), Maßnahmen zum Schutz vor Katastrophenausfällen (besonders bauliche Maßnahmen, Betrieb eines Ausfallrechenzentrums an einem anderen Standort) und Wartungsaufwendungen. Auch im Personalbereich hängt die Höhe der Einsparungen von der speziellen Ausgestaltung der Outsourcing-Vereinbarung ab. Ein kompletter Abbau der gesamten Personalkosten ist auch im Fall einer umfassenden Auslagerung der Informationsverarbeitung als unrealistisch einzuschätzen, da wenigstens die IT-Leitungsebene im Unternehmen bleiben sollte, um Planungs-, Koordinations- und Kontrollaufgaben wahrzunehmen. Einsparungspotentiale betreffen vielmehr Stellen, die einen hohen Anteil an operativen Tätigkeiten aufweisen (z.B. Systemprogrammierer, Systementwicklung, Anwendungsprogrammierer und Operateure). Hier ergibt sich ein unmittelbarer Zusammenhang zur Hardware, da bei der Veräußerung von IT-Anlagen, der zur Betreuung dieser Anlagen benötigte Personaleinsatz wegfällt. Des weiteren kann man mit Outsourcing den Aufwand zur Weiterbildung und Schulung des IT-Personals an den externen Dienstleister delegieren.

Neben den soeben beschriebenen unmittelbaren Kosteneinsparungen ergeben sich noch eine Reihe von Zusatzeffekten, die bei Outsourcing-Entscheidungen mit einfließen müssen. Der exakten Ermittlung der Kosten über die Datenverarbeitung im Unternehmen stehen eine Reihe von Problemen entgegen, z.b. die schwierige aufbauorganisatorische Abgrenzung der Informationsverarbeitung, permanente Verschiebungen in der Kostenstruktur der IT-Kosten durch gegenläufige Kostenentwicklungen, der hohe Anteil fixer Gemeinkosten an den gesamten IT-Kosten und der damit verbundenen Frage nach dem geeigneten Kostenrechnungssystem. Dazu gehört aber auch, dass die erbrachten Leistungen der IT-Abteilung für die einzelnen Fachabteilungen als Nutzer relativ intransparent sind. Man sieht die EDV-Abteilung mitunter auch im Zusammenhang mit der „verborgenen Fabrik“. Mit Outsourcing erhöht sich die Transparenz der Kosten ganz erheblich, da die einzelnen Leistungen i.d.R. monatlich abgerechnet werden und damit einen deutlichen sichtbaren Ausweis erfahren.

Den Kosteneinsparungen stehen die neuen Verpflichtungen, die sich aus einem Outsourcing-Vertrag ergeben, gegenüber. Letztendlich entstehen nur Kostenvorteile, wenn die genannten Kosteneinsparungen die Kosten aus der

Outsourcing-Vereinbarung übersteigen. Outsourcing kann durch entsprechende Vereinbarungen eine erhebliche Verbesserung der aktuellen Kostensituation herbeiführen. Neben der Senkung laufender Kosten ist auch die Vermeidung zukünftiger, weiter ansteigender IT-Kosten ein wichtiges Ziel von Outsourcing. In einer längerfristigen Betrachtung einer Outsourcing-Entscheidung können jedoch auch kostenmäßige Risiken entstehen. Outsourcing-Anbieter offerieren teilweise zu besonders günstigen Konditionen, um sich bewusst Marktanteile zu kaufen. Sie nehmen dabei sogar Verluste in Kauf, die durch höhere Gebühren später wieder ausgeglichen werden. Inhouse-Rechenzentren müssen keine Gewinne machen, wobei Outsourcing-Anbieter darauf angewiesen sind. Aus dieser Überlegung heraus ergeben sich die Gefahren, dass Outsourcing-Anbieter erst während der Vertragslaufzeit Möglichkeiten suchen, die getroffenen Vereinbarungen zu ihren Gunsten zu beeinflussen. Weiterhin kann es passieren, dass für außergewöhnliche, nicht im Vertrag eingeschlossene Dienstleistungen oder außerordentliche Steigerungen der Arbeitslast evtl. überhöhte Preise gefordert werden. Hinzukommt, dass man sich bei einer vollständigen Auslagerung des IT-Bereichs in eine gewisse Abhängigkeit begibt und dadurch Risiken entstehen.

Obwohl es grundsätzlich die Möglichkeit gibt, dass der Privatbankier seine Datenverarbeitung wieder ins Haus zurückholt, muss es doch als außerordentlich schwierig eingeschätzt werden, die einmal getroffene Entscheidung wieder rückgängig zu machen. Nach Ablauf der Outsourcing-Verträge müssen erhebliche Investitionen getätigt werden, um eine neue IT-Infrastruktur aufzubauen. Das größte Problem besteht allerdings darin, den Verlust an Know-how und an geschultem IT-Personal wieder wettzumachen. Ein besonderes Risiko erwächst aus der sich ständig fortentwickelnden Informationstechnologie.

Bei Outsourcing-Entscheidungen sind aber auch personalpolitische Aspekte zu berücksichtigen. Outsourcing hat insbesondere dann einen Einfluss auf personelle Ressourcen, wenn ganze IT-Bereiche (z.b. Anwendungssystementwicklung, Rechenzentrum) auf einen externen Dienstleister übergehen oder freigestellt werden. Es besteht die Möglichkeit, dass im Rahmen solcher Outsourcing-Verträge die Mitarbeiter an den Dienstleister transferiert werden, die dann hauptsächlich Aufgaben im Bereich ihres alten Arbeitgebers wahrnehmen. Andererseits muss der Mitarbeiterbestand freigesetzt werden oder er muss mit neuen Aufgabengebieten vertraut werden. Durch Transferierung der Mitarbeiter entsteht für den Outsourcing-Anbieter ein äußerst wichtiges Bindeglied zum Privatbankier, da diese Mitarbeiter sowohl genaue Kenntnisse über interne Betriebsabläufe als auch über Branchenspezifikas mitbringen. Besonders vorteilhaft wirkt sich dies in der schwierigen Umstellungsphase aus, die im Interesse beider Parteien möglichst reibungslos und ohne größere

Unterbrechungen des Systembetriebs bewältigt werden sollte. Auf der anderen Seite entstehen mit dem Wechsel der Mitarbeiter zum Outsourcing-Anbieter auch Probleme. In erster Linie hängt dies damit zusammen, dass beim Outsourcing-Anbieter eine andere Unternehmenskultur und Unternehmensphilosophie vorherrscht. Dazu gehört z.b. eine ausgeprägte Leistungsorientierung und Servicementalität sowie ein anderer Arbeitsstil.

Falls Mitarbeiter nicht übernommen werden und im Outsourcing-Unternehmen bleiben, stehen zwangsläufig Versetzungen an, die ebenfalls zu Problemen führen können. So verursacht die Unterbringung in anderen Geschäftsfeldern Kosten für Umschulungen und Einarbeitungen, da die benötigte Qualifikation fehlt. Die teilweise besonders ausgeprägten Fähigkeiten von IT-Spezialisten, erschweren die Integration in anderen Bereichen der Bank. Ferner führt der Wechsel des Arbeitsplatzes innerhalb des Instituts oft zu Frustration und Demotivation. Falls Mitarbeiter weder vom Outsourcing-Anbieter noch in andere Unternehmensbereiche wechseln können oder wollen, ergibt sich zwangsläufig ein Personalabbau, der zu zusätzlichen Belastungen wie etwa Abfindungszahlungen oder Sozialpläne führt. Wenn auch ein Teil der IT-Mitarbeiter weiterbeschäftigt werden sollen, sind die mit Outsourcing verbundenen personalpolitischen Konsequenzen durchaus ein heikles Thema.

Neben den Einsparungskriterien und den personalpolitischen Aspekten sind zur Outsourcing-Entscheidung weitere Faktoren zu berücksichtigen. Obwohl sehr viele unterschiedliche Ausprägungen denkbar sind, kann man unterstellen, dass jede Form mit einem Verlust von Einflussnahme und Steuerungsmöglichkeit für das auslagernde Kreditinstitut verbunden ist. Der Grad der Einflussnahme des Privatbankiers auf die routinemäßige Abwicklung des Systembetriebes (Tagesgeschäft) beim Outsourcing-Anbieter ist relativ gering. Des weiteren geht durch die vertragliche Bindung viel an Flexibilität und Spielraum für unkonventionelle Lösungen verloren, die aber für Privatbankiers eine wichtige Rolle spielen können.

Ein weiteres Kriterium stellt die Wiederanlauffähigkeit des Systembetriebes des Outsourcing-Anbieters dar. Es geht dabei um die Gewährleistung einer hohen zeitlichen Verfügbarkeit der Systeme, insbesondere jedoch um den schnellen Wiederanlauf des Systembetriebes nach Systemausfällen oder Katastrophen. Privatbankiers, die eigene Rechenzentren betreiben, verhalten sich im Hinblick des beträchtlichen finanziellen Aufwandes mit der Installation von Sicherheitsmaßnahmen oft zurückhaltend. Das rheinische Genossenschaftsrechenzentrum in Köln wendet allein für die Nutzungsmöglichkeiten eines Ausweichrechenzentrums und für regelmäßige Backup-Tests jährlich ca. DM 1,5 Mio. auf. Nicht eingerechnet sind dabei Kosten für weitere laufende

Sicherheitsmaßnahmen und Investitionen für die Gewährleistung einer hohen Datensicherheit.[474] Durch Outsourcing haben Privatbankiers die Möglichkeit, sicherheitsrelevante Risikopotentiale auf den Outsourcing-Dienstleister zu übertragen. Sie profitieren dabei von den umfangreichen Sicherheitsmaßnahmen, die externe Dienstleister anbieten können. Dazu gehört der Betrieb von Ausweichrechenzentren, die Verfügbarkeit mehrerer Computersysteme, die Verschlüsselung von Daten bei Datenfernübertragung, die Absicherung von Netzwerken durch mehrfach verlegte Leitungen und umschaltbare Netzknoten sowie die Verfügbarkeit von speziellem Know-how bei Systemausfällen.

Bisher sind Kooperationen und Outsourcing-Massnahmen im IT-Bereich von den Privatbankiers sehr kritisch beurteilt worden. Zum einen wollte man eine gewisse Individualität im Haus behalten, zum anderen hatte man aus psychologischen Erwägungen Angst vor einer Abhängigkeit. In den vergangenen zwei Jahren haben sich jedoch verschiedene Privatbankiers dazu entschlossen, von anderen Häusern IT-Leistungen in Anspruch zu nehmen. Gründe hierfür sind vor allem die Euro-Umstellung und die Anforderungen an das Jahr 2000, die bei veralteten Systemen erhebliche Investitionen mit sich gebracht hätten. So hat beispielsweise die SchmidtBank KGaA ihren IT-Bereich in ein Systemhaus ausgelagert, deren Leistungen auch für andere Anbieter zur Verfügung gestellt werden. Die erheblichen Investitionen in neue Informations- und Kommunikationstechnologien sowie die laufenden Kosten zum Unterhalten der Systeme macht es für Privatbankiers unumgänglich, nicht nur die Rechenzentren, sondern auch andere bankbetriebliche Leistungen, wie beispielsweise das Wertpapierresearch oder die Wertpapierabwicklung auf externe Dienstleister auszulagern. Um die Kostenstrukturen gegenüber anderen Anbietern nicht noch weiter zu verschlechtern, müssen weitere Maßnahmen zur Kostenreduktion getroffen werden. Einsparungen bei Investitionen im Datenverarbeitungssystem können Sinnvollerweise in andere Bereiche, wie beispielsweise in die Fort- und Weiterbildung des bestehenden Personals eingesetzt werden. Zu berücksichtigen ist allerdings, dass die Koordination der Technik im eigenen Haus und insbesondere die Administration vorhandener Systeme nach wie vor besonders wichtig sind. So würde es einem Privatbankier nicht helfen, über sehr gute Informations- und Kommunikationssysteme zu verfügen, wenn sie von den einzelnen Mitarbeitern nicht angewandt werden können. Auch sind Investitionen in der technischen Unterstützung des Front-Office, insbesondere in der Kundenberatung und –betreuung, meist besonders sinnvoll und von Investitionen im Back-Office getrennt zu betrachten.

---

[474] vgl. Heinrich (1992), Seite 35.

4.4.5. Kundenorientierte Aufbauorganisation

Von Haus aus verfügen Privatbankiers meistens über kleinere Organisationseinheiten, die es ihnen ermöglichen, eine flexible Organisationsstruktur trotz hoher Kundenorientierung aufrecht zu erhalten. Auch verfügen sie über schnelle Entscheidungswege und es besteht eine persönliche Bindung zum Kunden. Meist haben Kundenbetreuer, die über große Eigeninitiative verfügen, langjährigen Kontakt zum Kunden, so dass eine funktionsfähige Bank-Kundenbeziehung vorhanden ist.

Zur Ausnützung dieser Vorteile muss eine kundenorientierte Aufbauorganisation installiert werden. Wird in der Privatbank die Aufbauorganisation nicht richtig definiert, besteht die Gefahr, dass vorhandene Wettbewerbsvorteile am Markt nicht ausgenützt werden können bzw. verloren gehen. Ziel eines Privatbankiers muss es deshalb sein, die Aufbauorganisation kundenorientiert zu gestalten, um die eigenen Wettbewerbsvorteile am Markt ausbauen zu können.

Gegenstand der Aufbauorganisation ist die "Gliederung des Betriebes in aufgabenteilige, funktionsfähige Teileinheiten und deren Koordinierung"[475]. Zwischen den Zielen und Strategien eines Unternehmens und seiner Organisationsstruktur bestehen wesentliche Zusammenhänge. Nach der These "structure follows strategy" von Chandler[476] wird die Organisationsstruktur entscheidend von den langfristigen Zielen geprägt. Hiernach ziehen marktgerichtete Strategien marktorientierte Organisationsformen nach sich.[477]

Die Kundennähe wird regelmäßig als Wettbewerbsvorteil der Privatbankiers hervorgehoben. Dennoch ist ihre Organisationsstruktur in den meisten Fällen bisher nicht an den Bedürfnissen der Kunden ausgerichtet. Bei einer Vielzahl von Privatbankiers herrschen geschäftspartenorientierte Organisationsformen vor. Die Spartenabteilungen entsprechen den wesentlichen Gruppen von Bankdienstleistungen und führen alle hiermit zusammenhängenden Tätigkeiten durch. Neben der Kreditabteilung existieren in der Regel Vermögensberatungs-, Auslands-, Spareinlagen- und Zahlungsverkehrsabteilungen. Daneben wird die klassische Aufbauorganisation durch Stäbe und Hilfsabteilungen in der Verwaltung unterstützt, wie Abbildung 44 zeigt.[478]

---

[475] vgl. Kosiol (1980), Spalte 180.
[476] vgl. Chandler (1991), Seite 14.
[477] vgl. Wagner (1988), Seite 52; Herzog/Schmid (1990), Seite 8 und Krauß (1990), Seite 41.
[478] vgl. Schimmelmann (1991), Seite 842 oder Liebau (1981), Seite 62 f.

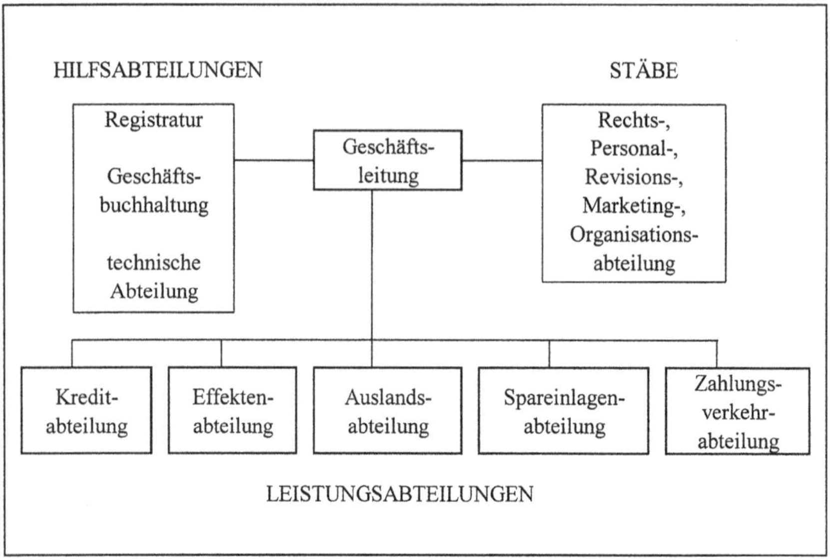

Abbildung 44: Spartenorientierte Aufbauorganisation[479]

Am Beispiel der Kreditabteilung wird die fehlende Marktorientierung vieler Privatbankiers deutlich. In der klassischen Kreditabteilung nehmen häufig sämtliche Mitarbeiter heterogene Aufgaben im Kreditgeschäft war. Es existiert keine Zuordnung der Mitarbeiter zu bestimmten Kundengruppen. Eine vermeintliche Zielgruppenbildung bezweckt häufiger eine erfolgreiche Vertriebsaktion als eine Neustrukturierung des Organisationsaufbaus. Die Organisation vieler Privatbankiers ist eher gewachsen als systematisch gestaltet.

Die große Bedeutung und damit der nachhaltige Vorteil der Geschäftsspartenorganisation gründet auf der hohen Produktspezialisierung der Mitarbeiter. Über Lerneffekte erhalten sie ein Qualitätsniveau, das sie den Kunden gegenüber als Experten ausweist. Gleichzeitig ermöglicht die Spartenorganisation eine kostengünstige Leistungserstellung durch die Bearbeitung ähnlicher Geschäftsvorfälle und somit die Ausnützung von Kostendegressionseffekten.[480]

Vor dem Hintergrund einer zunehmenden Wettbewerbsintensivierung überwiegen indes die Nachteile einer Organisation der Privatbankiers nach Geschäftssparten. Sie hat zur Folge, dass sich für den Firmenkunden - je nach Bedarf -

[479] vgl. Süchting (1998), Seite 28.
[480] vgl. Süchting (1998), Seite 28 und Liebau (1981), Seite 68.

verschiedene Anlaufstellen zur Lösung seiner Finanzierungsprobleme ergeben. So sind nicht selten, der Privatbankier selbst, als auch Mitarbeiter der Kredit-, Wertpapier- und Auslandsabteilung direkt an einer Finanzierung und Beratung beteiligt.

Dies könnte dazu führen, dass ein Kunde von möglicherweise untereinander konkurrierenden Spartenspezialisten unkoordiniert und ohne hinreichende Rücksicht auf seine Bedürfnisse umworben wird. Statt umfassende Problemlösungen werden häufig lediglich "Teillösungen" angeboten, wodurch Cross-Selling-Ansatzpunkte nicht erkannt werden. Ferner erschwert der Wechsel der Ansprechpartner den Aufbau einer vertrauensvollen Beziehung des Kunden zu "seiner Privatbank".

Aus Sicht der Privatbankiers kann es zu Informationsredundanzen, Zuständigkeitsproblemen und Verzögerungen aufgrund zahlreicher Mehrfachbearbeitungen kommen. Gleichzeitig werden Kompetenzrangeleien und Spartenegoismen zwischen den verschiedenen Abteilungen keine Seltenheit sein.[481]

Ein zusätzliches Problem ist die Überlastung der qualifizierten Mitarbeiter mit Routinearbeiten wie etwa Sachbearbeitungsaufgaben. Viele dieser Mitarbeiter sind dadurch eher verwaltungs- statt kundenorientiert.[482]

Die genannten Defizite verdeutlichen, dass eine Spartenorganisation den Anforderungen des Marktes nur unzulänglich gerecht wird. Notwendig ist eine Umstrukturierung der Organisation hin zu einer mehr marktorientierten, auf die Bedürfnisse der Kunden zugeschnittene Form, die sich einerseits an den Zielen, andererseits an der individuellen Ausgangssituation jedes Privatbankiers orientieren muss. Eine Intensivierung der Kundenbeziehung kann nur durch eine spartenübergreifende abnehmerbezogene Organisation auf Dauer erreicht werden.

Damit der Kunde und nicht das Produkt im Vordergrund steht, muss zunächst das Firmenkundengeschäft organisatorisch vom Privatkundengeschäft abgegrenzt werden. Auf das Beispiel Firmenkundengeschäft zurückkommend, muss bei diesem Ansatz die klassische Kreditabteilung in eine zentrale Firmenkundenabteilung umgewandelt werden. Diese neu geschaffene Abteilung setzt sich aus dem zielgruppenorientierten Marktbereich und einem spartenorganisierten Marktfolgebereich zusammen, um mehr Freiraum für die Beratung zu schaffen. Genau das gleiche gilt für das Privatkundengeschäft, wie in der Abbildung 45 dargestellt ist.

---

481 vgl. Walter (1990), Seite 5 f.

482 vgl. Herzog/Schmid (1990), Seite 8; Pehle (1990), Seite 13.

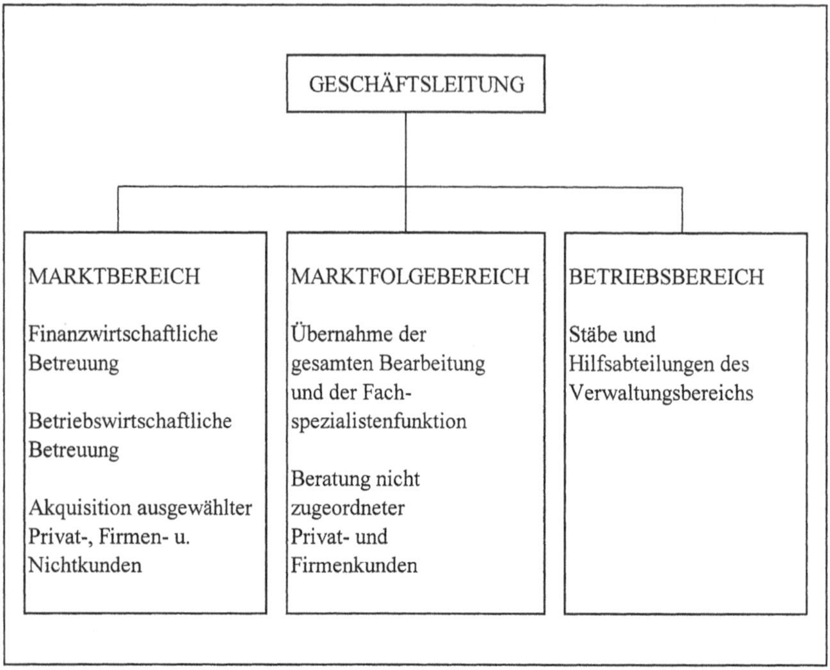

Abbildung 45: Marktorientierte Aufbauorganisation[483]

Der Kunde hat dabei lediglich einen Ansprechpartner aus dem Marktbereich, der ausschließlich mit der Akquisition, Beratung und Betreuung beschäftigt ist. Dadurch erwachsen sowohl dem Kunden als auch der Bank Vorteile. Der Kunde hat weniger Anlaufstellen und kann seine Geschäfte somit rationaler abwickeln. Der Kundenberater hingegen hält seine gesamten Geschäfte in einer Hand und wird für den Kunden zum "Finanzzentrum".

Für die Privatbankiers bietet sich der Vorteil, dass der Kundenbetreuer ein noch intensiveres Vertrauensverhältnis zum Kunden aufbauen kann, was die Erhöhung der Bankloyalität nochmals fördert. Der Betreuer erlangt eine umfassende Kenntnis über den Kunden. Durch den intensiven Kontakt zu ihm kann er dessen Bedürfnisse erkennen, wodurch sich zahlreiche Cross-Selling-Ansätze bieten.[484]

Der Kundenbetreuer verfügt indes, aufgrund beschränkter Lerneffekte, nicht über dasselbe Spezialwissen wie der Spartenspezialist. Aus diesem Grunde soll-

483 vgl. Henke (1990), Seite 27.
484 vgl. Süchting (1991), Seite 31 f.

ten, falls nötig, bei anspruchsvollen Aufgaben zusätzlich Spezialisten (aus dem Marktfolgebereich) herangezogen werden. Hauptansprechpartner sollte indes weiterhin der Kundenbetreuer bleiben. Der Marktfolgebereich stellt sicher, dass trotz erhöhter Verkaufsorientierung Seriosität und Sicherheit gewährleistet sind.

Da nicht alle Kunden, ob Firmenkunden oder Privatkunden, gleich intensiv betreut werden können, müssen Kriterien zur Ermittlung der Betreuungsbedürftigkeit gefunden werden. Zur ersten Orientierung bieten sich die sogenannte ABC-Analysen an, wonach Kunden nach dem Umfang ihrer aktuellen oder potentiellen Geschäftsbeziehungen klassifiziert werden. Als Kriterium für den Umfang der Geschäftsbeziehung sind vor dem Hintergrund der angestrebten Ertragsorientierung die zusätzlichen bzw. wahrscheinlichen Deckungsbeiträge heranzuziehen.

Danach sind A-Kunden, aktuelle und potentielle Privat- und Firmenkunden, die umfangreichere Bankdienstleistungen in Anspruch nehmen. Sie erwarten eine umfassende initiative Beratung und Betreuung seitens der Privatbank. Aus Sicht der Privatbank sollte diese Kundengruppe einen hohen Deckungsbeitrag bringen, da auch die Beratungsleistungen aufwendiger sind. B-Kunden haben dagegen ein geringeres Potential, sind aber entwicklungsfähig und können im Laufe der Zeit zu A-Kunden werden. Deshalb sollten auch die, nach Ansicht der Privatbank entwicklungsfähigen B-Kunden, in den Kreis der betreuungswürdigen Kunden miteinbezogen werden. Bei richtiger Auswahl der Segmentierungskriterien fallen unter den B-Kunden-Bereich genau diese Kunden, die bei Konkurrenzinstituten nicht mehr betreut werden, aber einen beachtlichen Deckungsbeitrag bringen können. Sie stellen somit für Privatbankiers einen ertragsbringenden Individualkunden dar. Die sogenannte C-Kunden bilden folglich die Mengenkunden und bringen bei einer Einzelbetreuung einen zu geringen Deckungsbeitrag. Eine Betreuerzuteilung sollte in dieser Sparte nicht erfolgen, vielmehr muss dieser Kunde über einen Servicepool betreut werden.

Die Umstellung einer Geschäftsspartenorganisation auf eine kundengruppenorientierte Organisationsstruktur erfordert in der Regel mehrere Jahre. Hemmend wirken sich dabei weniger die neue Gliederung der Bereiche als vielmehr die kognitive Einstellung der Mitarbeiter aus. Insbesondere die Besetzung des Marktfolgebereiches kann von den betroffenen Mitarbeitern unter Umständen als "Abqualifizierung" empfunden werden. Auf der anderen Seite fühlen sich Mitarbeiter den Anforderungen im Marktbereich nicht gewachsen. Zudem sind sie oft durch die Erfüllung vorgegebener Ziele einer höheren Belastung ausgesetzt. Die organisatorische Änderung sollte aus diesem Grunde, zusammen mit den Mitarbeitern, geplant und besprochen werden. Die Besetzung der Marktbereichs- und Marktfolgebereichsstellen muss die Neigungen der Mitarbeiter berücksichtigen.

Die Ausrichtung einer spartenübergreifenden abnehmerbezogenen Organisation verschafft dem Privatbankier die Möglichkeit, seine ihm eigenen Wettbewerbsvorteile im Markt ausnützen zu können. Gelingt es dem Privatbankier, sich organisatorisch am Kunden auszurichten, führt dies zu einer hohen Kompetenz und letztendlich zu einer Ertragssteigerung.

Ein weiterer wesentlicher Wettbewerbsfaktor eines Privatbankiers sind die oft organisatorisch bedingten kurzen Entscheidungswege. Bei einer kundenorientierten Organisation können diese auch bei Bilanzsummenwachstum, bei gleichzeitig steigenden Mitarbeiterkompetenzen gewährleistet werden. Werden bei Bilanzsummensteigerungen die Mitarbeiterkompetenzen nicht adäquat angepasst, besteht die Gefahr, dass der Privatbankier überlastet wird und Fehlentscheidungen trifft, was zu höheren Kreditrisiken führen kann.

Auf der anderen Seite müssen mit der Erhöhung der Mitarbeiterkompetenzen effiziente Risikomanagementsysteme aufgebaut werden, damit der Privatbankier seine Kreditrisiken einschätzen und managen kann. Hinzu kommt, dass im Kreditportfolio oft keine ausreichende Diversifikation vorhanden ist, was Klumpenrisiken mit sich bringt und ein Risikomanagement erschwert.

Um die Existenz kleinerer Privatbankiers nicht zu gefährden, ist die Einführung von umfassenden Risikokontrollsystemen unverzichtbar. Neben den Adressausfallrisiken müssen auch andere Risiken, wie beispielsweise Marktpreisrisiken, Zinsänderungsrisiken, etc. in einem Risikokontrollsystem erfasst und bewertet werden. Der Privatbankier sollte mit Hilfe dieser Systeme jederzeit in der Lage sein die Risiken zu operationalisieren und zu steuern.

Beim Aufbau eines Risikokontrollsystems, sollte der Privatbankier, entsprechend den Risikopotentialen, nach Prioritäten vorgehen. D.h. die Bereiche mit den größten Risiken sollten zuerst erfassbar und bewertbar gemacht werden. Die Kreditausfallrisiken stellen dabei für die meisten Privatbankiers das größte Risikopotential dar.

Zur Steuerung der Kreditausfallrisiken werden bereits eine Vielzahl von Lösungsmöglichkeiten diskutiert, die zwar unterschiedliche Methoden und Verfahren verwenden, aber einheitliche Zielsetzungen verfolgen. Mit Hilfe eines Ratings, das neben den Bilanzkennzahlen auf Faktoren wie Management, Branche, Marktstellung, Berichtswesen, zukünftige Unternehmensentwicklung, etc. basiert, werden allen Kreditadressaten Bonitätsklassen zugeordnet. Über die Zusammenfassung der Kreditadressaten mit gleicher Bonitätsklasse ergibt sich ein in Bonitätsklassen eingeteiltes Kreditportefeuille. Für die Geschäftsleitung wird ersichtlich welche Kreditvoluminas in der jeweiligen Bonitätsklasse ausgereicht wurden und welche Blankoanteile nach Abzug der bewertbaren Kreditsicherheiten bestehen. Zur Ermittlung des Kreditausfallrisikos muss darüber hinaus für jede Bonitätsklasse eine Ausfallwahrscheinlichkeit ermittelt werden, so dass in bezug auf die Blankoanteile ein absolutes Kreditrisiko ermittelt werden kann.

Bei der Einführung von Kreditrisikokontrollsystemen können Privatbankiers zwar auf externe Hilfe zurückgreifen, jedoch bringt die Einführung der Ratingverfahren ebenso wie die Ermittlung der Ausfallwahrscheinlichkeiten Probleme mit sich. Eine Vielzahl von Privatbankiers haben sich in Nischen ihren Markt gesucht. Beispielsweise hat die Merkur Bank KGaA neben dem klassischen Firmenkundengeschäft ihre Nischen im Leasingrefinanzierungsgeschäft und bei Bauträgerzwischenfinanzierungen.[485] Wollen diese Privatbankiers ein risikoadäquates Ratingverfahren einführen, müssten für den jeweiligen Geschäftsbereich unterschiedliche Ratingverfahren entwickelt werden, was erhebliche Aufwendungen mit sich bringt. Das zweite Problem entsteht bei der Ermittlung der Ausfallwahrscheinlichkeiten. Nachdem vor allem kleinere Privatbankiers nur über einen bestimmten Umfang von Kunden verfügen, lassen sich die Ausfallwahrscheinlichkeiten über den historischen Datenbestand nicht repräsentativ ermitteln.

Zur Steuerung der Kreditausfallrisiken benötigt der Privatbankier eigene Ratingverfahren und muss bei der Ermittlung der Ausfallwahrscheinlichkeiten Methoden entwickeln, die nicht nur auf dem historischen Datenbestand basieren. Für diese Aufgaben stehen dem Privatbankier aber nicht genügend Fachkräfte zur Verfügung, so dass er auf externe Hilfe angewiesen ist. Sowohl in betrieblicher Hinsicht als auch im Hinblick der neuen Baseler Eigenkapitalnorm bleibt dem Privatbankier keine andere Möglichkeit, sich diesen Problemen zu stellen. Desto früher er mit der Entwicklung eigener Systeme beginnt, umso schneller gelangt er zu befriedigenden Ergebnissen.

Gelingt es dem Privatbankier, risikoadäquate Kontrollsysteme aufzubauen, wird er auch bei steigender Bilanzsumme sein Risiko managen können und die Existenz des Institutes nicht gefährden. Des weiteren bekommt er mit Einführung solcher Systeme Hilfsinstrumente zum Pricing der Kundenforderungen.

---

485 vgl. Gespräche mit den persönlich haftenden Gesellschafter der Merkur Bank KGaA.

4.4.6. Eigenkapitalbildung

Der Aktionsradius der Privatbankiers wird determiniert durch die individuelle Leitung der Teilhaber und das haftende Eigenkapital. Dessen Höhe und Verhältnis zum Geschäftsvolumen orientiert sich an den Mitteln, die den Gesellschaftern zur Ausweitung der Eigenkapitalbasis zur Verfügung stehen. Im Gegensatz zu Kreditinstituten, die sich Eigenkapital am Kapitalmarkt beschaffen können, richtet sich die Höhe des Eigenkapitals nicht nach dem Geschäftsvolumen, sondern dieses wird vielmehr durch das Eigenkapital begrenzt.[486]

Steigende Sach- und Personalkosten, Inflation und nicht zuletzt das gesamte Wirtschaftswachstum zwingen auch die Privatbankiers mitzuwachsen. Dies impliziert entsprechende "Vorleistungen" durch eine Ausweitung der haftenden Mittel.

Dem Privatbankier stehen verschiedene Möglichkeiten zur Erhöhung der haftenden Mittel zur Verfügung. Im Rahmen der Innenfinanzierung können die Gewinne thesauriert werden. Des weiteren kann von den Gesellschaftern eine Kapitalerhöhung erfolgen, oder das Ergänzungskapital auf die Höchstgrenzen aufgestockt werden, wie beispielsweise durch die Ausgabe von Genussscheinen. Weitere Alternativen bestehen mit Aufnahme neuer Teilhaber oder die Erschließung der Kapitalmärkte.[487]

Einer wesentlichen Kapitalaufstockung durch Gewinnthesaurierung stehen nicht ausreichende Erträge sowie steuerpolitische Belastungen gegenüber, die im Falle einer durch Generationswechsel anfallenden Erbschaftssteuer häufig nur zur Lasten der Substanz gehen. Zwar thesaurieren nahezu alle betreffenden Privatbankiers weitgehend ihre Gewinne und zum Teil wird das Eigenkapital ergänzt durch weitere externe Zuführung eigener Mittel aus dem Privatvermögen, allerdings stoßen die meisten Privatbankiers bei steigendem Bilanzsummenwachstum an die Grenzen weiterer Möglichkeiten der Außenfinanzierung aus dem Privatvermögen.

Eine weitere Alternative zur Selbstfinanzierung ist die Aufnahme neuer Teilhaber. Einen möglichen Weg ist beispielsweise die Weber Bank durch die Aufnahme einer kapitalkräftigen Bank gegangen. Die Zuführung weiterer Mittel dürfte wohl keine Schwierigkeit bedeuten. Einen anderen Weg hat das Bankhaus Löbecke & Co. eingeschlagen, in dem im Jahre 1987 durch den Eintritt einer Versicherungsgruppe ein potenter Partner als Gesellschafter gewonnen werden konnte. In beiden Fällen ist damit aber die Aufgabe der völligen Unab-

---

[486] vgl. Zahn (1972), Seite 60.
[487] vgl. Drukarczyk (1993), Seite 270 f.

hängigkeit verbunden. Eine stärkere Intensivierung und Kooperationen bis hin zur Gründung von Gemeinschaftsinstituten, sei es für interne und externe Leistungen, haben ebenso wenig Chancen wie die Idee, einer Kooperation im Sinne eines genossenschaftlichen Verbundprinzips einzugehen. In all diesen Fällen ist der Privatbankier, wie die gesamte Bankiergruppe, nicht bereit, Reportinginteressen im Dienste einer konzentrierten Aktie in den Hintergrund zu stellen. Ausgeprägtes Individualdenken, Unabhängigkeitsbestrebungen, Strukturunterschiede sowie das Denken in den Konkurrenzkategorien dürften hierfür in einem starken Maß vorhanden sein. Auch sind, mit Aufgabe der Unabhängigkeit, die bereits definierten Wettbewerbsvorteile stark eingeschränkt bzw. nicht mehr gegeben.

Zur Sicherung eines stetig wachsenden Geschäftsbetriebes (gemessen am Geschäftsvolumen), muss der Privatbankier neben der Selbstfinanzierung neue Wege zur Stärkung der haftenden Mittel suchen. Vorausgesetzt, die Selbstfinanzierungskraft wurde ausgeschöpft und die Eigenmittel können nicht mehr aus dem Privatvermögen der Gesellschafter verstärkt werden, müssen durch die Aufnahme neuer Gesellschafter für Privatbankiers neue Wege erschlossen werden und dies unter der Voraussetzung, die Unabhängigkeit zu bewahren. Beispielsweise ist die Merkur Bank KGaA 1998 neue Wege gegangen, als sie in eine KG auf Aktien umfirmierte und die als Kommanditist dienende Aktiengesellschaft an der Bayerischen Börse dem Publikum öffentlich gemacht hat. Auf diesem Weg konnte sie Eigenmittel über den Kapitalmarkt beschaffen, ohne gleichzeitig ihre Unabhängigkeit zu verlieren.

Auch die SchmidtBank KGaA hat einen Teil ihrer Kommanditaktien dem Publikum zugänglich gemacht. Zwar wurde die Aktiengesellschaft nicht an einer freien Börse emittiert, jedoch über einen eigenen Aktienhandel insbesondere den Kunden zugänglich gemacht.

Es zeigt sich, dass gerade die von fremden Eigenkapitalgebern unabhängige Privatbankiers in den meisten Fällen eine stete Ausweitung der Eigenkapitalbasis durch Gewinnthesaurierung den Weg für weiteres Wachstum ebnen konnten. Die Möglichkeit, in Zukunft eine betont eigenkapitalschonende Geschäftspolitik und damit verstärkte Hinwendung zum Dienstleistungsgeschäft zu verfolgen, muss als gering eingeschätzt werden. Denn gewöhnlich laufen entsprechende Intensionen, Kunden-, Geschäfts- und Standortstrukturen entgegen. Umso mehr kommt es zukünftig darauf an, ein stärker am Ertrag orientiertes Geschäftsdenken zu verfolgen, sich auf das angestammte Geschäft zu konzentrieren und die innere Substanz zu stärken.

5. Zusammenfassung

Die vorliegende Arbeit beschäftigt sich mit den zukünftigen Wettbewerbsstrategien deutscher Privatbankiers. Dies geschieht auch vor dem Hintergrund des europäischen Integrationsprozesses, dessen wirtschaftliche und politische Konsequenzen sich immer deutlicher abzeichnen. Im Bankensektor geht man davon aus, dass u. a. durch den europäischen Binnenmarkt die Konkurrenz und die Konzentration zunehmen werden. Die wachsende Konkurrenz wird dabei zu einem Margendruck führen, wodurch die Banken gezwungen werden, ihre Effizienz zu steigern. Während diese Zusammenhänge für die Banken im allgemeinen gelten, geht die vorliegende Arbeit der Frage nach, wie sich die Privatbankiers in einem solchen Umfeld verhalten, um relative Wettbewerbsvorteile zu generieren bzw. zu halten.

In diesem Zusammenhang stellt sich die Frage, welche Bankinstitute überhaupt der Gruppe der Privatbankiers angehören. In Deutschland ist die Abgrenzung der Deutschen Bundesbank nicht eindeutig, da sie sich nur teilweise mit derjenigen des Bundesverbandes deutscher Banken deckt. So scheidet die Deutsche Bundesbank Kommanditgesellschaft auf Aktien von grundsätzlich aus, während der Bundesverband deutscher Banken keine Teilzahlungsbanken berücksichtigt. Letztendlich beziehen sich beide Definitionen ausschließlich auf die Rechtsform und können die Gruppe der Privatbankiers nicht eindeutig abgrenzen. Die dem Wesen des Privatbankiers am nächsten kommende Definition kann durch die "Unternehmereigenschaft des Privatbankiers" beschrieben werden. Dabei sollte sich Unternehmensleitung und Eigentum überwiegend bzw. weitgehend decken. Der Privatbankier in diesem Sinne ist also weitgehend unabhängig von fremdem Eigenkapital und in seiner unternehmerischen Entscheidung frei.

Im weiteren wurde untersucht, ob es im Ausland weitere Privatbanken gibt und wie sich deren Stellung im jeweiligen Gesamtbankmarkt darstellt. Dabei zeigt sich, dass es Länder gibt, in denen Banken nicht in der Rechtsform einer Personengesellschaft geführt werden dürfen und es daher keine Privatbankiers geben kann (Dänemark, Griechenland, Luxemburg, Spanien, Portugal, USA und Japan). Eine andere Gruppe von Ländern schließen Privatbankiers zwar nicht grundsätzlich aus. Trotzdem gibt es dort keine Banken mit persönlich haftenden Gesellschaftern (Irland, Italien, Holland). In Belgien, Frankreich und England finden sich nur noch wenige Banken, auf die man die Begriffe des Privatbankiers anwenden könnte. Nur in der Schweiz und in der Bundesrepublik Deutschland existiert noch eine ausgeprägte Form der Privatbankiers, die aber im Gesamtbankmarkt zahlenmäßig eine untergeordnete Rolle spielt. So sind insbesondere die Marktanteile der deutschen Privatbankiers in den letzten 20 Jahren deutlich gesunken.

Sowohl im Finanzdienstleistungsmarkt als auch im Kundenverhalten sind beachtliche Veränderungen zu beobachten. Zu den positiven Entwicklungen zählt vor allem eine überdurchschnittliche Wachstumsrate im Dienstleistungs- und Finanzierungsbereich. Zwar nimmt die Bevölkerung quantitativ ab, jedoch kann aufgrund der positiven Entwicklung des nominalen Bruttosozialproduktes sowie der wachsenden Zahl von Haushalten, insbesondere der Single-Haushalte, eine positive Entwicklung prognostiziert werden. Hinzu kommen höhere verfügbare Einkommen und ein größerer Anteil von Senioren, deren Vermögen in der Regel höher sind.

Auf der anderen Seite führte der europäische Integrationsprozess zu einer Internationalisierung des Wettbewerbs und damit zu einer Globalisierung der Finanzmärkte, was für die Privatbankiers eine Zunahme der Konkurrenzsituation bedeutet. Hinzu kommt, dass Standortvorteile durch elektronische Vertriebswege verloren gehen und eine wachsende Produkt- und Markttransparenz vorzufinden ist. Der dadurch verursachte Preisdruck kommt durch die sinkenden Zinsspannen zum Ausdruck und führt zu steigenden Betriebsgrößen im Finanzdienstleistungsbereich. Die Fusionsaktivitäten im Finanzdienstleistungsbereich sind darauf zurückzuführen und werden auch weiter an Geschwindigkeit zunehmen. Es bleibt festzuhalten, dass sich die aktuell erkennbaren Trends und Tendenzen im Bankgewerbe festigen werden. Gleichzeitig wird sich durch den wachsenden Markt, neue Wettbewerber, neue Vertriebswege und neue Produkte der Wettbewerb in der Kreditwirtschaft dramatisch verschärft.

Aus Sicht der Kunden hat sich der Finanzdienstleitungsmarkt in den letzten Jahren entmystifiziert. Aufgrund der höheren Einkommens- und Vermögenssituation sowie des erhöhten Bildungsniveaus und der wesentlich besseren Markttransparenz sind die Bankkunden informierter, selbstbewusster und kritischer geworden. In den Vordergrund treten Preis- und Renditebewusstsein sowie die Qualität der bankbetrieblichen Leistung. Durch den „mündigen Kunden" wird die Kundenloyalität weiter abnehmen, was heute schon durch das Unterhalten mehrerer Bankverbindungen zum Ausdruck kommt. Auf der anderen Seite verändert sich das Kundenverhalten dahingehend, dass eine individuelle Bedarfsbefriedigung in den Vordergrund rückt. Die Tendenz geht weg von Standartprodukten hin zur Befriedigung individueller Kundenwünsche. Der Kunde sucht vermehrt den persönlichen Kontakt und symbolische Produkt- und Leistungsbestandteile, wie etwa das Prestige und Image des Institutes.

Abzusehen ist, dass es in der Zukunft im Bankgeschäft zu einer Strategiespaltung kommen wird. Auf der einen Seite gibt es preisbewusste Bankkunden, die sich mit dem Angebot der Finanzdienstleistungsunternehmen auseinandersetzen und für sich die beste Lösung selbst aussuchen. Bei diesem Kundenkreis werden die Transaktionen vorwiegend über den preisgünstigsten Anbieter abgewickelt. Im Vordergrund steht nicht der Service und der persönliche Kundenkontakt, sondern die preisgünstige und schnelle Abwicklung der Geschäfte. Die Finanzdienstleistungsunternehmen in diesem Sektor müssen Informationen zur Verfügung stellen; eine qualitative Beratung wird vom Kunden jedoch nicht erfordert. In diesem Fall müssen Kreditinstitute ihre Vertriebswege so gestalten, dass sie jederzeit erreichbar sind und Kunden unabhängig vom Standort des Institutes befriedigt werden können. Diese Strategievariante wird als „Transaktionsbanking" bezeichnet.

Der Schlüsselfaktor des „Transaktionsbanking" ist die Entwicklung der Banktechnologie. Denn durch die neuen Technologien werden die bisherigen Eintrittsbarrieren in den Markt für Bank- und Finanzdienstleistungen abgebaut. Klassische Hürden, wie Größen- bzw. Skaleneffekte, Produktdifferenzierungen, Investitionsbedarf, Umstellungskosten, Zugang zu den Vertriebskanälen, Standortvorteile oder unternehmensspezifisches Know-how verlieren an Bedeutung. Als Folge neuer Anbieterstrukturen und standardisierter Angebote im Netz wird sich ein enormer Druck auf die Margen ergeben und den Wettbewerb deutlich verschärfen. Der direkte Konkurrenzkampf wird aggressiver, unkonventioneller und dynamischer. Er wird künftig vor allem über den Preis geführt werden, da er als erfolgsversprechendes Instrument gilt, langfristig gepflegte Kundenverbindungen auf zu brechen. Mit dieser Entwicklung beginnen sich allmählich die etablierten Marktgleichgewichte zu verschieben. Die neuen Vertriebswege mit veränderten Kostenstrukturen und Marketingmöglichkeiten eröffnen neuen, aber auch etablierten Anbietern, Perspektiven zur Veränderung der Marktanteilstrukturen. Neue Marktanteile können im gesättigten Markt nur im Verdrängungswettbewerb gewonnen werden, in Wachstumsmärkten nur über einen frühzeitigen innovativen Antritt mit neuen Produkten und Vertriebsformen.

Auf der anderen Seite ist ein situationsbezogenes Qualitätsbewusstsein festzustellen, das sich im Wunsch nach höherwertiger und individueller Beratung ausdrückt. In diesem Fall ist das Problem des Kunden in aller Regel vielschichtig und kennt keine Branchen- und Kompetenzgrenzen. Im Vordergrund der geschäftlichen Beziehung steht der persönliche Kontakt und die kompetente, individuelle Beratung mit hohem Mehrwert für den Kunden. Die Kernkompetenzen der Institute liegen in der Beratungsqualität und den sozialen Kompetenzen der Bankmitarbeiter, auf die besonders geachtet werden muss und die zu pflegen sind. Der Bankmitarbeiter muss sich weniger als Verkäufer sondern vielmehr als Berater im Sinne eines Problemlösers verstehen. Zwar sind die Kunden bei der Strategievariante des „Relationshipbanking“ ebenfalls preis- und renditebewusst, jedoch sind sie bereit, die Beratungsleistung entgeltlich zu belohnen. Banking wird sich auch künftig nicht in einem PC und Telefonkabel erschöpfen. Banking ist sicherlich ein „technology driven business“, es ist aber vor allem weiterhin „people and systems“ und zwar genau in dieser Reihenfolge. Daher bleibt das persönliche Vertrauensverhältnis, die Beziehung zur Bank oder auch das „Relationshipbanking“ mit dezentraler Präsenz zukunftsfähig. Hier geht es um die langfristige, verlässliche Kundenbindung, den geschäftspolitischen Vorteil durch intensive Kenntnis örtlicher Problemlagen, Strukturen und Kunden sowie der wachsende Stellenwert einer verlässlichen und persönlichen Bankpartnerschaft in einer Zeit zunehmender Informationsüberflutung und in einer Zeit des schnellen Geschäftes. Privatbankiers haben hier wegen ihrer betriebsspezifischen Besonderheiten relative Wettbewerbsvorteile.

Zur Ermittlung der optimalen Wettbewerbsstrategie werden im 3. Teil der Arbeit theoretische Wettbewerbsstrategieansätze diskutiert. Nach ausführlicher Analyse stellt der Autor fest, dass im Bankenbereich aufgrund des Marktumfeldes die Kundenbedürfnisse im Vordergrund stehen und somit marktorientierte Wettbewerbsansätze angewandt werden sollten. Unter diesen Ansätzen stellt die "Differenzierungsstrategie mit Schwerpunktsetzung" nach Porter, die für den Privatbankier optimale Strategievariante dar. Eine Kostenführerschaft scheidet aufgrund der hohen Verwaltungskosten aus, so dass nur über die Schaffung von zusatznutzenstiftender Leistungen, Wettbewerbsvorteile generiert werden können.

Teilt man den Finanzdienstleistungsmarkt in Kundenansprache und Beratungsbedarf auf, so lässt sich feststellen, dass die dem Teilmarkt "Individual-Kunde" zugeordneten Kunden, d. h. Kunden mit dem Wunsch nach persönlichem Kontakt und hohem Beratungsbedarf, die optimale Zielgruppe für Privatbankiers darstellt. Insbesondere bei den Firmenkunden stellen die kleineren bis gehobenen Mittelständler und Gewerbetreibende optimale Zielgruppen dar. Daneben gehören zu dieser Zielgruppe mittlere und gehobene Privatkunden, d. h. Personen mit mittleren und höherem Einkommen und Vermögen. Privatbankiers verfügen aufgrund ihrer Betriebsstrukturen über erhebliche Wettbewerbschancen. Zu den wesentlichen Vorteilen der Privatbankiers zählen vor allem die kleinen Betriebsgrößen, die eine wesentlich höhere Flexibilität und Effizienz innerhalb den Organisationseinheiten und dadurch gegenüber dem Kunden ermöglichen. Darüber hinaus ist der Privatbankier unabhängig von fremden Entscheidungen und bürgt damit für einen hohen Grad an Objektivität. Über die Individualität, die schnellen Entscheidungswege und die hohe Kontinuität der Geschäftsleitung ist der Privatbankier ein besonders vertrauenswürdiger und zuverlässiger

Partner. Die betriebsstrukturbedingten Risiken ergeben sich weitgehend aus der fortschreitenden Technik, dem dadurch bedingten Anpassungsbedarf und den daraus resultierenden Kostenblöcken. Darüber hinaus muss der Privatbankier zunehmenden Eigenkapitalanforderungen gerecht werden und aufgrund der personenbezogenen Charakteristikas rechtzeitig einen geeigneten Nachfolger finden.

Aufgrund der gegebenen Eigenschaften haben die Privatbankiers gerade im derzeitigen Marktumfeld, das durch zunehmende Konzentrationen, zunehmende Größeneinheiten und Standardisierung geprägt ist, hervorragende Wettbewerbschancen. Privatbankiers müssen zur Erhaltung von Wettbewerbsvorteilen und zur Generierung noch nicht ausgeprägter Wettbewerbsvorteile insbesondere in der Beratungsqualität, d. h. in die Mitarbeiterqualifikationen und Mitarbeiterkontinuität investieren. Darüber hinaus müssen durch gezielte Kostensenkungsmaßnahmen Betriebsstrukturen schlank gehalten werden. Die Möglichkeiten von Kooperationen und Outsourcing muss verstärkt ins Auge gefasst werden, um kostengünstig produzieren zu können. Ein weiterer Themenbereich ergibt sich aus der zukünftigen Eigenkapitalbeschaffung. Durch die Liberalisierung der Finanzmärkte werden die Eigenkapitalanforderungen auch zukünftig steigen. Privatbankiers müssen hierfür Vorsorge schaffen bzw. andere Lösungswege wie Aufnahme weiterer Gesellschafter oder Börsengang einschlagen. Gerade bei der Eigenkapitalbeschaffung ist die Kreativität der Privatbankiers gefordert. Darüber hinaus müssen sie auch zukünftig ihre Organisationsstrukturen schlank halten und insbesondere ein Kreditrisikomanagement aufbauen. Bei zunehmendem Wachstum sind Entscheidungskompetenzen nach außen zu tragen, um die Wettbewerbsvorteile stärken zu können, was gleichzeitig den Aufbau eines Risikokontrollsystems erforderlich macht, um nicht zusätzliche Risiken einzugehen und dadurch das Bankhaus in der Existenz zu bedrohen.

Trotz dieser positiven Zukunftsaussichten wird die Zahl der Privatbankiers weiter abnehmen. Diese These kann damit begründet werden, dass eine große Anzahl der bestehenden Privatbankiers nur deshalb lebensfähig sind, weil im wesentlichen ein begrenzter Kreis von Kunden einem bewährten Bankier die Treue halten und ohne geeigneten Nachfolger ein Fortbestand nicht möglich ist. Bei Ausscheiden dieser Bankiers verlieren die Privatbanken ihre Existenzgrundlage. Darüber hinaus gibt es einzelne Bankiers, die auf unrühmliche und spektakuläre Weise ihre Existenz verloren haben. Hier gilt festzuhalten, dass jeder einzelne Fall von Bankinsolvenz in den letzten Jahren seine eigenen berechtigten Gründe hatte. Alle bekanntgewordenen Pleiten waren in sich begründete Einzelfälle, die auf das Versagen einer nicht fähigen (oder untreuen) Geschäftsführung zurückzuführen waren. Daraus kann allerdings kein allgemeiner Trend abgelesen werden. Schließlich wird die Zahl der Privatbankiers in den nächsten Jahren nicht durch Neugründungen steigen, da erhebliche Markteintrittsbarrieren vorhanden sind. Dazu zählen vor allem die KWG-rechtlichen Vorraussetzungen, aber auch die ernormen Aufwendungen für die Betriebsausstattung, Technik und die Vorlaufkosten.

Die bestehenden Privatbankiers haben dagegen sehr gute Zukunftschancen, was dazu führen wird, dass die verbleibenden Privatbankiers an Bedeutung zunehmen werden. Der Stil des Privatbankiers ist gefragt. Alle Kreditinstitute bemühen sich auf vielen Sektoren, insbesondere bei der Betreuung der Privatkundschaft einen Stil zu entwickeln, der privatbankähnlich ist. Daraus kann man schließen, dass Stil und Arbeitsweise des Privatbankiers keinesfalls überholt sind, sondern stark imitiert wird. Aber trotz aller Bemühungen um ein möglichst perfektes Nachahmen bleibt dieses Bemühen unvollkommen. So wird man unterstellen dürfen, dass niemand den Stil und die Arbeitsweise des Privatbankiers besser darstellen kann als der Privatbankier selbst. Die Verbindung von individueller und kontinuierlicher Beratung mit Wendigkeit und rascher Entscheidung ist in idealer Form nur beim selbständigen Privatbankier vorhanden. Es wird immer den Privatkunden, aber auch den Unternehmer geben, der eine solche Art der Betreuung und Beratung wünscht. Das Bedürfnis danach wächst in dem Maße wie das Angebot und derartige Dienstleistungen geringer wird. Die ganz individuelle persönliche Beratung leidet im Konzentrationsprozess, lässt nach im Zuge des Entstehens immer größerer Unternehmenseinheiten. Darum kann man sagen: Mit dem Wachsen der großen Institute wächst ein latentes Bedürfnis nach Betreuung durch einen Privatbankier und damit die Wettbewerbschance für den Privatbankier.

Solange unsere Wirtschaftsstruktur die Existenz von Betrieben der verschiedensten Größenordnung zulässt, wird es auch Privatbankiers geben, die sich in besonderer Weise gerade dieser Firmen annehmen können. Die Organisation und Struktur des Kreditgewerbes richtet sich, soweit es sich um das eigentliche Kreditgeschäft handelt, sehr weitgehend nach der Struktur der Wirtschaft selbst aus. Mit dem Aufkommen der großen Einheiten in der Industrie, mit dem Bedarf nach großen Kapitalien, entstanden die Aktienbanken. Der weiteren Konzentration in der Wirtschaft ist eine zunehmende Konzentration im Kreditgewerbe gefolgt. Bei aller Konzentration der Wirtschaft spielen die Klein- und Mittelbetriebe eine wesentliche Rolle. Um diese Unternehmen müssen sich die Privatbankiers mit besonderem Erfolg bemühen. Es werden vermehrt neue Unternehmen im Sektor der Dienstleistung entstehen. Deshalb wird der Privatbankier ebenfalls eine erfolgreiche Zukunft haben, wenn er sich mit den richtigen Strategien im Wettbewerb positioniert.

Auch die Zahl der Bankkunden wächst insgesamt und damit auch die Zahl potentieller Kunden für die Privatbankiers. Das Finanzdienstleistungsgewerbe ist eine Wachstumsbranche. Die Privatbankiers werden wachsen können, wenn sie den Teil der neuen Kundschaft an sich ziehen, der nach Größe, Veranlagung, Temperament usw. zu ihnen passt.

Während die Gesamtzahl der Privatbankiers ständig abgenommen hat, hat der verbleibende Privatbankiers ein weit überdurchschnittliches Wachstum aufzuweisen. Das kräftige Wachstum der bestehenden Privatbankiers beweist, dass dieser Typ Kreditinstitut durchaus eine Existenzberechtigung und Existenzfähigkeit hat. Entscheidend für den nachhaltigen Erfolg des Privatbankiers ist die Wahrnehmung der in dieser Arbeit beschriebenen Chancen, um sich durch spezielle Wettbewerbsstrategien erfolgreich zu positionieren.

Literaturverzeichnis

Abell, D.F. (1980): Defining the Business. The Starting Point of Strategic Planning, Englewood Cliffs (NJ) 1980.

Abernathy, W.J./Utterback, J.M. (1978): Patterns of Industrial Innovation, in: Technology Review, Heft 6/7, 80. Jg., 1978, Seite 40 - 47.

Adams, J. (1987): Eigentumsstruktur und Unternehmenseffizienz, Rheinfelden 1987.

Adrian, R. (2000): Der Bankbetrieb, Wiesbaden 2000.

Adrian, W. (1989): Strategische Unternehmensführung und Informationssystemgestaltung auf Grundlage kritischer Erfolgsfaktoren, Bergische Gladbach/Köln 1989.

Albach, H. (1978): Strategische Unternehmensplanung bei erhöhter Unsicherheit, in: Zeitschrift für Betriebswirtschaft, 48 Jg., 1978, Seite 702 – 715.

Albach, H. (1990): Das Management der Differenzierung, in: Zeitschrift für Betriebswirtschaft, 60. Jg., 1990, Seite 773 – 788.

Ambros, H. (1996): Virtual Reality – Virtuel Banking; Überkommene Strukturen überwinden, in: Banken und Versicherungen, Heft 1, 1996, Seite 46 – 51.

Andres, H.-J. (1992): Entwicklungslinien im privaten Verbrauch der 90er Jahre, in: Rosenberger, G (1992): Konsum 2000: Veränderungen im Verbraucheralltag, Frankfurt am Main/New York 1992, Seite 56 - 70.

Annecke, H. (1997): Maßarbeit für den Mittelstand, in: Unternehmer Magazin, 45. Jg., Juli/Augu-st 1997, Seite 42 - 43.

Ansoff, H.I. (1979): The Changing Shape of the Strategic Problem, in: Schendel, D.E./Hofer, C.W. (1979): Strategic Management. A New View of Business Policy and Planning, Boston/Toronto 1979, Seite 30 - 44.

Ansoff, H.I. (1990): Implanting Strategic Management, Englewood Cliffs (NJ) 1990.

Ansoff, H.I./Leontiades, J.C. (1976): Strategic Portfolio-Management, Working Paper 76 – 16 des European Institute for Advanced Studies in Management, Brüssel 1976.

Arnold, R.U. (1981): Strategiesche Unternehmensführung und das Konzept der „Schwachen Signale“, in: Wirtschaftswissenschaftliches Studium, 10. Jg., 1981, Seite 290 - 293.

Bacher, U. (1995): KontoDirekt: Dominierende Bankfiliale im Jahr 2002?, in: Bayerisches Genossenschaftsblatt, Nr. 10, 1995, Seite 533 – 535.

Bain, J.S. (1956): Barriers to New Competition, Cambridge (MA) 1956.

Bamberger, I./Wrona, T. (1996): Der Ressourcenansatz und seine Bedeutung für die Strategische Unternehmensführung, in: Zeitschrift für betriebswirtschaftliche Forschung, 48. Jg., 1996, Seite 130 - 153.

Bartmann, D. (1995): Jetzt den Anschluß nicht verpassen. Auswirkungen der elektronischen Medien auf den Vetrieb von Bankdienstleistungen, in: Geldinstitute, Nr. 11 - 12, 1995, Seite 6 - 16.

Bartmann, D. (1995a): Home Banking - Künftige Relevanz aus Sicht der Kreditinstitute, in: Ploenzke (1995): Electronic Banking im Vertrieb, Wiesbaden 1995, Seite 83 - 96.

Bauer, H.H. (1986): Das Erfahrungskurvenkonzept, in: Wirtschaftswissenschaftliches Studium, 15. Jg., 1986, Seite 1 - 10.

Baumert, A. (1988): Organisatorische Einbindung und personelle Anforderungen, in: Bankinformation, Heft 4, 15. Jg., 1988, Seite 40 – 41.

Benkenstein, M. (1997): Strategisches Marketing. Ein wettbewerbsorientierter Ansatz, Stuttgart/Berlin/Köln 1997.

Benkhoff, W. (1973): Privatbanken richten sich in der Nische ein, in: Handelsblatt vom 06. August 1973, Seite 3.

Berchtold, H. (1995): Zweigstellen und Mengengeschäft, in: Betsch, O./Wiechers, R. (1995): Handbuch Finanzvertrieb: Vertriebsstrategien – Vertriebswege – Vertriebsmanagement, Frankfurt am Main 1995, Seite 197 – 215.

Berndt, R. (1997): Marketing 2; Marketing-Politik, Berlin 1997.

Bernet, B. (1995): Strategische Optionen im Retail Banking, in: Bernet, B./Schmid, P. (1995): Retail Banking – Visionen, Konzepte und Strategien für die Zukunft, Wiesbaden 1995, Seite 25 – 45.

Bethmann, J.P. (1996): Überlegungen eines ehemaligen Privatbankiers, in: Eichhorn, F.J. (1996): Die Renaissance der Privatbankiers, Wiesbaden 1996.

BMWI (November 1997): Wirtschaft ´97 in Zahlen, Bonn November 1997.

Boening, D. (1993): Zukunftsfragen des Vertriebs von Finanzdienstleistungen, in: Boening, D./Hockmann, H.J. (1993): Bank- und Finanzmanagement: Marketing-Rechnungswesen -Finanzierung: Reflexionen aus der Praxis, Joachim Süchting zum 60. Geburtstag, Wiesbaden 1993, Seite 157 - 174.

Böhler, H. (1977): Methoden und Modelle der Marktsegmentierung, Stuttgart 1977.

Böhnert, W. (1982): Bankbetriebslehre, in: Zeitschrift für Betriebswirtschaft, Heft 9, 52. Jg., 1982, Seite 871 - 892.

Bohr, K. (1993): Effizienz und Effektivität, in: Wittmann, W. (1993): Handwörterbuch der Betriebswirtschaft, Band 1, Stuttgart 1993.

Bohr, K. (1996): Economies of Scale und Economies of Scope, in: Kern, W. (1996): Handwörterbuch der Produktionswirtschaft, Stuttgert 1996.

Bonus, H. (1997): Die Langsamkeit von Spielregeln, in: Backhaus, K./Bonus, H. (1998): Die Beschleunigungsfalle oder der Triumph der Schildkröte, Stuttgart 1998.

Bowie, K. (1995): Die Rothschilds, die Eisenbahn und die städtebauliche Entwicklung von Paris im 19. Jahrhundert, in: Heuberger (1995): Die Rothschilds, 1995, Seite 89 - 100.

Bowmann, E.H. (1974): Epistemology, Corporate Strategy, and Academe, in: Sloan Management Review, 15. Jg., 1974, Seite 35 - 50.

Bracker, J. (1980): The Historical Development of the Strategic Management Concept, in: Academy of Management Review, 5.Jg., 1980, Seite 219 - 224.

Braun, C.F. (1991): Die Beschleunigungsfalle, in: Zeitschrift für Planung, 2. Jg., 1991, Seite 51 – 70.

Brauner, J./Bickmann, R. (1994): Die multimediale Gesellschaft, Frankfurt am Main 1994.

Buchholz, W./Olemotz, T. (1995): Markt- versus Ressourcenbasierter Ansatz - Konkurrierende oder komplementäre Konzepte im Strategischen Management. Arbeitspapier Nr. 1/95 der Professur für Betriebswirtschaftslehre II, in: Krüger, W. (1995): Organisation. Unternehmensführung. Personalwirtschaft, Gießen 1995.

Bundesverbans deutscher Banken (2000): Reihe: Daten, Fakten, Argumente; E-Commerce als Bankdienstleistung, Berlin, Oktober 2000.

Büschgen, H.E. (1997): Das kleine Banklexikon, Düsseldorf 1997.

Büschgen, H.E. (1998): Bankbetriebslehre, Bankgeschäfte und Bankmanagement, 5. vollständig überarbeitete und erweiterte Auflage, Wiesbaden 1998.

Buzzel, R.D./Gale, B.T. (1989): The PIMS Principle. Linking Strategiy to Performance, New York/London 1989.

C&L Treuhand Revision (1998): 6. KWG-Novelle und neuer Grundsatz I, Frankfurt am Main 1998.

Centralverband des Deutschen Bank- und Bankiersgewerbe e.V. (1933): Materialien zur Vorbereitung der Bankenenquête 1933, Berlin 1993.

Chandler, A.D. (1991): Strategy and Structure, Chapters in the History of Industrial Enterprises, Cambridge 1963.

Commission Bancaire et Financiére, Low of 22 March 1993 on the legal status and supervision of credit institutions, Brüssel 1993.

Cramer, J. (1992): Marketing für die „reife“ Bankkundschaft, in: Schulz, H. (1992): Finanzmarketing >55: Finanzdienstleistungen für ältere Kunden, Frankfurt am Main 1992, Seite 129 - 146.

Day, G.S./Wensley, R. (1983): Marketing Theory with a Strategic Orientation, in: Journal of Marketing, 47. Jg., 1983, Fall, Seite 79 - 89.

Day, G.S./Wensley, R. (1988): Assessing Advantage: A Framework for Diagnosting Competitive Superiority, in: Journal of Marketing, 52. Jg., 1988, Spring, Seite 1 - 20.

Deppe, H.-D. (1978): Eine Konzeption wissenschaftliche Bankbetriebslehre in drei Doppelstunden, in: Deppe, H.-D. (1978): Bankbetriebliches Lesebuch, Stuttgart 1978, Seite 3 - 98.

Dess, G.G./Davis, P.S. (1984): Porter's (1980) Generic Strategies as Determinants of Strategic Group Membership and Organizational Performance, in: Academy of Management Journal, 27. Jg, 1984, Seite 467 – 488.

Deutsche Bundesbank (1976): Deutsches Geld in Zahlen 1876-1975, Frankfurt am Main 1976.

Deutsche Bundesbank (August 1977): Bankenstatistik: Statistisches Beiheft zum Monatsbericht 1, August 1977.

Deutsche Bundesbank (August 1982): Bankenstatistik: Statistisches Beiheft zum Monatsbericht 1, August 1982.

Deutsche Bundesbank (August 1987): Bankenstatistik: Statistisches Beiheft zum Monatsbericht 1, August 1987.

Deutsche Bundesbank (August 1991): Bankenstatistik: Statistisches Beiheft zum Monatsbericht 1, August 1991.

Deutsche Bundesbank (August 1992): Bankenstatistik: Statistisches Beiheft zum Monatsbericht 1, August 1992.

Deutsche Bundesbank (November 1994): Ergebnis der gesamtwirtschaftlichen Finanzierungsrechnung für Westdeutschland 1960 bis 1992, November 1994.

Deutsche Bundesbank (August 1997a): Bankenstatistik: Statistisches Beiheft zum Monatsbericht 1, August 1997.

Deutsche Bundesbank (August 1997b): Monatsbericht, 49. Jg., Nr. 8, August 1997.

Deutsche Bundesbank (August 1997c): Saisonbereinigte Wirtschaftszahlen, Statistisches Beiheft zum Monatsbericht 4, August 1997.

Deutsche Bundesbank (Juni 1997): Ergebnis der gesamtwirtschaftlichen Finanzierungsrechnung für Deutschland 1990 bis 1996, Statistische Sonderveröffentlichung 4, Juni 1997.

Deutsche Bundesbank (August 1998): Monatsbericht, 50. Jg., Nr. 8, August 1998.

Deutsche Bundesbank (Januar 1998): Die 6. KWG-Novelle des Kreditwesengesetzes, in: Deutsche Bundesbank (Januar 1998): Monatsbericht Januar 1998, Seite 61 f.

Deutsche Bundesbank (März 1998): Monatsbericht, 50. Jg., Nr. 3, März 1998.

Deutsche Bundesbank (März 1998): Monatsbericht, 50. Jg., Nr. 3, März 1998.

Deutsche Bundesbank (Oktober 1998): Bankenstatistik: Statistisches Beiheft zum Monatsbericht 1, Oktober 1998.

Deutsche Bundesbank (Februar 1999): Bankenstatistik Februar 1999, Statistisches Beiheft zum Monatsbericht 1, Februar 1999.

Deutsche Bundesbank (Januar 1999): Zur Entwicklung der privaten Vermögenssituation seit Beginn der neunziger Jahre, in: Deutsche Bundesbank (Januar 1999): Monatsbericht, 51. Jg, Nr. 1, Januar 1999.

Deutsche Bundesbank (Juli 1999): Monatsbericht, 51. Jg., Nr. 7, Juli 1999.

Deutsche Bundesbank (September 1999): Monatsbericht, 51. Jg., Nr. 9, September 1999.

Deutsche Bundesbank (August 2000): Monatsbericht, 52. Jg., Nr. 8, August 2000.

Deutsche Bundesbank (September 2000): Monatsbericht, 52. Jg., Nr. 9, September 2000.

Deutsche Telekom (1998): Pressemitteilung Deutsche Telekom AG vom 19. Januar 1998.

Deutscher Bundestag (1996): Entwicklung der Vermögen und ihre Verteilung, Drucksache 13/3885, 28.02.1996.

Deutz, J. (1997): Privatkundengeschäft großer Filialbanken: Neue Anforderungen an die Vertriebswegepolitik und deren Auswirkungen auf die Bankorganisation, Frankfurt am Main 1997.

Diller, H. (1994): Vahlens großes Marketinglexikon, München 1994.

Drukarczyk, J. (1993): Finanzierung, Stuttgart 1993.

Egger, D. (1996): Der Information-Superhighwy: Chance oder Bedrohung für das Retail Banking, Wien 1996.

Eilenberger, G. (1997): Bankbetriebswirtschaftslehre, 7. Auflage, München 1997.

Ellgering, I. (1990): Produkte des Allfinanzangebotes der S-Finanzgruppe und ihr Vertrieb, in: Sparkasse, Heft 10, 1990, Seite 442 – 445.

Engelhardt, W.H./Freiling, J. (1995): Leistungspotentiale als Basis für das Management von Geschäftsbeziehungen, in: Diller, H. (1995): Beziehungsmanagement. Dokumentation des 2. Workshops der Arbeitsgruppe „Beziehungsmanagement“ der wissenschaftlichen Kommission für Marketing im Verband der Hochschullehrer für Betriebswirtschaftslehre vom 29.-30.09.1995 in Heiligenstadt, Heiligenstadt 1995, Seite 7 - 33.

Esser, W. (1991): Die Wertkette als Instrument der strategischen Analyse, in: Riekhof, H.C. (1991): Strategieentwicklung - Konzepte und Erfahrungen, Stuttgart 1991, Seite 191 - 212.

Europäische Zentralbank (April 1999): Monatsbericht, April 1999.

Faix, A./Görgen, W. (1994): Das „Konstrukt" Wettbewerbsvorteile. Grundlagen, Kennzeichnung und Planung, in: Marketing - Zeitschrift für Forschung und Praxis, 16. Jg., 1994, Seite 160 - 166.

Felzmann, H. (1982): Ein Modell zur Unterstützung der strategischen Planung auf der Ebene strategischer Geschäftseinheiten, Gelsenkirchen 1982.

Fleck, A. (1995): Hybride Wettbewerbsstrategien. Zur Synthese von Kosten- und Differenzierungsvorteilen, Wiesbaden 1995.

Flöther, K.H./Laupenmühlen, M./Schnittke, J. (1993): Die nervösen neunziger Jahre, in: Die Bank, Heft 12, 1993, Seite 697 - 701.

Fombrun, C. (1983): Strategic Management: Integrating the Human Resource Systems into Strategic Planning, in: Lamb, R. (1983): Advances in Strategic Management. A Research Annual, Greenwich/London 1983, Seite 191 - 210.

Forstmann, W. (1973): Simon Moritz von Bethmann, Frankfurt am Main 1973.

Frese, E./Werder, A. (1994): Organisation als strategischer Wettbewerbsfaktor – Organisationstheoretische Analyse gegenwärtiger Umstrukturierung, in: Frese, E./Maly, W. (1994): Organisationstrategien zur Sicherung der Wettbewerbsfähigkeit, in: Zeitschrift für betriebswirtschaftliche Forschung, Sonderheft 33, Düsseldorf 1994, Seite 1 – 27.

Freter, H. (1983): Marktsegmentierung, Stuttgart 1983.

Freter, H. (1995): Marktsegmentierung, in: Tietz, B./Köhler, R./Zentes, J. (1995): Handwörterbuch des Marketing, Stuttgart 1995.

Friederich, H.-J. (1996): Vorausbezahlte Karten - eine Bewertung aus Sicht der Deutschen Bundesbank, in: Datow, M./Kissinger, S./Lange, U. T. (1996): Die Chipkarte im Alltag: Anwendungskonzepte und Verbraucherschutz, Konkreßdokumentation Multicard 96 / Internationaler Kongreß in Berlin, 10. - 12. Januar 1996, Berlin, Seite 18 - 29.

Friedrich, S.A. (1995): Ressourcen und Kompetenzen als Bezugspunkte strategischen Denkens und Handels - zur Renaissance einer stärker potentialorientierten Führung, in: Hinterhuber, H.H. (1995): Die Herausforderung der Zukunft meistern: Globalisierung, Potentialorientierung und Fokussierung, Frankfurt am Main 1995, Seite 319 - 354.

Gaitanides, M./Westphal, J. (1991): Strategische Gruppen und Unternehmenserfolg. Ergebnisse einer empirischen Studie, in: Zeitschrift für Planung, 2. Jg., 1991, Seite 247 – 265.

Gälweiler, A. (1979): Strategische Geschäftseinheiten (SGE) und Aufbau-Organisation der Unternehmung, in: Zeitschrift für Organisation, 48. Jg., 1979, Seite 252 - 260.

Gälweiler, A. (1987): Strategische Unternehmensführung, Frankfurt am Main/New York 1987.

Geigant, F. (1984): Banken, in: Oberender, P. (1984), Marktstruktur und Wettbewerb in der Bundesrepublik Deutschland: Branchenstudien zur deutschen Volkswirtschaft, München 1984, Seite 537 - 576.

Geis, H.-G. (1995): Spezialbanken, in: Gerke, W./Steiner, M. (1995): Handwörterbuch des Bank- und Finanzwesens, 2., überarbeitete und erweiterte Auflage, Stuttgart 1995.

Gewald, S. (1996): Ein Konzept auf dem Weg zu breiter Akzeptanz – Die Etablierung des Direct-Banking-Konzeptes, in: Geldinstitute, Heft 7-8, 1996, Seite 8 – 10.

Gilbert, X./Strebel, P. (1987): Strategies to Outpace the Competition, in: Journal of Business Strategy, 8. Jg., 1987, Seite 28 -36.

Görgel, U.B. (1992): Computer Integrated Manufacturing und Wettbewerbsstrategie, Wiesbaden 1992.

Görgen, W./Kerkom, K. (1991): Der Wechsel der Wettbewerbsstrategie - Eine kritische Analyse der Bestimmungsfaktoren und Maßnahmen. Arbeitspapier des Institutes für Markt- und Distributionsforschung der Universität zu Köln, Köln 1991.

Goschin, J. (1993): Wirtschaftliche, soziodemographische und technologische Entwicklungstendenzen deutscher Banken, Frankfurt am Main 1993.

Grebe, M. (1996): Megatrends im elektronischen Firmenkundengeschäft, Regensburg 1996.

Gröger, M. (1992): CIM und strategisches Management, Wiesbaden 1992.

Gröschel, U. (1993): Von der 4. zur 7. KWG-Novelle, in: Sparkasse, Heft 5, 1993, Seite 225 – 230.

Gruner & Jahr (1990): DIALOGE 3: Berichtsband, Hamburg 1990.

Gruner & Jahr (Mai 1998): Marker Profile 7; Banken-Fonds-Geldanlagen, Hamburg Mai 1998.

Gutenberg, E. (1971): Grundlagen der Betriebswirtschaftslehre, Band 2: Der Absatz, Berlin/Heidelberg/New York 1971.

Gutenberg, E. (1983): Grundlagen der Betriebswirtschaftslehre, Band 1, Berlin 1983.

Haedrich, G./Tomczak, T. (1996): Strategische Markenführung. Planung und Realisierung von Marketingstrategien für eingeführte Produkte, Bern/Stuttgart 1996.

Haedrich,G./Jenner,T. (1995): Die Bedeutung strategischer Gruppen für die Marktwahl- und Marktbearbeitungsentscheidung bei der Neuproduktplanung in Konsumgütermärkten, in: Marketing – Zeitschrift für Forschung und Praxis, 17. Jg., 1995, Seite 29 – 36.

Hagenmüller, K.F. (1987): Privatbankier, in: Seischab, H./Schwantag, K. (1987): Handwörterbuch der Betriebswirtschaftslehre, Stuttgart 1987, Spalte 4447 - 4450.
Hagenmüller, K.F./Diepen, G. (1989): Der Bankbetrieb: Lehrbuch und Aufgabensammlung, 12., vollständig überarbeitete und erweiterte Auflage, Wiesbaden 1989.
Hahn, O. (1977): Die Führung des Bankbetriebes, Stuttgart 1977.
Hahn, O. (1991): Struktur der Bankwirtschaft, Band 1,1, Berlin 1991.
Hamel, G./Prahalad, C.K. (1995): Competing for the Future, Boston 1995.
Hamel, G./Prahalad, C.K.(1997): Wettlauf um die Zukunft. Wie Sie mit bahnbrechenden Strategien die Kontrolle über ihre Branche gewinnen und die Märkte von morgen schaffen, Wien 1997.
Hammer, M. (2000): Beim Personal sind Banken im Minus, in: Süddeutsche Zeitung vom 31.05.2000, Seite L7.
Hammes, W. (1994): Strategische Allianzen als Instrument der Strategischen Unternehmensführung, Wiesbaden 1994.
Hanusch, H. (2000): Volkswirtschaftslehre, Berlin 2000.
Hartmann-Wendes, T. (1988): Der Leverage-Effekt, in: Das Wirtschaftsstudium, Heft 5, 1988, Seite 255 - 256.
Hassmann, H. (1953): Die Gestalt des Privatbankiers, Bielefeld 1953.
Hax, A.C./Majluf, N.S. (1991): Strategisches Management, Frankfurt am Main 1991.
Hein, M. (1993): Einführung in die Bankbetriebslehre, Berlin 1993.
Heinrich, W. (1992): Outsourcing. Modewort oder neues strategisches Konzept, in: Heinrich, W. (1992): Outsourcing: Modelle-Strategien-Praxis, Bergheim 1992, Seite 11 – 54.
Heitmüller, H.-M. (1997): Marktstrategie und Kundenbindung im Zeitalter der Globalisierung, in: Sparkasse, Heft 10, 1997, Seite 457 - 465.
Henderson, B.D. (1984): Die Erfahrungskurve in der Unternehmensstratgie, Frankfurt am Main 1984.
Henke, K. (1990): Neue Dimensionen der Marktorientierung im Kreditgewerbe – drei unterschiedliche Vertriebskulturen in einer Bank, in: Bank und Markt, 19. Jg., Heft 7, Seite 24 – 27.
Hentze, J./Brose, P./Kammel, A. (1993): Unternehmensplanung. Eine Einführung, Bern/Stuttgart/ Wien 1993.
Hering, T. (1995): Investitionstheorie aus der Sicht des Zinses, Wiesbaden 1995.
Hermann, H. /Mahler, A. (1997): PC-Ausstattung und Nutzung von Internet- und Online-Diensten in deutschen Haushalten, in: WIK-Newsletter Nr. 27, Juni 1997, Seite 20 - 22.
Herzog, R./Schmid, V. (1990): Marktorientierte Strukturen als Folge von Strategie-Planung, in: Bankinformation, 17. Jg., Heft 6, Seite 8 – 14.

Heß, G. (1991): Marktsignale und Wettbewerbsstrategie. Theoretische Fundierung und Fälle aus der Unternehmenspraxis, Stuttgart 1991.

Heuberger, G. (1995): Die Rothschilds, Frankfurt am Main 1995.

Hieber, W.L. (1991): Lern- und Erfahrungskurveneffekte und ihre Bestimmung in der flexibel automatisierten Produktion, München 1991.

Hildebrandt, L. (1992): Wettbwerbssituation und Unternehmenserfolg, in: Zeitschrift für Betriebswirtschaft, 62. Jg., 1992, Seite 1069 - 1084.

Hinterhuber, H.H. (1990): Wettbewerbsstrategie, Berlin/New York 1990.

Hinterhuber, H.H. (1996): Strategiesche Unternehmensführung, Band I: Strategisches Denken, Berlin/New York 1996.

Hinterhuber, H.H./Stuhec, U. (1997): Kernkompetenzen und strategisches In-/Outsourcing, in: Albach, H. (1997): Marketing, in: Zeitschrift für Betriebswirtschaft, Ergänzungsheft 1, Wiesbaden 1997, Seite 1 – 20.

Hofer, C.W./Schendel, D.E. (1989): Strategy Formulation: Analytical Concepts, St. Paul 1978.

IBM Unternehmensberatung GmbH/Bartmann, D. (1994): Made in Germany – Die große Benchmarkstudie der IBM gemeinsam mit der Universität Regensburg, Mainz 1994.

Igler, M. (2001): Mieten statt kaufen – Abrufbare IT-Leistung, unter: www.tds.de (Der ASP-Leitfaden), Seite 1 – 35.

Jackson, T. (1997): Cybermoney, gains currency, past and future, in: Financial Times vom 01. Februar 1997.

Jacquemin, A.(1989): Horizontale Konzentration, Fusionen und Wettbewerbspolitik in der Europäischen Gemeinschaft, Köln 1989.

Jäger, H. (1992): Jüdische Unternehmer und die deutschen Eisenbahnen (1835-1933), in: Werner E. Mosse/Hans Pohl (1992): Jüdische Unternehmer in Deutschland im 19. und 20. Jahrhundert, Stuttgart 1992, Seite 119 - 131.

Kaluza, B. (1989): Erzeugniswechsel als unternehmenspolitische Aufgabe, Berlin 1989.

Kaluza, B. (1995): Wettbewerbsstrategien und sozio-ökonomischer Wandel, in: Corsten, H. (1995): Produktion als Wettbewerbsfaktor. Beiträge zur Wettbewerbs- und Produktionsstrategie, Wiesbaden 1995, Seite 85 - 98.

Kaluza, B. (1996): Dynamische Produktdifferenzierungsstrategie und moderne Produktionssysteme, in: Wildemann, H. (1996): Produktions- und Zuliefernetzwerke, München 1996, Seite 191 - 234.

Karlen, A.-K. (1998): Konsequenzen räumlicher Umstrukturierung von Bankfilialnetzen für das Kundenverhalten, Mannheim 1998.

Kerscher, A./Kreuzer, M. (1995): Situationsanalyse im PC-Banking, in: Institut für Bankinformatik, Studie CCM/4103, Regensburg 1995.

Kerscher, B. (1998): Telekommunikation im Bankgeschäft - ein ganzheitliches Gestaltungskonzept für innovative Telekommunikationssysteme im elektronischen Bankgeschäft, Regensburg 1998.

Klein, D. (1998): Die Bankensysteme der EU-Länder, 3. Auflage, Frankfurt am Main 1998.

Klein, E. (1982): Von den Anfängen bis zum Ende des alten Reiches (1806), in: Deutsche Bankgeschichte, Band 1, hrsg. vom wissenschaftlichen Beirat des Instituts für bankhistorische Forschung, Frankfurt am Main 1982.

Kleinaltenkamp, M. (1987): Die Dynamisierung strategischer Marketing-Konzepte - Eine kritische Würdigung des „Outpacing Strategies"-Ansatzes von Gilbert und Strebel, in: Zeitschrift für betriebswirtschaftliche Forschung, 39. Jg, 1987, Seite 31 - 52.

Kloock, J./Sabel, H./Schuhmann, W. (1987): Die Erfahrungskurve in der Unternehmenspolitik, in: Albach, H. (1987): Erfahrungskurve und Unternehmensstrategie, in: Zeitschrift für Betriebswirtschaft, Ergänzungsheft 2, Wiesbaden 1987, Seite 3 - 51.

Köhler, R. (1981): Grundprobleme der strategischen Marketingplanung, in: Geist, M.N./Köhler, R. (1981): Die Führung des Betriebes. Festzeitschrift für C. Sandig, Stuttgart 1981, Seite 261 - 291.

Kolbeck, R. (1995): Universalbankensystem, in: Gerke, W./Steiner, M. (1995): Handwörterbuch des Bank- und Finanzwesens, 2., überarbeitete und erweiterte Auflage, Stuttgart 1995.

Kolks, U. (1990): Strategieimplementierung. Ein anwendungsorientiertes Konzept, Wiesbaden 1990.

Kopper, C. (1995): Zwischen Marktwirtschaft und Dirigismus, Bonn 1995.

Koschnick, W.J. (1997): Lexikon Marketing, Stuttgart 1997.

Kosiol, E. (1980): Aufbauorganistation, in: Grochla, E. (1980): Handwörterbuch der Organistion, Stuttgart 1980, Spalte 179 – 187.

Krauß, H.-U. (1990): Marktorientierte Aufbauorganisation – auch eine architektonische Herausforderung, in: Bankinformation, 17. Jg., Heft 6, Seite 40 – 43.

Kreikebaum, H. (1997): Strategische Unternehmensplanung, Stuttgart/Berlin/Köln 1997.

Kreuzer, M. (1998): Elektronische Bankvertriebswege – Die zukünftige Entwicklung und Bedeutung elektronischer Kommunikationskanäle und ihre Eignung zum Absatz von Bankleistungen im Privatkundengeschäft, Regensburg 1998.

Krüger, W./Homp, C. (1996a): Kernkompetenzen: Charakteristika, Formen und Wirkungsweise. Arbeitpapier Nr. 2/96 der Professur für Betriebswirtschaftslehre II, in: Krüger, W. (1996): Organisation. Unternehmensführung. Personalwirtschaft, Gießen 1996.

Krüger, W./Homp, C. (1996b): Marktorientierte Kernkompetenzen und ihr strategischer Einsatz. Arbeitpapier Nr. 4/96 der Professur für Betriebswirtschaftslehre II, in: Krüger, W. (1996): Organisation. Unternehmensführung. Personalwirtschaft, Gießen 1996.

Krüger, W./Homp, C. (1997): Kernkompetenz-Management. Steigerung von Flexibilität und Schlagkraft im Wettbewerb, Wiesbaden 1997.

Kühn, R. (1996): Angebotspositionierung als Ansatz zur Präzisierung von Wettbewerbsstrategien, in: Tomczak, T./Rudolph, T./Rooadorp, A. (1996): Positionierung. Kernentscheidung des Marketing, St. Gallen 1996, Seite 112 - 121.

Langenohl, T. (1994): Systemarchitekturen elektronischer Märkte, St. Gallen 1994.

Lauer, C. (1990): Diversifizierung des Angebots und Wettbewerbsperspektiven im Bankensektor, Stuttgart 1990.

Liebau, G. (1981): Marktorientierte Organisation in Kreditinstituten, Göttingen 1981.

Little, A.D. (1993): Management der F&E-Strategie, Wiesbaden 1993.

Mahler, A. (1998): Strukturwandel im Bankensektor – Der Einfluß neuer Telekommunikationsdienste, Bad Honnef 1998.

Mahler, A./Theileis, U. (1995): Btx im Privatkundengeschäft - ein aktueller Überblick, in: Bank & Markt, 24. Jg., Nr. 3, 1995, Seite 5 - 9.

Maleri, R. (1973): Grundzüge der Dienstleistungsproduktion, Berlin 1973.

Mason, E.S. (1939): Price and Production Policies of Large Scale Enterprises, in: American Economic Review, 29 Jg., 1939, Seite 61 - 74.

Meeder, C. (1989): Die Bedeutung des deutschen Privatbankiers und seine Zukunftsaussichten, Frankfurt am Main 1989.

Meeder, C. (1997): Gute Geschäfte und noch etwas mehr, in: Unternehmer Magazin, 45. Jg., März 1997, Seite 24 - 27.

Meyer zu Selhausen, H. (1989): Informationssysteme zur Stärkung der strategischen Erfolgsposition, in: Die Bank, Heft 2, 1989, Seite 80 - 89.

Meyer, A./Dornbach, F. (1994): Das Deutsche Kundenbarometer 1994, München 1994.

Miles, R.E./Snow, C.C. (1986): Organizations: New Concepts for New Forms, in: California Management Review, Heft 3, 28. Jg., 1986, Seite 62 - 73.

Miles, R.E./Snow, C.C. (1989): Organizational Strategy, Structure and Process, New York 1989.

Miller, D./Friesen, P.H. (1986): Porter's (1980) Generic Strategies and Performance: An Empirical Examination with American Data. Part I: Testing Porter, in: Organisation Studies, 7. Jg., 1986, Seite 37 – 55.

Minderlein, M. (1989): Markteintrittbarrieren und Unternehmensstrategie, Wiesbaden, 1989.

Mintzberg, H. (1978): Patterns in Strategy Formation, in: Management Science, 24. Jg., 1978, Seite 934 - 948.

Mintzberg, H./Waters, J.A. (1985): Of Strategies, Deliberate and Emergent, in: Strategic Management Journal, 6. Jg., 1985, Seite 257 - 272.

Monopolkommission (1977): Mehr Wettbewerb ist möglich. Hauptgutachten 1973/1975, 2. Auflage, Baden-Baden 1977.

Nefiodow, L.A. (2000): Der sechste Kondratieff, Sankt Augustin 2000.

Negroponte, N. (1995): Computer in den Kindergarten, in: PC-Professional, Heft 12, 1995, Seite 18 - 19.

Neumann, J./Morgenstern, O. (1973): Spieltheorie und wirtschaftliches Verhalten, Würzburg 1967.

Neumann, R. (1965): Der deutsche Privatbankier, Wiesbaden 1965.

Nieschlag, R./Dichtl, E./Hörschgen, H. (1997): Marketing, Berlin 1997.

Nirk, R. (1999): Das Kreditwesengesetz, Frankfurt am Main 1999.

Noetel, W. (1993): Geschäftsfeldstrategie und Fertigungsorganisation, Wiesbaden 1993.

O.V. (1995): Zukunftswege im Retail Banking, in: Banken und Versicherungen, Heft 2, 1995, Seite 62 – 65.

O.V. (1996a): EWWU verändert Geschäft der Kreditinstitute, in: Deutsche Sparkassenzeitung, Heft 95, Stuttgart 1996, Seite 6.

O.V. (1996b): Bankenberatung zu Baufinanzierung blamabel, in Frankfurter Allgemeine Zeitung, 18. April 1996, Seite 17.

O.V. (1997a): Fitneßkur der deutschen Banken hat erst begonnen, in: Süddeutsche Zeitung vom 22. Juli 1997, Seite 26.

O.V. (1997b): Weniger Banken im Euro-Raum vorausgesagt, in: Süddeutsche Zeitung vom 01. September 1997, Seite 24.

O.V. (1998): Spitzentrio der Weltwirtschaft, in: Süddeutsche Zeitung vom 29. Dezember 1998, Seite 17.

O.V. (1999a): Allianz konsequent auf Globalisierungskurs, in: Süddeutsche Zeitung vom 21. Mai 1999, Seite 29.

O.V. (1999b): Internet bringt tiefgreifende Umwälzungen, in: Süddeutsche Zeitung vom 20. Juli 1999, Seite 19.

O.V. (1999c): Societe Generale sticht die BNP aus, in: Süddeutsche Zeitung vom 2. Februar 1999, Seite 23.

O.V. (1999d): Weltbevölkerung steigt auf mehr als sechs Milliarden, in: Süddeutsche Zeitung vom 21. Juli 1999, Seite 12.

O.V. (1999e): Internet Banking im Aufwind, in: Süddeutsche Zeitung vom 26 Juli 1999, Seite 20.

O.V. (1999f): Viele Kunden – wenig Volumen, in: Marketing Regional, Heft 6, 1999, Seite 13 – 21.

O.V. (1999g): Konkurrenz durch unabhängige Berater, in: Marketing Regional, Heft 6, 1999, Seite 30 - 32.

O.V. (2000a): Online-Banking ist auf dem Vormarsch, in: Süddeutsche Zeitung vom 18.01.2000, Seite 26.

Obst, G. (1993): Geld-, Banken- und Börsenwesen, Stuttgart 1993.

Oehler, A. (1991): Anlageverhalten als Entscheidungsprozeß, Hagen 1991.

Olemotz, T. (1995): Strategische Wettbewerbsvorteile durch industrielle Dienstungen, Frankfurt am Main 1995.

Osterloh, M. (1994): Neue Ansätze im Technologiemanagement: vom Technologieportfolio zum Portfolio der Kernkompetenzen [1], in: io Management Zeitschrift, 63 Jg., 1994, Seite 47 – 50.

Pachali, W. (1990): Bankorganisation: Neue Strategien erfordern veränderte Strukturen, in: Genossenschafts-Kurier, Heft 4, ohne Jg., Seite 9 – 12.

Partin, K.-M. (1995): Privatbankier in Europa, Aachen 1995.

Pehle, H. (1990): Erfolg mit der gewerblichen Kundschaft: Prioritäten und Konsequenzen, in: Bankinformation, 17. Jg., Heft 10, Seite 10 – 17.

Pepels, W. (1998): Marketing, München 1998.

Phillips, L.W./Chang, D.R./Buzzell, R.D. (1983): Product Quality, Cost Position and Business Performance, in: Journal of Management, 9. Jg., 1983, Seite 26 – 43.

Picot, A. (1996): Die organisatorische Herausforderung, in: Ewerdwalbesloh, G. (1996): Telekommunikation für Banken und Versicherungen: Finanzdienstleistungen im Wandel, Vorträge der am 19. Juni 1995 in München abgehaltenen Fachkonferenz, Berlin 1996, Seite 47 - 84.

Picot, A./Bortenlänger, C./Röhrl, H. (1995): The Evolution of Electronic Markets. Observation of the Capital Market, in: Journal of Computer Mediated Communication, Nr.3, 1995.

Pohl, M. (1976): Einführung in die Deutsche Bankgeschichte, Frankfurt am Main 1976.

Popp, S. (1990): Absatzwege für Bankdienstleistungen – Ansätze zur Analyse und Gestaltung der bankbetrieblichen Distribution, Hohenheim 1988.

Porter, M.E. (1979): The Structure Within Industries and Companies'Performance, in: Review of Economics and Statistics, 61. Jg., 1979, Seite 214 - 227.

Porter, M.E. (1999a): Wettbewerbsvorteile. Spitzenleistungen erreichen und behaupten, Frankfurt am Main/New York 1999.

Porter, M.E. (1999b): Wettbewerbsstrategie, Frankfurt am Main/New York 1999.

Priewasser, E. (1994): Die Priewasser Prognose: Bankstrategien und Bankmanagement 2009, Frankfurt am Main 1994.

Priewasser, E. (1998): Bankbetriebslehre, 6., völlig überarbeitete Auflage, München 1998.

Rasche, C. (1993): Kernkompetenzen, in: Die Betriebswirtschaft, 53 Jg., 1993, Seite 425 – 427.

Rasche, C./Wolfrum, B. (1994): Ressourcenorentierte Unternehmensführung, in: Die Betriebswirtschaft, 54. Jg., 1994, Seite 501 – 517.

Rauch, E: (1996): Telekommunikation als Motor für strukturelle Änderungen in der Bankenlandschaft, in: Ewerdwalbesloh, G. (1996): Telekommunikation für Banken und Versicherungen: Finanzdienstleistungen im Wandel, Vorträge der am 19. Juni 1995 in München abgehaltenen Fachkonferenz, Berlin 1996, Seite 95 - 116.

Reiß, J. (1981): Gespür für Marktnischen, in: Börsenzeitung vom 20. Juni 1981, Seite 7.

Reiß, M./Beck, T.C. (1995): Kernkompetenzen in virtuellen Netzwerken: Der ideale Strategie-Struktur-Fit für wettbewerbsfähige Wertschöpfungssysteme, in: Corsten, H. (1995): Unternehmensführung im Wandel, Stuttgart/Berlin/Köln 1995, Seite 33 – 60.

Renderland (1999): Wachstum des Internet in Deutschland, http://www.renderland.de/.

Riebell, C. (1996): Sie Praxis der Bilanzauswertung, Stuttgart 1996.

Rieger, W. (1984): Einführung in die Privatwirtschaftslehre, Erlangen 1964.

Rollberg, R. (1996): Lean Management und CIM aus Sicht der strategischen Unternehmensführung, Wiesbaden 1996.

Rosenstiel, L. (1991): Was morgen alles anders läuft, Düsseldorf 1991.

Rottenbacher, A. (1994): Strategische Neuausrichtung des Privatkundengeschäftes in den neunziger Jahren, Stuttgart 1994.

Rürup, B./Sesselmeier, W. (1993): Die demographische Entwicklung Deutschlands: Risiken, Chancen, politische Optionen, in: Bundeszentrale für politische Bildung (1993): Aus Politik und Zeitgeschichte, Band 44/93, 29. Oktober 1993, Seite 3 - 15.

Sauer, T. (1990): Strategische Informationssystemplanung in Banken, Wien 1990.

Schäfer, R./Unterberg, A. (1993): Germann Financial Markets: Options for the future, in: Dredner Bank (1993): Germany 2000, Frankfurt am Main 1993, Seite 61 - 72.

Schierenbeck, H. (1994): Ertragsorientiertes Bankmanagement, 4. Auflage, Wiesbaden 1994.

Schimmelmann, W. (1987): POS und Home-Banking - Kundenbedürfnis oder Träumerei für Techniker, in: Krümmel, H.J./Rudolh, B. (1987): Bankmangement für neue Märkte, Frankfurt am Main 1987, Seite 196 - 210.

Schimmelmann, W. (1991): Bankorganisation, in: Kloten, N./von Stein J.H. (1988): Obst/Hintner – Geld-, Bank- und Börsenwesen: Ein Handbuch, Stuttgart 1991, Seite 837 – 854.

Schmid, B. (1993): Elektronische Märkte, in: Wirtschaftsinformatik, Heft 35, 1993, Seite 465 - 480.

Schnorbus, A. (1998): Privatbankier heute, in: Frankfurter Allgemeine Zeitung vom 24. Januar 1998, Seite 21.

Schon, F./Füser, K. (1999): Neuronale Netzwerke: Erfahrungen und Entwicklungen aus der Praxis, in: Kreditpraxis, Heft 4, 1999, Seite 26 - 31.

Schönpflug, F. (1934): Zum Begriff der bankbetrieblichen Leistung, in: Zeitschrift für Betriebswirtschaft, 1934, Seite 17 - 29.

Schreyögg, G. (1993): Unternehmensstrategie. Grundfragen einer Theorie strategischer Unternehmensführung, Berlin/New York 1984.

Schulte-Mattler, H. (1998): Zwei verschiedene Aufsichtssysteme für das Handelsgeschäft, in: Bank Magazin, Heft 3, 1998, Seite 28 – 30.

Schulz, H. (1992): „Senioren“ - eine vernachlässigte Zielgruppe?, in: Schulz, H. (1992): Finanzmarketing > 55: Finanzdienstleistungen für ältere Kunden, Frankfurt am Main 1992, Seite 9 - 24.

Schulz, P./Iannance, G. (1993): Der Kreditinstitutsmarkt: Die Herausforderung der 90er Jahre, in: Banking & Finance, Heft 8, 1993, Seite 6 – 13.

Schütz, A. (1980): Die Kommanditgesellschaft auf Aktien-Rechtsform mit Zukunft für Privatbankiers?, in: Die Bank, Heft 8, 1986, Seite 354 - 358.

Schweizerische Nationalbank (1997): Die Banken in der Schweiz 1996, Zürich 1997.

Segler, T. (1981): Situative Organisationstheorie - Zur Fortentwicklung von Konzept und Methode, in: Kieser, A. (1981): Organisationstheoretische Ansätze, München 1981, Seite 227 - 272.

Seiler, A. (2000): Marketing, Zürich 2000.

Simon, H. (1988): Management strategischer Wettbewerbsvorteile, in: Zeitschrift für Betriebswirtschaft, 58. Jg., 1988, Seite 461 - 480.

Skinner, W. (1974): The Focused Factory: New Approach to Managing Manufacturing Sees Our Productivity Crisis as the Problem of „How to Compete“, in: Harvard Business Review, Heft 3, 52. Jg., 1974, Seite 113 - 121.

Sondhof, H.W. (1990): Finanzdienstleistungsmärkte im Wandel, Frankfurt am Main 1990.

Statistisches Bundesamt (1995): Statistisches Jahrbuch 1995 für die Bundesrepublik Deutschland, Wiesbaden 1995.

Statistisches Bundesamt (Dezember 1996): Modellrechnungen zur Bevölkerungsentwicklungen bis zum Jahr 2040, VIII B-174/1-B, Dezember 1996, Seite 1 - 9.

Stein, J.H. (1969): Insolvenzen privater Banken und ihre Ursachen, München 1969.

Steiner, T.D./Teixeira, D.B. (1990): Technology in Banking: Creating Value and Destroying Profits, Homewood 1990.

Sterio, A.D. (1975): Privatbank behält ihre wichtige Funktion, FuW-Interwiew mit J.P. von Bethmann, in: Finanz und Wirtschaft, vom 22. Februar 1975, Seite 20.

Stracke, G. (1992): Finanzdienstleistungen, Heidelberg 1992.

Süchting, J. (1991): Die Theorie der Bankloyalität – (noch) eine Basis zum Verständnis der Absatzbeziehungen von Kreditinstituten?, in: Süchting, J./von Hooven, E. (1991): Handbuch des Bankmarketing, Wiesbaden 1991, Seite 25 – 43.

Süchting, J. (1998): Bankmanagement, 4. Auflage, Stuttgart 1998.

Szallies, R. (1993): Vagabundierendes Finanzverhalten, in: Geldinstitute, Heft 4/5, 1993, Seite 46 - 51.

Thiele, M. (1997): Kernkompetenzorientierte Unternehmensstrukturen. Ansätze zur Neugestaltung von Geschäftsbereichsorganisationen, Wiesbaden 1997.

Treue, W. (1970): Der Privatbankier an der Wende vom 19. zum 20. Jahrhundert, in: Tradition, Heft 5, 1970, Seite 225 f.

Trommsdorff, V. (1998): Konsumentenverhalten, Stuttgart/Berlin/Köln 1998.

Ullmann, H.-P. (1984): Staatsschulden und Reformpolitik, Göttingen 1984.

Ulrich, P./Fluri, E. (1995): Management. Eine konzentrierte Einführung, Bern/Stuttgart/Wien 1995.

Wacker, P.-A. (1980): Die Erfahrungskurve in der Unternehmensplanung, München 1980.

Wagner, H. (1988): Organisationstheoretische Überlegungen zur Anzahl der Stufen im genossenschaftlichen Bankensektor, in: Bonus, H./Steiner, J./Wagner, H. (1988): Dreistufigkeit im Genossenschaftlichen Bankenverband: Luxus oder Notwendigkeit?, Frankfurt am Main 1988, Seite 51 – 70.

Walter, B. (1990): Neue Ansätze im Firmenkundenmarketing, in: Bank und Markt, 19. Jg., Heft 7, Seite 5 – 10.

Weigert, P. (1996): Informationstechnologie und Telekommunikation - Integrale Bestandteile des modernen Retail-Banking, in: Ewerdwalbesloh, G. (1996): Telekommunikation für Banken und Versicherungen: Finanzdienstleistungen im Wandel, Vorträge der am 19. Juni 1995 in München abgehaltenen Fachkonferenz, Berlin 1996, Seite 117 -138.

Weinkauf, W. (1988): Überzeugen impliziert Betreuen, in: Bankinformation, Heft 9, 15. Jg., Seite 12 – 17.

Welge, M.K./Al-Laham, A. (1992): Planung. Prozesse - Strategien - Maßnahmen, Wiesbaden 1992.

Welge, M.K./Al-Laham, A. (1993): Der Prozeß der strategieschen Planung, in: Das Wirtschaftsstudium, 22. Jg., 1993, Seite 193 - 200.

Wentlandt, A. (1993): Die strategische Positionierung von Finanzdienstleistungsunternehmen, Frankfurt am Main 1993.

Wentlandt, A. (1993a): Positionierung von Finanzdienstleistungsunternehmen, in: Die Bank, Heft 7, 1993, Seite 405 - 408.

Werkmann, G. (1989): Strategie und Organisationsgestaltung, Frankfurt am Main/New York 1989.

Wheelen, T.L./Hunger, D.J. (1995): Strategic Management and Business Policy, Reading (MA) 1995.

White, R.E. (1986): Generic Business Strategies, Organizational Context and Performance: An Empirical Investigation, in: Management Journal, 7. Jg., 1986, Seite 217 – 231.

Wichmann, R. (1996): Entwicklungen am Bankenmarkt, in: Deutsche Sparkassenzeitung, Heft 57, 1996, Seite 1.

Wielens, H. (1991): Marktorientierte Bankorganisation, in: Süchting, J./Hooven, E.van (1991): Handbuch des Bankmarketing, 2. Auflage, Wiesbaden 1991, Seite 71 - 99.

Wildemann, H. (1986): Strategische Investitionsplanung für neue Technologien in der Produktion, in: Zeitschrift für Betriebswirtschaft, Ergänzungsheft 1, 1986, Seite 1 – 48.

Wiswede, G. (1994): Ausprägung und Prognose der Spar- und Anlagementalität, in: Sparkasse, Heft 6, 111. Jg., 1994, Seite 263 - 273.

Zahn, J.C.(1972): Der Privatbankier, Frankfurt am Main 1972.

Zäpfel, G. (1989): Strategisches Produktions-Management, Berlin/New York 1989.

Zäpfel, G./Brunner, J.K. (1985): Unternehmensstrategien in Wettbewerbssituationen, in: Zeitschrift für Betriebswirtschaft, 55. Jg., 1985, Seite 561 – 576.

Zäpfel, G./Pölz, W. (1987): Zur Analyse von Wettbewerbsvorteilen einer strategischen Geschäfts-einheit, in: Marketing - Zeitschrift für Forschung und Praxis, 9. Jg., 1987, Seite 257 - 265.

Zehnder, T. (1997): Kompetenzbasierte Technologieplanung. Analyse und Bewertung technologischer Fähigkeiten im Unternehmen, Wiesbaden 1997.

Zimmermann, H.-D./Kuhn, C. (1995): Grundlegende Konzepte einer Electronic Mall, in: Electronic Mall (1995): Banking und Shopping in globalen Netzen, Stuttgart 1995, Seite 32 - 94.

Vera Südmeyer

Wettbewerbsvorteile durch strategisches Betriebsformenmanagement

Ein dynamischer Bezugsrahmen für Einzelhandelsunternehmen

Frankfurt/M., Berlin, Bern, Bruxelles, New York, Oxford, Wien, 2003.
XXII, 323 S., zahlr. Abb. und Tab.
Beiträge zum Controlling. Herausgegeben von Wolfgang Berens. Bd. 5
ISBN 3-631-50706-2 · br. € 50.10*

Die zunehmende Dynamik von Betriebsformen im Einzelhandel stellt das Top-Management im Hinblick auf die langfristige Absicherung des Unternehmenserfolgs vor neue Herausforderungen. Diese Arbeit entwickelt auf Basis neuer dynamischer Strategieansätze einen Bezugsrahmen, der die Betriebsformendynamik durch ein simultanes Management bestehender und neuer Erfolgspotenziale „handhabbar" macht. Hierdurch können Wettbewerbsvorteile erzielt und der Shareholder Value gesteigert werden. Die Untersuchung umfasst zahlreiche Fallbeispiele und wurde mit dem Goethe-Preis der Universität Düsseldorf ausgezeichnet.

Aus dem Inhalt: Darlegung der Notwendigkeit eines strategischen Betriebsformenmanagements für Einzelhandelsunternehmen · Ableitung eines dynamischen Bezugsrahmens als Grundlage für das strategische Betriebsformenmanagement · Ausgestaltung des Bezugsrahmens für das strategische Betriebsformenmanagement unter Berücksichtigung von Fallbeispielen · Zusammenfassung der Ergebnisse und Ausblick auf weiteren Forschungsbedarf

FSC
www.fsc.org
MIX
Papier | Fördert
gute Waldnutzung
FSC® C083411

Kolibri 360 GmbH
Ferdinand-Jühlke-Straße 7
99095 Erfurt, Deutschland
produktsicherheit@kolibri360.de

Druck:
CPI Druckdienstleistungen GmbH
im Auftrag der
Kolibri 360 GmbH
Ferdinand-Jühlke-Str. 7
99095 Erfurt